급변하는 교육 환경에
불안한 부모를 위한
2025 대한민국 교육 키워드

KB185111

국내 최대 교육 전문 채널 '교육대기자TV'가
선정한 초중등 핵심 트렌드

급변하는 교육 환경에
불안한 부모를 위한

2025 대한민국
교육 키워드

방종임 · 이만기 지음

21세기북스

키워드를 알면 변화하는 교육도 두렵지 않다

개천에서 용이 날 수 있을까?

지금으로부터 정확히 10년 전, 평기자로 열심히 기사를 쓰던 어느 날이었습니다. 그날도 하이에나처럼 기삿거리를 찾는데 서울대에서 발표한 자료 중 하나가 눈길을 사로잡았습니다. 2014년 7월에 서울대 경제학부 김세직 교수가 서울대경제연구소 학술지인 「경제논집」에 발표한 '경제 성장과 교육의 공정 경쟁' 논문이었죠. 2014년 서울대에 합격한 서울 지역 학생들의 출신 자치구를 살펴본 결과, 학생 100명당 2.1명이 강남구 출신으로 0.1명인 강북구에 비해 21배나 차이가 난다는 내용이었습니다. 일명 '강남 3구'로 불리는 서초구는 1.5명, 송파구는 0.8명으로 강북구와는 8~15배나 벌어지더군요. 구로구와 금천구는 0.2명으로 강북구 0.1명과 함께 하위권을 차지했고요. 중랑, 도봉, 성북, 관악, 동대문, 강서, 동작, 영등포, 성동, 은평, 서대문, 용산구 등의 자치구에서도 합격생이 채 0.5명이 되지 않았습니다.

김세직 교수는 이 결과를 바탕으로 서울 지역 고교 유형(특목고/일반고)과 서울대 입학률과 서울 자치구별 아파트 매매가 등을 분석한 다음, 부모의 경제적 수준에 따라 서울대 합격 여부가 좌지우지된다는 결론을 내렸죠. 부모의 경제력이 대학 진학에 미치는 영향력이 갈수록 심각해져 형평성을 해친다는 것이었습니다. 그 수준이 경제 성장을 저해할 정도라고도 했지요. 김 교수는 '개천에서 용 난다'는 속담에 빗대 "확률적으로 '용'의 씨는 각 계층에 골고루 뿌려지나, 지금 '용'이라고 뽑히는 학생들은 지역적·계층적으로 일부에 극심하게 몰려 있다"며 우려를 표했습니다.

이 자료를 보는 내내 심장이 두근거렸습니다. 부모와 아이 모두에게 이만큼 절망적인 뉴스가 있을까 싶어서요. 자녀에게 물심양면 지원해주고 싶지 않은 부모가 있을까요? 마음이 있어도 해줄 수 없다면 얼마나 속상할까요? 그런데 부모의 경제력이 입시 결과에도 영향을 준다니! 어떤 아이들은 부족함 없이 지원받는 주변 친구들을 보면서 자기 부모를 원망하기도 하겠지요. 과거의 저처럼 말입니다.

학생 시절, 저는 교육의 사각지대에 놓여 있었습니다. 부모님은 열심히 일하셨지만, 경제적 안정은 찾아오지 않았죠. 10대의 저는 경제적 불안에 압도당해 있었습니다. 틈틈이 아르바이트를 했지만, 미성년자가 할 수 있는 일은 지극히 제한적이었어요. 학원 한 번 다니지 못했고, 교재나 문제집을 사기도 어려웠습니다. 가난에 위축된 저는 학교생활은 물론 대외활동에도 소극적일 수밖에 없었습니다.

'나는 왜 친구들과 달리 이렇게 가난한 환경에서 태어났을까?'

이 같은 분노는 어느새 무기력으로 바뀌었습니다. 아무리 노력해도 상황이 좋아질 것 같지 않았거든요. 당연히 공부에도 집중할 수 없었습니다. 한참 동안을 그렇게 꿈도 목표도 없이 시간만 흘려보냈습니다. 이후 방황한 만큼 혹독한 시간을 보내야 했지요.

학교가 학생 개개인의 상황과 능력을 살펴주면 좋으련만, 그렇지 못한 것이 현실입니다. 하버드 교육대학원의 교수이자 교육신경과학 분야의 최고 권위자인 토드 로즈 교수는 『평균의 종말』이라는 책에서 저마다 타고난 재능이 다른 아이들의 '개개인성'을 무시하고 공교육이라는 공간에서 오로지 '평균', '점수'로 평가하는 것이 얼마나 위험한지 지적합니다. 고등학교 시절 학습 부진으로 놀림받다가 결국 자퇴한 그는 평균이라는 기준에서 벗어난 다음에야 본인의 가치를 깨달았다고 합니다. ADHD 때문에 주어진 시간 동안 집중하기가 어려웠을

뿐, 그는 모자란 사람이 아니었습니다. 하지만 한 반에 20~30명을 대상으로 교육하는 공간에서 평균은 벗어나기 힘든 잣대일 것입니다.

10년 전과 비교해 지금의 현실은 어떨까요? 지난 8월 한국은행이 발표한 「BOK이슈노트」의 '입시 경쟁 과열로 인한 사회문제와 대응 방안'에 따르면, 부모의 경제력과 사교육 중심지 거주를 통해 고소득층 학생이 상위권 대학 입시에서 자신의 잠재력보다 더 좋은 성과를 거두는 '사회·경제적 지위의 대물림 현상'이 실증 분석 연구로 확인됐다고 합니다. 이 연구는 소득 상위 20%와 하위 80% 사이 상위권 대학 진학률 격차 중 75%를 학생 잠재력 이외에 '부모 경제적 효과'의 결과로 추정했습니다. 학생 잠재력은 어린 시절 수학 성취도 점수 등 인지 능력을 기준으로 삼았지요.

잠재력이 동일한 경우, 소득 상위 그룹 학생의 상위권 대학 진학률이 하위 그룹 학생보다 훨씬 더 높았습니다. 잠재력 최상위 집단에 속하는 학생의 대학 진학률은 소득 상위 그룹이 20.4%로 하위 그룹의 10.7%보다 1.9배 높았고요. 소득 계층뿐 아니라 거주 지역도 입시 결과를 좌우했습니다. 2018년 서울대 합격생의 지역별 분포를 보면 서울 출신 학생이 32%에 달합니다. 서울 출신 학생은 전체 일반고 졸업생 중 16%에 불과한데 말이지요. 소득 수준이 높고 사교육이 활발한 강남 3구 출신 학생은 전체 일반고 졸업생 중 4%에 불과하지만, 서울대 진학생 중 12%나 차지했습니다. 부모의 경제력은 지금도 여전히 입시의 중요 요소로 작용하는 셈입니다.

이 자료들을 살펴보면서 아찔했습니다. 부모의 경제력이 부족하다면, 학군지에 살지 않는다면……. 이런 문제로 힘들어하고 있을 이 땅의 아이들을 생각하니 마음이 아팠습니다. 저를 더 속상하게 만든 것은 이런 현실에 낙심하고 있을 넉넉지 못한 학부모님들입니다. 아무것도 해주지 못했다며 평생 저에게 미안해하던 저의 부모님 생각도 났고요. 이런 현실 앞에 좌절하는 부모들의 모습을 이대로 지켜만 볼 수가 없었습니다.

교육 변화의 핵심을 꿰뚫는 키워드

이런 상황에서 무엇을 할 수 있을까요? 저는 무엇보다 부모가 아이의 상황을 제대로 이해하는 일이 선행돼야 한다고 생각합니다. 아이 상황을 제대로 이해하고, 그것을 바탕으로 대화한다면 경제적 지원 이상의 교육적 효과가 있을 것이라 확신하니까요. 무작정 좋은 학원에 보내고, 비싼 과외를 시키는 것보다 훨씬 더 효율적일 거예요. 아이들이 어떤 교육환경에 놓여 있는지 이해하고, 급변하는 입시제도를 파악하면 분명 자녀에게 꼭 맞는 교육 방향성을 찾을 수 있을 것입니다.

현실을 제대로 이해하면 막연한 '카더라'의 불안감에서도 벗어날 수 있습니다. 많은 부모가 대입을 최종 목표로 여깁니다. 하지만 사실 대입은 자녀가 사회인으로 거듭나기 위해 통과해야 하는 하나의 관문일 뿐입니다. 대입을 결과가 아닌 과정으로 보면, 충분치 못한 지원에 대한 죄책감에서도 벗어날 수 있겠지요. 부모로서 자녀를 성인으로 자립시키는 과정을 함께하고 있을 뿐이니까요. 더불어 성과는 아이에게 꼭 필요한 사교육을 시킬 때만 나타난다는 원칙도 받아들여야 합니다. 사교육은 만능 해결사가 아니니까요.

2023년, 초·중·고 사교육비가 27조 1,000억이라고 합니다. 학령인구는 계속 줄어드는데, 사교육비는 끝을 모르고 치솟고 있어요. 유아 사교육비와 재수생 비용까지 포함시키면 아마도 액수가 상상을 초월하겠죠. 놀라운 점은 자녀에게 사교육을 시키는 이유 1위가 '남들이 하니까'라는 것입니다(한국교육개발원 '2018년 교육여론조사'). 대부분 "자녀가 남들보다 뒤처질까봐 불안해서" 사교육을 시킨다고 답했지요. 교육의 흐름을 깊이 있게 들여다본다면 그런 사교육은 필요하지 않다는 사실을 알게 될 텐데 말입니다.

그동안 '전공자율선택제(무전공 선발)', '의대 증원', 'AI 디지털교과서', '수능 이원화' 등등 다양한 교육 이슈 때문에 혼란이 컸습니다. 여기에 맞춰 교육 방향성을 세우고 대비한 분들도 계시지만, 그렇지 못한 분들도 있죠. 변화에 대한 두려움 때문인지 '교육제도가 왜 이렇게 많이 변하냐'고 화내는 분들도 많아요. 그분들 말씀이 맞습니다. '백년

지대계百年之大計'란 말이 무색하게 우리나라의 교육제도는 자주 바뀝니다. 입시 정책도 마찬가지입니다. 하지만 감정적으로 대한다고 달라지는 것은 없어요. 변화를 막을 방법은 없으니까요.

지금까지 오랫동안 입시 기사를 써오며 느낀 바, 입시제도가 바뀌지 않은 적은 없었어요. 하지만 아무리 제도가 많이 바뀌어도, 언제나 좋은 대학으로 진학하는 학생은 존재했습니다. 반대의 경우도 마찬가지고요. 그러니 능동적으로 교육제도를 살피고 대응해야겠지요. 그래야 에너지 낭비 없이 효과적으로 대비할 수 있어요. 화내는 대신 변화를 살피고, 이해하려고 노력하다 보면 두려움도 사라질 것입니다. 이 책은 이 같은 배경에서 탄생했습니다.

지난해 출간한 『우리 아이 미래를 바꿀 대한민국 교육 키워드7』이 요즘 입시에서 많이 회자되는 키워드를 알려드렸다면, 이 책은 초·중·고의 교육 변화에 주목했습니다. 학생과 학부모가 알아야 할 교육 변화 키워드를 자세히 담았지요. 변화의 핵심을 이해하고 발 빠르게 대응하면, 사교육 이상의 효과가 있으리라 확신합니다. 더불어 사교육의 현실도 집중적으로 다루며 트렌드를 전달하고자 노력했습니다. 장기적인 관점 없이 덮어놓고 학군지 사교육에 관심을 보이는 부모가 많다고 느꼈기 때문입니다. 학군지 사교육에는 진짜로 특별한 점이 있는 걸까요? 이 점을 자세히, 그리고 객관적으로 분석해보았습니다. 카더라의 진실 여부까지 솔직하게 다뤘습니다.

이 책을 쓰는 내내 흔들리는 부모를 떠올렸습니다. 퇴근 후 피곤에 찌든 몸으로 자녀의 숙제를 검사하는 부모, 바뀌는 교육제도와 관련된 전문적인 용어들 앞에서 어려움을 느끼는 부모, 한참 앞서서 선행학습 중인 옆집 아이 이야기에 심란한 부모 등을 위한 메시지를 담았습니다. 이 책을 읽는다면 중심을 잡지 못해서 방황하는 일이 확실히 줄어들 것이라 확신합니다. 그럼 앞으로 교육계에서 자주 회자될 교육 키워드들을 만나보실까요?

2024년 11월
방종임

차례

PART 1

대한민국 사교육 트렌드

PART 1

대한민국 사교육 트렌드

+

2023년 대치동을 중심으로 강남구를 발칵 뒤집어놓은 '마약 음료' 사건, 기억하시나요? '집중력을 높여준다'며 직접 제조한 마약 음료를 학생들에게 건넨 일당이 적발된 사건 말입니다. 이 일당은 강남을 시작으로 점차 다른 지역으로 범죄를 확대할 계획이었다고 하지요. 이 범죄는 강남 인근에서 흔히 볼 수 있는 '집중력 높여주는 약', '메가 ADHD 약'이 적힌 플래카드에서 착안했다고 해요. 최근 대치동 부모들이 '집중력을 높여 성적을 올리자'라는 목표로 자녀에게 ADHD 약을 먹인다는 소문이 빠르게 퍼지고 있습니다. '대치동에서 이렇게 한대', 'O살에는 OO학원 다녀야 한대'가 정답처럼 여겨지는 탓에, 다른 지역에서는 묻지도 따지지도 않고 따라가지 못할까봐 불안해하기도 합니다. 갈수록 사교육 관련 '카더라'가 많아지는 상황에서 과연 진짜 트렌드가 그러한지, 효과는 있는지 가감 없이 자세하게 살펴보고자 합니다.

01

의대 블랙홀에
빠진 학원가

●

"지금 사교육의 최전선에는
'의대'를 향한 열망이 있다"

요즘 학원가는 의대 준비 중

입시에도 흐름이 있습니다. 제가 입시 기사를 쓰던 2000년대 중후반부터 2010년대 초까지는 특목고에 대한 관심이 지대했습니다. 대원외고, 민족사관고에 다니면 서울대, 연세대, 고려대 합격이 따 놓은 당상으로 여겨졌으니까요. 그래서 특목고 대비 학원이 크게 각광받았죠. 페르마학원, 정상어학원, G1230, 토피아학원, 아발론학원, 하이스트, 뉴스터디 등이 대표적이었어요. 이들은 특목고 입시와 관련된 모든 준비를 도와준다는 콘셉트로 수강생을 끌어모았습니다.

이 시기, 많은 학령인구 덕에 수익성을 보고 각종 자본이 들어왔습니다. 그야말로 학원 업계의 대호황이었죠. 며칠이 멀다 하고 "어느 학원이 몇백억 원의 투자를 받았대"라는 소식이 전해지던 게 아직도 기억납니다. 외부 자본의 투자를 받은 한 대형 학원이 타 지역의 특목고 학원을 인수 합병해서 공룡 기업으로 탈바꿈하기도 했지요. 학원이 거대해지자 '사교육'이란 키워드에서 조직화된 대형 학원들이 연상되기 시작했습니다. 거대 학원, 학원 공룡이라는 표현도 이때 처음으로 등장했고요. 지금도 명맥이 이어지는 대형 학원들의 토대는 대부분 이 시기에 굳건해졌습니다.

당시 특목고 입시는 스펙을 많이 쌓을수록 유리했죠. 외고 입시를 준비하는 경우, 기본적으로 토익과 토플 등 공인 영어 시험 성적이 필요했습니다. 과학고 입시에는 올림피아드 등 수상 실적과 이외에 영재교육원 수료 여부, 자기소개서 등이 반영됐고요. 이 같은 외부 수상 실적을 학교에서 준비하기는 어려우니 학생들은 자연히 학원에 의지하게 되었지요. 사교육이 입시 정책의 허점을 파고들어 성장한다는 점을 보여주는 사례입니다.

특목고 입시로 인한 사교육비가 날로 늘어나자, 정부는 특목고 입시 전형을 각 학교에서 자율적으로 시행하던 지필고사에서 중학교 내신으로 바꾸었습니다. 특목고로 가는 에스컬레이터처럼 여겨지던 국제중 입학도 2014년 추첨제로 바뀌었고, 전형 과정이 투명해지면서 사교육의 위상은 조금씩 낮아졌습니다. 엎친 데 덮친 격으로 2010년대 중반 금융 위기가 닥친 데다 학령인구까지 감소하면서 공룡 학원들의 거품이 빠지기 시작했습니다.

투자자들에게 수익을 안겨줘야 하는 학원들은 점차 연차 높고 실력 있는 강사들의 연봉 수억 원을 감당할 수 없게 됐습니다. 게다가 복지까지 나빠지니 인기 강사들은 독립해 자기 이름을 걸고 작은 학원들을 세웠지요. 학군지 중심으로 원장 이름을 내건 중소 학원들은 대부분 이 시기에 생겼어요. 대형 자습실을 포함한 화려한 시설이나 체계적인 시스템은 없지만, 학생들은 강사를 따라 꽤 많이 이동했습니다. 마침 정부에서 사교육 단속 정책으로 심야 교습을 제한했지요. 기존에는 자정까지 하던 수업도 10시에는 끝내야 했습니다. 그러면서 학원들이 조금씩 소규모화, 분산화됐습니다.

호황기였던 2000년대와 달리, 2010년은 사교육의 암흑기였어요. 특히 2010년대 후반에는 대입 시장의 지나친 경쟁 격화와 학령인구의 감소 때문에 수험생 시장이 죽고, 성인 대상의 사교육 시장이 확대됐죠. 공무원을 비롯한 각종 자격증 시험 대비반 학원들의 규모가 상대적으로 커졌어요. 서울에 위치한 대학을 졸업해도 취업이 어려워진 탓이었지요. 좋은 대학에 입학하는 것보다 일찍부터 공무원 시험을 준비하는 것이 낫다는 인식이 퍼진 덕에 대입 경쟁은 조금씩 사그라들었습니다. 이 때문에 2020년에는 사교육비가 연간 8%나 줄어들었지요.

최상위권 학생들을 빨아들이는 의대 열풍

2000년대 인기였던 특목고 대비 학원들은 현재 크게 위축된 상황이지만, 그 관심과 열기가 아예 사라진 것은 아닙니다. 아니, 오히려 더 강렬해지고 심지어 빨라졌지요. 바로 '의대' 이야기입니다. 현재 사교육계에는 의대 쏠림이 말 그대로 열풍 수준입니다. 지난해 출간한 『우리 아이 미래를 바꿀 대한민국 교육 키워드7』의 '의대 블랙홀' 키워드에서 자세히 소개했듯이, 요즘 입시는 의대로 시작해서 의대로 끝납니다. 과거에도 지금 같을 때가 있었나 싶을 정도로 의대 진학에 대한 관심이 뜨겁지요. 이유가 뭘까요?

의대를 선호하는 부모를 인터뷰해보면 "예전만큼 돈을 못 벌더라도, 우리 집에 의사 한 명은 있어야 하지 않겠느냐"며 열변을 토합니다. '정년 없는 전문직'에 더한 '사회적 명성'이라는 이점이 부모들에게 매력적으로 다가갔다고 볼 수 있겠네요. 이것 말고도 의대를 선호하는 이유는 다양하겠지만, 어쨌든 결론은 '의대 블랙홀'입니다. 의대 블랙홀이 불러온 대입 변화는 크게 네 가지입니다.

첫째, 경쟁률을 바꿔났습니다. 지속적으로 줄어드는 학령인구에 반해, 의과대학의 경쟁률은 전혀 낮아지지 않았지요. 2024학년도 경쟁률이 가장 높았던 인하대 의대를 살펴볼까요? 수시 논술 전형의 경쟁률이 무려 660대 1에 달했습니다. 2025학년도 수시 모집에서는 의

과대학 지원자 수가 사상 최초로 7만 명을 돌파하며 역대급 인원이 몰렸고요.

둘째, 재수생 비율이 늘어났습니다. 요즘은 'N수생 비율'이라고 할 정도로 재도전하는 수험생이 많습니다. 그중 상당수가 의대 진학을 위해 다시 수능을 준비하는 직장인들이라는 점은 이미 널리 알려졌지요? 의대에 가기 위해 몇 번이나 수능에 재응시하는 수험생이 크게 늘어난 것입니다. 참고로, 2025학년도 수능에 접수한 인원은 지난해보다 1만 8,082명 증가한 52만 2,670명이에요. 이 중에서도 N수생은 18만 1,893명으로 지난해보다 3,951명 증가했죠.

셋째, 대학생들의 중도 탈락률이 증가했습니다. 서울대조차 2024년 1학년에 휴학한 학생 수가 813명에 달합니다. 지난해 서울대, 연세대, 고려대에서 학교를 도중에 그만둔 학생의 수는 총 2,126명입니다. 5년 사이 최고치죠. 이 중 상당수가 의대 입시를 염두에 두고 있으리라는 사실을 짐작하기란 어렵지 않습니다.

넷째, 검정고시생이 많아졌습니다. 2025학년도 수능에 응시한 검정고시생은 지난해보다 10.5% 늘어나 2만 명을 넘어섰죠. 의대 지원에 반드시 필요한 높은 내신 성적 때문에 많은 학생이 자퇴하고 검정고시에 지원한다고 볼 수 있겠네요.

의대 정원 확대라는 핵폭탄급 발표 이후 의대 입시에 대한 관심은 더욱더 높아졌습니다. 정부는 의사 수 부족을 이유로 27년 만에

2025년 입시부터 5년 동안 매년 2,000명씩 더 뽑아서 지금보다 1만 명을 늘린다는 계획을 발표했지요. 그러나 갑작스럽게 의사 수가 늘어나는 것을 우려한 대한의사협회의 반대로 2025학년도에는 일단 1,500명만 증원하기로 했습니다. 정부 방침에 따라 의대 지역인재 전형 선발 인원은 2024학년도 800명에서 2025학년도 1,549명으로 크게 늘었습니다.

의대 정원 확대 이슈가 불기 시작한 지난해 초부터 학원가에는 '초등의대반'이 속속 등장했습니다. 인터넷에 '초등학생 의대 준비'를 검색하면 '초등의대반 신입생 모집합니다', '초등부터 준비해서 이뤄 낸 의대 합격 스토리', '초등부터 의대 목표', '초등의대 로드맵' 등을 슬로건으로 내건 학원 광고가 쏟아집니다. 초등의대반은 의대 증원 발표 후 가장 주목받은 사교육 키워드거든요. 많은 부모가 '초등학교 입학 직후부터 차근차근 준비하면 우리 아이도 의대에 입학할 수 있지 않을까?' 같은 환상을 가진 덕이겠죠.

온라인 커뮤니티와 커리큘럼을 살펴보니 초등학교 졸업 전 중등 과정을 마치고, 중고등학생 때 고등 심화문제 중심으로 실력을 다지는 코스였어요. 원생은 대부분 초등 저학년부터 받습니다. 엉덩이 힘을 길러야 한다는 이유였지요. 초등 저학년에 주 2회 수강 정도로 가볍게 시작해, 3학년 때 4학년부터 6학년 수준까지 수학을 선행학습하더군요. 4학년부터 중1, 5학년에는 중2, 6학년에는 중3 과정까지 가르치는 경우가 많았습니다.

　의대 준비 학원 커리큘럼의 코스는 지망 고등학교에 따라서도 달라졌습니다. 영재고 또는 과학고 진학을 희망하는 경우 중등 수학은 초등 4~5학년에, 고등 수학은 5~6학년에 마무리하더라고요. 중학교 때는 경시대회 문제를 풀고요. 일반고나 특목고 진학을 염두에 둘 경우에는 수학 심화문제에 더해 과학 수업에 치중한 방향으로 수업을 했습니다. 즉, 초등의대반에 다니는 아이들은 학원에서 주 2~5회, 하루에 두세 시간씩 수학 선행학습에 몰두하는 셈이었습니다. 자녀를 초등의대반에 보내는 부모들이 '수학은 일찍 선행할수록 학업성취가 좋다'는 믿음을 강하게 가지고 있기 때문입니다. 문·이과 통합수능에 맞춰 높아질 수학의 변별력에 대응하기 위해 일찍부터 선행학습을 시켜야 한다는 결론에 이른 것이겠죠.

　지난 7월 교육 시민단체 '사교육걱정없는세상'이 16개 시·도 내 주요 학원가에서 취합한 '초등의대반 홍보물 분석 결과'에 따르면, 전국 총 89개 학원에 136개 초등의대반이 개설·운영됐다고 합니다. 초등의대반을 홍보하는 학원이 가장 많은 지역은 서울이었고요. 서울에만 총 28곳이었죠. 분석 결과, 5년 이상의 교육과정을 가르치는 초등의대반 프로그램이 45개였습니다. 대체로 초6에게 고1 수학까지 5년 과정을 가르쳤죠. 커리큘럼을 공개한 학원들의 수학 선행 속도는 평균 약 4.6년이었습니다. 초5를 기준으로 중학교 과정 전체를 마친 이후, 고1 과정까지 학습한다는 의미입니다. 초6 때 10명 규모로 의대 반을 꾸려서 같은 멤버로 대입까지 쭉 운영한다고 홍보하는 학원도 있었습니다. 커리큘럼의 중심은 수학 진도와 성취도였고요.

초등의대반은 의대를 목표로, 초고속 선행 교육을 감당할 수 있는 아이들만 대상으로 삼습니다. 대부분 레벨테스트를 치르는데, 경쟁률이 적게는 수 대 1, 많게는 수십 대 1에 달합니다. 그동안 선행 학원들이 중고등학생을 타깃으로 'SKY(서울대·고려대·연세대)반', '서카포반(서울대·카이스트·포스텍)' 등을 내세웠다면, 이제는 초등의대반 또는 영재반으로 대상 연령을 낮춘 셈입니다. 대치동 같은 서울의 학군지뿐만 아니라 대구 수성구, 부산 해운대구 등 지역 학군지에서도 이런 현상이 나타나고 있죠.

옳고 그르고를 떠나, 초등의대반은 현재 하나의 트렌드입니다. 의대 선호가 계속되는 한, 앞으로도 더 심해질 현상이기도 하지요. 사교육은 부모의 욕구를 발 빠르게 반영하는 산업이니까요. 초등의대반이라는 캐치프레이즈는 'SKY'처럼 최상위권의 욕구와 목표를 반영해 더 자주 눈에 띌 거예요. 그렇다고 환상을 품으시면 곤란합니다. 커리큘럼이 특별한 것은 아니거든요.

대치동 초등의대반에 들렀을 때, 저는 속된 말로 '미친' 선행학습을 제외하고는 별다른 특징을 발견할 수 없었습니다. 대부분 수학과 과학 위주로 시중 최상위권 문제집을 풀더군요. 내부 곳곳에 걸린 메모나 표지판 등으로 최상위권을 대상으로 삼는 학원이라는 점은 느낄 수 있었지만, 프로그램은 특별할 것이 없었습니다.

물론 대치동에는 의대 면접 방식인 MMI(Multiple Mini Interview, 다중 미니 면접)를 준비해주는 초등 대상 논술·토론 학원도 있습니다. 영어로 수업하며 미국 경시대회(AMC) 문제를 풀거나 화학과 물리 위주로 과학 실험과 토론을 병행하는 아이들도 있지요. 하지만 이는 아주 소수입니다. 대부분은 수학 선행 속도가 빠른 최상위권 학원들이라는 사실을 잊지 마세요.

누가 의대에 가는가

가장 효과적으로 의대 입시를 준비하는 방법은 무엇일까요? 2024년 발표 자료에 따르면, 대한민국의 고등학교는 총 2,380개입니다. 여기서 일반고가 1,642개, 특목고(외고, 국제고 등) 160개, 자율고(자율형 사립고, 자율형 공립고)는 91개, 특성화고는 487개입니다. 이 중 의대 입시와 직접적으로 연관된 고등학교는 일반고와 자율고겠지요? 둘을 합치면 1,733개입니다. 정부에서 의대 진학을 막고 있는 영재학교, 과학고를 논외로 치면요. 하지만 과학고 20개와 초중등교육법에 적용되지는 않지만 흔히 특목고로 여겨지는 영재학교 여덟 개도 최상위 학생들이 입학하는 만큼 의대 입시와 간접적으로 연관이 있지요. 모두 합치면 1,761개의 고등학교가 의대 입시와 직간접적으로 연관된 셈이네요.

이 학교들의 전교 1등은 모두 1,761명입니다. 전교 2등까지 합치면 총 3,522명이군요. 2024학년도 기준 의대 모집 인원이 3,058명이라고 치면, 냉정하게 전교 1등까지만 안정적으로 합격할 수 있습니다. 전교 2등도 합격을 장담하기 어렵지요. 2025학년도에는 지역 중심으로 의대 정원이 1,500명 더 늘었기에, 그나마 지역에서는 전교 2~3등까지 의대 합격의 문이 열렸다고 볼 수 있겠네요. 이를 메디컬 대학(의대+치대+한의대+약대+수의대)으로 확대한다고 해도 총 6,600명 정도예요. 전교 4등은 상당수가 메디컬 대학으로의 진학이 불가한 셈입니다.[*]

의대 입시의 최종 합격자들을 분석해보면, 일반고 전교 1등 또는 2등이 주로 내신 평균 등급 위주로 반영하는 수시 학생부교과 전형으로 합격합니다. 지역의 일반고 학생들은 여기에 덤으로 지역인재 의대 수시 학생부교과 전형에서 혜택을 보지요. 따라서 사실 의대 가기 가장 쉬운 방법은 지역의 일반고에 진학해서 전교 1등이나 2등을 하고 수능 최저 학력 기준을 맞추는 것입니다.

---

[*] 이해웅, 『의대 입시 팩트 체크』, 타임북스, 2022.

정원이 늘어났으니 의대 가기가 월등히 쉬워진 것 아니냐고요? 3,000명대에서 1,500명을 늘려서 4,500명대로 뽑는 것이 큰 변화이기는 하지만, 대부분 수능 최저 학력 기준을 적용하기 때문에 자격 기준을 통과하지 못하면 어차피 아무 의미가 없습니다. 게다가 서울이 아닌 지역 위주인 지역인재 전형으로 늘렸기에 서울은 거의 변화가 없고요. 물론 지역에서는 혜택을 볼 것입니다. 선발 인원이 많아졌으니 입시 경쟁률도 떨어질 테고요. 그렇다고 과연 눈에 띌 정도로 경쟁률이 내려갈까요? 의대 인기가 이렇게 높은데요? 게다가 의료계와의 첨예한 대립 때문에 정부 역시 2026학년도 정원은 원점에서 검토할 수도 있다는 입장입니다. 의대 증원의 미래는 아직 불투명한 셈이지요.

본격적으로 의대 입시에 필요한 요소를 자세히 살펴보겠습니다. 크게 수능, 내신, 비교과, 면접, 논술로 나눌 수 있겠네요. 하지만 논술 전형은 인원이 많지 않고 수리 논술은 사실상 수능 수학의 서술형 형태이기 때문에 논술을 제외한 수능, 내신, 비교과, 면접을 준비하는 것이 의학 계열 입시 준비의 전부입니다.

- 수시 학생부교과 전형 : 내신 성적과 수능 성적
- 수시 학생부종합 전형 : 내신 성적, 비교과활동, 수능 성적
- 정시 : 수능 성적

의학 계열 입시에서는 수능이 가장 중요합니다. 수시에서는 최저

학력 기준으로 활용되고, 정시에서는 총점이 말 그대로 당락을 결정하지요. 즉, 수능을 무시하고 의대에 합격하기란 불가능에 가깝습니다. 수능 점수를 잘 받지 못하면 다른 조건은 아무 의미도 없는 셈입니다. 수능 최저 학력 기준을 맞추지 못하면 전교 1등도 의학 계열로 진학하기 어렵습니다. 다시 한번 말하겠습니다. 의학 계열 입시의 핵심은 수능입니다. 비교과나 면접은 아주 작은 요소죠. 비교과와 면접을 무시하는 것이 아니라, 수능 점수를 역전할 만큼 막강한 요소는 아니라는 뜻입니다. 더욱이 의대를 염두에 둔 N수생 중 상당수는 수능 고득점자입니다. 이들과 경쟁하려면 일정 수준 이상의 수능 점수가 필요하겠지요?

요즘 학군지들에는 초등학생 때부터 의사를 만들어준다는 컨설팅 학원이 종종 눈에 띕니다. 서울대 또는 연세대 의대 출신이 운영하는 곳도 있습니다. 이런 학원들은 초등학생 때부터 의대 맞춤 생활기록부를 만들어주겠다고 유혹합니다. 대학에서 사용하는 MMI 면접 문제의 난이도를 낮춰서 초등학생에게 풀게 한 다음, 토론 수업을 하기도 하고요. 논술 전형의 높은 경쟁률을 언급하며 의대 논술 대비를 권하기도 합니다. 때에 따라서는 고액의 보고서 작성 수업도 하지요. 의사가 적성에 맞는지 진단 검사를 해주는 곳도 있죠. 웩슬러 지능 검사나 학습 유형 검사로 아이가 의대에 적합한지 아닌지 알아봐주는 컨설팅 업체도 있다고 합니다.

단언컨대, 이런 과정은 필요치 않습니다. 초등학생 때부터 이 같은 컨설팅을 받지 않아도 얼마든지 의대에 갈 수 있으니까요. 의대에 진학할 수 있느냐 아니냐는 아이의 타고난 성향이나 지능과는 상관없습니다. 의대 진학의 가장 중요한 요소는 수능을 고3 11월 본다는 것입니다. 물론 추후 국가교육위원회의 결정에 따라 변할 수도 있지만, 현재로서는 그렇습니다. 자퇴 후 검정고시를 준비해야 하는 상황이 아닌 이상, 누구나 고3 11월이후에 의대 진학이 결정됩니다. 수능에서 실력을 입증해야 의대 진학이 가능한 셈이지요. 즉, 수능 날까지 실력을 어떻게 잘 쌓느냐가 의대 합격의 관건인 것입니다.

앞으로의 초중등 입시에서는 더욱 그렇습니다. 2025년 고등학교 1학년이 되는 2009년생부터 2028 대입 개편이 적용되니 말이죠. 수능에서 선택과목이 없어지니, 모든 수험생이 동일한 과목으로 시험을 보게 됩니다. 내신은 9등급에서 5등급으로 변화합니다. 내신의 경쟁이 다소 완만해지니 대학들은 수능 성적으로 학생을 변별하려 하겠죠. 최저 학력 기준이 강화된다면 수능을 놓쳐서는 안 되겠지요? 안타깝게도 많은 부모가 이 점을 놓치고 있는 듯하지만요.

의대 입시의 일환으로 특목고 입학을 노리고 일찍부터 수학 선행 학습을 시키는 것은 효율적인 교육 방법이 아닙니다. 영재학교나 과학고는 솔직히 의대 입시에 거의 도움이 되지 않으니까요. 과학고나 영재학교에서 의대 진학 시, 장학금 및 교육비를 환수한다는 이야기를 들어보셨나요? 더불어 연구활동, 리더십활동, 연구 발표 실적 등 특목고만의 특성이 담긴 학교생활기록부 제출도 불가능합니다. 가장 큰 문제는 영재학교나 과학고 입학을 위한 수학 학습이 수능 준비와 다르다는 것입니다. 예를 들어, 기하는 수능의 범위가 아닙니다. 그럼에도 불구하고 많은 초등학생이 의대 입시를 위해 영재학교나 과학고 입시에 필요한 경시대회 준비 과정에서 수준 높은 기하를 배웁니다. 그러다가 수학을 싫어하게 되거나 포기하지요. 미적분도 마찬가지입니다.

2028 대입 개편으로 현재 이과 학생들이 수능에서 선택하는 미적분Ⅱ도 수능 범위에서 제외됐습니다. 과학도 마찬가지입니다. 의대 입시에는 생명과학Ⅰ, 화학Ⅰ이 가장 중요한데 물리에 너무 많은 시간을 할애하지요. 가장 심각한 문제는 수학과 과학에 시간을 많이 쏟다 보니, 국어와 영어를 소홀히 할 위험이 높다는 것이지요.

누군가는 "선행학습으로 고등과정을 미리 끝내고 고등학교 때는 문제풀이에 집중하는 것이 수능을 잘 보기 위한 현명한 전략 아니냐"고 물을지도 모릅니다. 이 논리를 부인하지는 않겠습니다. 이것이 수많은 학원들의 논리이기도 하니까요. 하지만 아무 동기도 없이 무리한 과정만 반복하면 아무리 단단한 사람이라도 무너집니다. 그동안 수많은 상위 0.1%, 공부 잘하는 아이들을 만나왔습니다만, 초등학교 때의 무리한 선행학습 덕에 고등학교에서도 열심히 공부할 수 있었다는 학생은 단 한 명도 없었습니다. 오히려 초등학생 때 과하게 달렸다가 고등학생 때 동력을 이어가지 못하는 학생만 수없이 봤죠.

초등 단계에서는 학습과 공부 습관을 잡아 수학과 과학을 중심으로 학습에 흥미를 갖게 하는 것이 비교과 준비보다 훨씬 중요합니다. 제가 만난 많은 명문대 합격생들의 한결같은 공통점도 수능 날까지 게을리하지 않고 부지런히 실력을 쌓았다는 점이었지요. 목표를 멀리 보고 꾸준히 노력을 이어갔지, 남들보다 빠른 성취에 관심을 두지 않았어요.

수능은 말 그대로 '대학수학능력시험大學修學能力試驗'입니다. 대학에서 수학할 수 있는 수준인지, 학생의 준비 역량을 살펴보기 위해 보는 시험이란 의미죠. 대학 교육과정을 얼마나 알고 있는지, 얼마나 어려운 난이도의 문제를 풀 수 있는지 측정하는 시험이 아니에요. 영재를 선발하려는 목적도 없고요. 그러니 아이가 현재 선행학습 중이라면, 잘 따라오는지 확인해야 합니다.

현실적으로 선행학습을 안 할 수 없다는 사실은 잘 알고 있습니다. 선행학습의 장점도 인정하고요. 선행학습 덕에 이후 학년에서 어떤 것을 배우는지 파악하고, 낯선 학습 내용에 대한 부담감을 덜어낸 경우도 분명히 있습니다. 제 말은 선행학습을 시키지 말라는 것이 아니라, 효과를 생각하며 하자는 것입니다. 진도에 급급하다 보면 개념을 깊이 있게 들여다볼 여유와 시간이 부족할 수도 있잖아요?

학교 선생님들의 이야기를 들어보면, 선행학습을 많이 한 학생들은 수업 때 확실히 다르다고 합니다. '아는 내용'이라며 집중하지 못하거나(않거나) 선행하지 않은 친구들을 무시하는 모습을 보이기도 한다고 해요. 초등학생 때의 습관은 누적되기 쉽습니다. 중고등학생 때도 수업에 집중하지 못하는 학생이 될 위험이 있지요. 차근차근 배워나가도 되는 학습을 무리하게 앞서서 하는 것에 어떤 효용가치가 있을지는 자세히 살펴봐야만 합니다.

마지막으로, 학원에서 초등학생 때의 선행학습을 강조하는 까닭은 과연 무엇일까요? 학생의 학습 효율이나 성과적인 측면에서만 그렇게 주장하는 것일까요? 어쩌면 초등 수학이 워낙 쉽기 때문에, 수강생에게 새로운 내용을 수업하기 위해서 그런 건 아닐까요? 부모는 이런 지점에서 선행학습 강조에 학원의 마케팅적 측면이 있음을 냉철하게 파악해야만 합니다.

속도보다 중요한 건 제대로 이해하는 것

정부가 킬러문항을 줄였음에도 수능 변별력은 여전히 유지되고 있습니다. 새로운 유형으로 가득한 준 킬러문항 덕분입니다. 더 이상 수능에 단순한 문제풀이는 나오지 않는다는 뜻이죠. 누가 더 많이 새로운 유형에 도전해서, 자신만의 풀이법으로 문제에 접근하느냐가 관건입니다. 진도보다 한 문제를 놓고 다양하게 접근하고 고민하는 과정이 중요해진 셈입니다. 그러니 자녀의 숙제를 검사할 때나 아이가 학교 시험지를 보여줄 때 이렇게 말해보세요.

"한 번만 더 생각해볼래?"

진도 나가기에만 익숙한 요즘 아이들은 한 문제를 놓고 고민하는 시간이 굉장히 부족합니다. 그러니 아이가 깊이 생각한 끝에 문제를 제대로 풀 수 있도록 도와주세요. 문제를 한 번 더 풀 수 있게끔요. 직접 틀린 문제를 찾게 한 다음 다시 풀어보도록 하는 것도 좋습니다.

하나 더! 적어도 하루에 한 번은 어려운 문제 앞에서 오래도록 고민하게끔 시간을 줘야 합니다. 만약 학원 스케줄이 너무 촘촘해서 선행학습 진도 나가기에 정신없다면, 아이가 기꺼이 새로운 유형의 문제에 도전할 수 있을까요? 모르는 문제가 눈에 들어오면 바로 해설지를 찾아보고, 다 알았다고 생각하는 아이들이 늘어나는 현실입니다. 우리 아이는 어떤지 부모가 반드시 알아야 합니다.

서울대 재료공학부 교수를 역임하고, 현재는 몰입아카데미를 이끄는 황농문 대표는 많은 청소년이 생각할 줄 모른다는 점을 지적합니다. 생각해보라는 과제를 냈더니 많은 학생이 어떻게 '생각'해야 할지 몰라서 접근조차 못하는 모습을 보고 큰 충격을 받았다고도 하죠.

그는 '생각하는 힘'을 기르는 가장 좋은 방법으로 모르는 수학 문제를 놓고 알 때까지 몰입해서 고민하는 것이라고 단언합니다. 그리고 청소년기에 이렇게 형성된 '생각하는 힘'은 평생의 크나큰 자산으로 발휘되리라 강조합니다.

'교육대기자TV'를 운영하면서 수많은 입시 전문가를 만났습니다. 그리고 입시에 관해 초중등 전문가와 대입 전문가의 관점이 아예 다르다는 흥미로운 사실을 발견했지요. 초중등 전문가들은 대부분 초등부터 열심히 대입을 준비해야 한다는 입장입니다. 반면, 대입 전문가들은 일찍부터 준비하다 보면 슬럼프가 올 수도 있으니 부담 없이 차근히 준비해야 한다고 목소리를 내지요.

수학 일타강사로 유명한 정승제 선생님은 "선행학습은 독"이라고 못 박았습니다. 일찍부터 선행학습과 빠른 진도를 강조하다 보니 아이들이 한 문제를 놓고 생각하거나 개념을 완벽히 이해하려 하지 않고 겉핥기식으로만 공부한다고요. 영어 일타강사인 조정식 선생님 역시 "일찍부터 영어유치원에 다닌 친구들이 수능 영어에서 좋은 점수를 받는 것은 아니"라고 강조합니다.

혹시 지금 초등 자녀가 선행학습 중인가요? 그렇다면 개념을 완벽히 다지며 진도를 나가고 있는지 확인해야 합니다. 적어도 10개 중 여덟 문제 이상 맞히면서 앞으로 나아가야 하니까요. 아니면 밑 빠진 독에 물 붓기와 다름없습니다. '왜?'가 빠진 선행학습에는 아무 의미가 없다는 사실을 주지해야 합니다.

　의대 입시를 위해 초등학생 때부터 준비해야 하는 중요한 요소가 하나 있기는 합니다. 바로 독서입니다. 2024학년도 대학 입시부터 독서활동이 학생부 평가에 반영되지 않으면서 독서의 중요성이 약화됐다는 의견도 있으나, 실상은 그렇지 않습니다. 게다가 독서 역량은 학생부 다른 영역과 면접 등에서 빛을 발하지요. 자녀가 초등학생 때부터 의학 관련 책, 또는 의사가 주인공인 위인전 등을 읽고 호기심을 키울 수 있게 해주세요. 초등학생 때부터 관련 서적을 읽으며 의사를 꿈꾼 아이에게는 자연스러운 의대 진학 동기가 생기지 않겠어요? 의대 추천 도서는 대학의 '학과 홈페이지'나 '학과 가이드북'에 자세히 안내돼 있답니다. 의대에 대해 전반적으로 소개하는 책 한두 권을 미리 읽어보는 것도 도움이 되겠지요.

　다년간 학생들의 의대 진학 상담을 담당해온 일산 대화고 최승후 3학년 부장 선생님은 이렇게 말합니다. "점수가 잘 나와서 지원한 학생과 일찍부터 『청년 의사 장기려』 같은 책을 읽고 진로 연계 활동을 해온 학생 중 대학이 어떤 학생을 선호할까요? 답은 명확합니다." 맹목적으로 주어진 공부만 하는 아이와, 미래를 상상하며 열정을 바탕으로 공부하는 아이 사이에 차이가 없을 수 있을까요? 의사란 직업에 대한 장밋빛 비전만 좇는 게 아니라, 자신만의 장점과 소명의식을 갖춘 슈퍼 비전이 있다면 금상첨화겠지요.

자녀를 의사로 키우기 위해 가장 필요한 것은 장기적 안목

의대 입시는 시시각각 바뀌고 있습니다. 원래 정부 계획은 1년에 2,000명씩 1만 명을 증원하는 것이었으나 현실적인 이유와 대한의사협회의 반대로 2025년에는 1,500명만 증원하기로 했죠. 이마저도 앞으로 어떻게 될지 한 치 앞을 알 수 없는 상황입니다. 의대생들은 무기한 등교 거부에 들어갔고요.

지역인재 전형 위주 의대 증원만 철석같이 믿고 과감하게 서울에서 지역으로 내려간 학생과 학부모들이, 정부의 오락가락한 정책에 요즘 "서울로 다시 돌아가야 하느냐"고 학원가에 많이 문의한다고합니다. 더불어 2024년 교육기본통계에 따르면, 지난해 고교를 그만둔 학생은 2만 5,915명입니다. 전체 고교 재학생의 2%네요. 학업 중단 고교생은 2019년 2만 3,812명(1.7%), 2020년 1만 4,455명(1.1%), 2021년 2만 116명(1.5%), 2022년 2만 3,980명(1.9%)으로 꾸준히 증가해왔지요. 이 중 상당수가 만족하지 못한 내신 성적 때문임을 우리는 잘 알고 있습니다. 내신 유불리만 따져 '자퇴'라는 섣부르고도 무모한 결정을 한 학생들도 늘어나고 있다는 말입니다.

입시 정책은 또 언제, 어떻게 바뀔지 알 수 없습니다. 자녀의 성향, 현재 성적, 부모의 경제력 등에 대한 고려 없이 단순히 입시에 유리하리란 판단만으로 무모하게 결정하지 않기를 바랍니다. 만약 초중등 자녀의 의대 진학을 희망한다면 장기적인 관점에서 의사가 되기 위해 필요한 전략을 짜고, 입시제도의 변화를 살피는 것이 훨씬 안전한 선택입니다. 특목고 입시 학원의 인기가 시들해진 것처럼, 의대 준비 학원의 위상도 달라질 수 있으니까요.

대치 쏠림

•

**"대치동 트렌드가
곧 대한민국 사교육 트렌드다"**

사교육 일번지, 대치동

"대한민국 다 무너져도 욕망이 남아 있는 이 동네는 절대 안 무너질 거야."

2024년 초 방영한 tvN 드라마 〈졸업〉에서 남자 주인공이 친구들과의 술자리에서 서울대 학과 점퍼를 입은 이들을 가리키며 한 말입니다. 여기서 말하는 '무너지지 않는 동네'란 바로 서울 강남구 '대치동 학원가'입니다.

최근 유독 대치동이 배경인 콘텐츠가 많았습니다. 2023년에는 드라마 〈일타스캔들〉이 큰 인기를 끌었죠. 팬덤을 형성해 고소득을 올리는 일타강사 최치열과, 조카 때문에 대치동 학부모의 세계에 뛰어든 남행선의 로맨스가 흥미로운 이야기였습니다. 2024년 개봉한 영화 〈대치동 스캔들〉의 주인공 안소희 역시 대치동 학원의 국어과 일타강사를 연기했고요.

콘텐츠 제작자들은 어째서 작품 배경으로 대치동을 고른 걸까요? 〈졸업〉을 연출한 PD는 "대치동은 열린 공간임에도 불구하고, 아무나 물리적으로 접근하기가 쉽지 않기에 그곳을 내밀하게 엿보고 싶어 하는 시청자들의 호기심이 많다"고 설명했습니다. 교사가 그래도 어느 정도는 체면을 지켜야 한다는 인식이 남아 있는 학교와 달리, 정글 같은 사교육 현장에서는 극적인 갈등 구조와 첨예한 관계 등 콘텐츠화에 적합한 요소가 많다고도 덧붙였지요. 대치동은 이제 '알고 싶은 곳'을 뛰어넘어 '엿보고 싶은 곳'이 됐습니다.

대치동은 교육에 관심이 없는 사람도 누구나 알고 있는 대한민국 사교육 일번지입니다. 자녀 교육에 대한 관심이 많은 부모들은 더욱더 호기심을 갖고 지켜보는 동네지요. 각종 온라인 커뮤니티와 뉴스에도 자주 등장합니다. 도대체 대치동은 언제, 어떻게 사교육 중심지가 된 걸까요? 여기에는 역사적, 사회적 요인의 여러 가지 복합적인 영향이 있었습니다.

1. 1980년대 강남 개발과 함께한 인프라 구축

1966년부터 1980년 사이, 15년 동안 서울 인구는 500만 명 정도 늘었습니다. 급속도로 늘어난 인구 때문에 기반 시설이 부족해지자 정부는 강남을 개발하기 시작했죠. 강남 인근은 1970년대 후반부터 1980년대 초반까지 본격적으로 개발됐습니다. 곧 대치동을 포함한 강남 일대에 부유층이 밀집하기 시작했지요.

서울의 주거 중심지가 강북에서 강남으로 이동하면서, 경제적으로 여유로운 고소득층 가구들이 강남에 자리 잡기 시작했습니다. 서울의 부촌이 성북동, 평창동에서 강남으로 이전한 것이지요. 노년층들은 압구정동에, 어린 자녀를 둔 젊은 부모들은 대치동에 몰려들었습니다. 자연스럽게 자녀에게 좀 더 나은 교육을 제공하기 위한 사교육 수요도 증가했지요. 그런데 왜 하필 대치동이었을까요?

2. 명문학교의 등장

강남 8학군을 대표하는 휘문고, 경기고, 서울고가 원래 강북에 있었다는 사실을 알고 계신가요? 휘문고는 종로구 원서동, 경기고는 종로구 화동에 있었죠. 서울고는 현재의 경희궁 자리인 종로구에 위치해 있었고요. 1972년, 정부는 세 학교를 강남으로 이전하겠다고 발표했습니다. 휘문고, 경기고, 서울고에 이어 중동고, 숙명여고 등 다른 유명 고교들도 속속들이 강남으로 들어왔지요.

강남 지역에 대입 실적이 높은 명문고들이 차례로 들어서자, 점차 부모들의 관심을 사기 시작합니다. 자녀를 명문대학에 보내기 위해 명문고에 입학시키고, 사교육을 받으려는 부모의 수요가 점차 늘어난 것입니다.

대치동은 어떻게 사교육 중심지가 됐나

지금과 달리 당시 대치동은 강남에서 비교적 변두리 지역이었습니다. 은마아파트와 같은 대규모 아파트 단지가 있었지만, 상가 임대료가 쌌죠. 유해업소도 없었고요.

1. 학원가의 형성과 확장

대치동 학원의 수는 1990년대 후반부터 급격히 늘어났습니다. 강남 학군에서 우수한 교육 성과를 위한 경쟁이 심화되면서 수학, 영어, 과학 등 주요 과목을 쪼갠 전문 학원들이 자리 잡았죠. 학원들은 입시 주요 과목들을 전문적으로 지도하면서, 학부모들의 높은 기대를 충족시키기 위해 최상위권 학생들을 타깃으로 교육 프로그램을 세분화하고, 수준 높은 강사진을 고용했습니다. 이때 서울대 진학 등 입시 성공률이 높은 학원들이 대치동에 집중되면서, 다른 지역 학부모들까지 자녀를 대치동 학원에 보내기 위해 이사하기 시작했습니다.

학원은 기본적으로 소규모 사업입니다. 대규모 자본을 가진 대형 학원을 제외한 군소 학원들은 서로 밀집돼 있어야 합니다. 자본금이 넉넉하지 않기 때문에 입지는 괜찮지만 임대료가 저렴한 곳을 선호하는데, 대치동이 입시뿐만 아니라 예체능 등 다양한 군소 학원들이 자리 잡을 수 있는 최적의 부동산 인프라를 갖추고 있었던 것이지요. 여기에 사교육 관련 규제들이 완화되면서 대치동은 사교육 일번지로 자리매김하게 됐습니다. 1980년대에 존재하던 '과외 전면 금지' 정책이 1991년에 완전히 해지됐거든요.

대치동의 번영에는 운동권의 퇴조와 함께 젊고 학벌 좋은 운동권 학생들이 대거 대치동 강사로 몰려들었다는 점도 한몫했습니다. 전교조 해직 교사들과 더불어 운동 전과 때문에 실업자였던 이들이 학원 강사로 변신한 것입니다. 대치동의 유명 학원장 중에는 이때 대치동에 들어온 운동권 출신이 많습니다. 고학력 강사 인력들은 누구보다 빠르게 입시제도의 변화를 이해하고, 새로운 제도에 발맞춘 학습 전략을 제공했죠. 소규모로 전문화되고 세분화된 학원들이 어디서도 제공되지 않던 교육 서비스를 창출한 셈입니다.

2. 사교육 열풍과 부모의 교육 열망

우리나라에서는 교육이 사회적 성공을 위한 중요한 수단으로 여겨집니다. 특히 2000년대 대입에서 내신과 수능 성적이 중요해지면서, 많은 부모가 자녀들이 좋은 성적을 받을 수 있도록 지원을 아끼지 않았죠. 대치동은 부모의 이 같은 교육적 열망을 충족시키며 발전했습니다. 자녀의 상위권 대학 진학을 목표로 하는 부모는 대치동 학원에서 제공하는 선행과 반복 학습, 수준 높은 일타강사의 강의에 열광했습니다. 대치동 학원가의 로드맵을 통해 자녀가 대입 경쟁에서 우위를 점할 수 있게끔 지원한 것입니다.

3. 사교육 시장의 확장과 세분화

대치동 학원가는 개별 과목 지도뿐만 아니라 '과학고 대비 학원', '영재학교 대비 학원' 등 부모가 원하는 입시 결과를 도와주는 프로그램을 제공하며 더욱더 성장했어요. 학습 수준별, 과목별로 세분화된 프로그램을 운영하며, 심지어 과목 내 특정 단원만 집중적으로 가르치는 '클리닉 학원'까지 등장했죠. 최상위권뿐만 아니라 모든 성적대의 학생들이 자기 필요에 맞춰 학습할 수 있는 교육환경을 제공하면서 인기를 끈 것입니다. 2010년대에는 강남을 비롯해 서울 전역, 지방에서도 맞춤 수업을 듣기 위해 주말마다 대치行을 택했죠.

4. 사교육 중심지로서의 상징성

대치동은 공교육의 아쉬움을 덜어주며 빠르게 성장했어요. 입시

제도가 바뀌면 다음 날 대치동에 관련 프로그램이 생긴다는 우스갯소리가 있을 정도로 발 빠르게 움직인 덕이지요. 대치동은 이제 단순한 학군지를 넘어선 사교육의 메카입니다. 명문대 진학을 목표로 하는 학생들이 가장 많이 찾는 곳이지요. 입시제도와 맞물려 제공되는 교육이 부모와 학생들을 이곳에 모이게 만들었습니다.

인도의 '코타'라는 동네는 대치동에 버금가는 지역입니다. '도시 전체가 세계 최대 학원가'라는 명성답게 골목마다 학원 광고와 학원생들의 시험 순위표가 즐비하죠. 합격생 공장 같다는 의미로 '코타 팩토리'라는 별명이 붙었습니다. 인도의 명문공대인 인도공과대학, 인도국립공과대학 등의 입학생을 대거 배출했거든요. 어렵기로 유명한 인도의 공대 입시 JEE를 통과하려면 정규 교육과정만으로는 불가능하다고 합니다. 이처럼 전 세계적으로 명문대 진학을 꿈꾸는 학생과 학부모에게 공교육에서 채워지지 않는 갈증은 사교육이라는 보완책을 찾는 강력한 유인이지요.

최상위권 학생들이 대치로 몰리는 이유

"결국 대치로 가야 할까요?"

올해 가장 많이 들은 질문입니다. '학군지로 이사를 가느냐, 마느냐'란 오래된 고민이 최근 대치행 고민으로 바뀌었죠. 예전에는 목동, 중계동, 분당, 평촌, 대구 수성구 등 가까운 학군지로의 이사를 고민했다면, 요즘은 목동이나 분당에 살아도 대치동 학원에 다니는 경우가 많습니다. 아이를 실어 나르다 지쳐서 이사하기도 하고, 처음부터 대치동 학교를 염두에 두고 일찍부터 근처로 이사하기도 하죠.

　닥치고 대치행! 왜 이렇게 대치로 사람들이 몰리는 것일까요? 답은 두 가지입니다. 첫째, 대학 진학률이 높은 고등학교가 많습니다. 둘째, 보낼 학원은 고등학교보다 더 많지요. 대치동에는 현재 1,600개의 학원이 있습니다. 단일 동 기준으로 전국에서 가장 학원이 많지요. 2위 목동(1,040곳), 3위 신정동(867곳), 4위 중계(530곳)과 비교하면 월등한 수치죠. 절대적으로 학원 숫자가 많다 보니 그만큼 세분화돼 있습니다. 이왕 보낼 거라면, 다양한 학원이 많은 곳에서 보내겠다는 의도인 것이죠.

　또 다른 이유도 있습니다. 수많은 부모가 좋은 학군을 찾아 계속 이주하는 것은 당연히 자녀를 좋은 대학에 보내기 위해서일 것입니다. 그런데 요즘에는 학교폭력 문제도 걱정이다 보니 자녀가 좀 더 얌전한 아이들과 지내면 좋겠다는 바람도 큰 듯합니다. 아이들이 공부에 집중하고 유해환경이 없는 곳이라면, 확률적으로 학교폭력이나 왕따가 덜하겠다고 생각하는 것이죠. 대치동에서는 같이 탈선할 아이들이 없어서 아이들이 결국 학원으로 돌아온다는 우스갯소리가 있거든요. 부부가 맞벌이일 경우, 아이가 학교-학원-집을 큰 위험 없이 안전하게 오갈 수 있는 이른바 학주근접(학교나 학원이 집과 가까이 붙어 있는 곳)을 찾아 이사하려는 수요도 많아졌지요. 이 때문에 대치동 인근 강남구의 집값은 나날이 치솟고 있습니다.

아파트 실거래가 분석 앱 호갱노노(hogangnono.com)의 학원가 분석 자료를 이용하면 어느 곳에 학원이 몰려 있고, 규모는 또 어느 정도인지 한눈에 볼 수 있습니다. 여기에서도 대치동의 학원가 밀집도 수치는 남다릅니다. 대치동은 899로 가장 높죠. 다른 서울·수도권의 주요 학원가 밀집도 수치는 평촌 290, 중계 227, 일산 212, 목동 139입니다. 목동의 경우는 파리공원 학원가 139, 오목교와 신정동 일

| 부동산 앱의 학원가 분석 자료 |

(출처: 호갱노노 캡처)

대 120으로 나뉘어 있지만요.

　대치동을 선택하는 부모의 이유를 다시 한번 자세히 살펴봅시다. 첫째는 앞에서도 언급했듯이 보낼 학교가 많기 때문입니다. 매년 교육전문신문인 《베리타스알파》가 발표하는 '서울대 합격생을 많이 배출한 학교'를 보면 강남구 출신이 많죠. 2024년 서울대 최초 합격자의 출신 지역을 분석한 결과 강남 3구 출신 인원이 466명으로 12.6%에 달했습니다. 강남 3구의 전체 고3 학생 수는 전국의 3.2%에 불과하지만, 이보다 9.4% 많은 학생이 서울대에 합격한 셈입니다.

　광역 단위 지역과 비교해보면 강남 3구 출신의 비중은 상당합니다. 특히 합격자가 가장 많이 나온 강남구는 수도권 지역인 서울과 경기를 제외하면 비수도권 전 지역보다 더 많은 합격자가 나왔습니다. 비수도권 지역에서 가장 서울대 합격자가 많은 대구 전체 지역에서 173명(4.7%)이 합격했지만, 강남은 1개구에서 그보다 84명 더 많은 257명(7%)이 합격했어요. 대표 학교로는 휘문고, 중동고, 숙명여고, 단대부고, 경기고 등이 있습니다.

　대치 학군에서 이런 성과가 나온 이유는 뭘까요? 원래도 다른 지역보다 대입 실적이 좋은 편이기는 했지만, 결정적인 계기는 2023학년도부터 서울 주요 대학에서 정시 모집 인원을 40%로 선발한 것입니다. SKY(서울대·고려대·연세대)를 포함한 주요 대학 16곳의 정시 40% 선발이 사실상 의무화되면서 대치동 출신들이 약진한 셈입니다.

| 2024학년도 서울대 지역별 최초 합격자 |

지역	시/군/구	서울대 최초 합격자		전체 고3 학생 수	
		인원	비율	인원	비율
서울	강남구	257	7.0%	5,507	1.4%
서울	서초구	128	3.5%	2,898	0.7%
서울	송파구	81	2.2%	4,250	1.1%
강남 3구 계		466	12.6%	1만 2,655	3.2%
서울	종로구	188	5.1%	2,311	0.6%
경기	성남시	139	3.8%	7,588	1.9%
경기	용인시	121	3.3%	8,680	2.2%
경기	수원시	118	3.2%	10,455	2.6%
대구	수성구	107	2.9%	3,909	1.0%
서울	광진구	97	2.6%	2,257	0.6%
경기	고양시	83	2.3%	8,440	2.1%
세종	세종시	70	1.9%	3,530	0.9%
서울	강동구	65	1.8%	3,322	0.8%
인천	연수구	63	1.7%	3,450	0.9%
서울	강서구	61	1.7%	732	0.2%
경기	화성시	61	1.7%	6,930	1.8%
서울	양천구	60	1.6%	3,759	1.0%
대전	유성구	58	1.6%	3,054	0.8%
경기	안양시	56	1.5%	4,899	1.2%
광주	북구	54	1.5%	3,963	1.0%
서울	은평구	50	1.4%	3,649	0.9%
충북	청주시	49	1.3%	7,273	1.8%
전북	전주시	46	1.2%	6,426	1.6%
서울	노원구	45	1.2%	5,496	1.4%
서울	도봉구	44	1.2%	1,905	0.5%
부산	부산진구	44	1.2%	2,696	0.7%
경기	파주시	43	1.2%	3,841	1.0%
인천	중구	42	1.1%	876	0.2%
충남	천안시	38	1.0%	5,966	1.5%
경북	포항시	37	1.0%	3,856	1.0%
경기	남양주시	37	1.0%	5,640	1.4%
대전	중구	35	0.9%	876	0.2%

서울	서대문구	35	0.9%	1,490	0.4%
충남	공주시	34	0.9%	1,078	0.3%
대전	서구	32	0.9%	1,538	0.4%
인천	부평구	31	0.8%	3,123	0.8%
경남	창원시	30	0.8%	7,929	2.0%
서울	구로구	29	0.8%	2,746	0.7%
제주	제주시	29	0.8%	4,449	1.1%
강원	횡성군	28	0.8%	434	0.1%
서울	성북구	28	0.8%	2,415	0.6%
경남	진주시	28	0.8%	2,953	0.7%
부산	금정구	25	0.7%	2,029	0.5%
경기	김포시	24	0.7%	3,551	0.9%
경기	평택시	23	0.6%	4,544	1.2%
경기	양평군	19	0.5%	889	0.2%
서울	용산구	19	0.5%	1,415	0.4%
울산	울주군	19	0.5%	1,904	0.5%
경기	과천시	18	0.5%	661	0.2%
경기	의왕시	18	0.5%	1,026	0.3%
부산	사하구	18	0.5%	2,166	0.5%
전국 계		3,685명	100.0%	39만 4,940명	100.0%

* 전체 고3 학생 수 출처: 교육 통계 서비스(2023년 기준)

(출처: 정경희 국민의힘 의원실)

대치동에서는 주로 정시로 대학을 가거든요. 더 정확히 말하자면, 대치동 수험생들은 더 좋은 대학에 가려면 정시에 지원해야 합니다. 학생부 위주 전형으로 서울 10개 대학에 합격하려면 내신에서 1~2등급을 받아야 하지만, 대치 권역 고등학교는 최상위권이 워낙 두터워 내신을 잘 받는 게 어려운 탓입니다. 만점자가 하도 많아 문제 하나만

틀려도 2~3등급을 받지요. 수행평가 역시 만점자가 수두룩합니다. 모의고사에서 전 영역 1~2등급이지만, 내신에서는 3~4등급을 받는 아이들도 많죠. 워낙 상위권이 많은 동네이다 보니 내신 등급을 올리기가 쉽지 않은 셈입니다.

대학 실적이 높은 학교에 가기 위해 대치동에 온 아이들도 막상 고등학교에서 내신 위주의 대입 전략을 짜지는 않습니다. 대입 성과는 학교가 아닌 개인의 노력이라고 생각해 학원을 더 다니는 현상이 나타나죠. 결과적으로 대치동의 학습 트렌드에는 학교가 아닌 학원의 비중이 상당히 큽니다. 이것을 뒷받침하는 지표가 재수생 비율이에요. 요즘은 재수 이상이 많아 N수생이라고도 하지요? 즉, 대치동에서는 대부분 수능을 여러 번 봐서 좋은 대학에 갑니다.

초중등 교육 정보 공시 서비스인 학교알리미를 보면 N수생 비율을 파악할 수 있습니다. 학교별 공시 정보를 클릭하면, 해당 학교의 각종 정보를 알 수 있거든요. 학생 현황에서 졸업생을 확인해보면 '기타'가 졸업자 중 미진학자·미취업자, 즉 N수생 인원입니다. 서울대를 많이 보내는 것으로 알려진 고등학교 중에는 재수생 비율이 50%를 넘는 학교가 상당합니다. 현재 대학을 다니면서 수능을 준비하는 졸업생 인원까지 합치면 이 수치는 더욱 높아지겠지요.

다시 말하지만, 대치동에는 N수생이 굉장히 흔합니다. 명문대나 의대에 합격하는 주변 아이들이 많아 부모가 먼저 재수를 권하기도

| 대치동에 위치한 학교의 졸업생 현황 비율 |

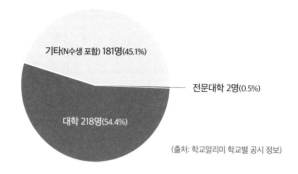

(출처: 학교알리미 학교별 공시 정보)

하죠. 대치동에서는 수능과의 싸움이 진짜 끝날 때까지 끝난 게 아니라는 말을 합니다. 따라서 고등학교 졸업 후에도 교과서나 문제집을 버리지 않는 경우가 허다해요. 초·중·고 때는 수능 대비를 위해 학원을 많이 다닌다면 N수생 때는 원하는 점수를 받기 위해 무한대로 학원을 다니는 흐름인 것이죠.

정시로 원하는 대학에 합격하는 일이 많기에 영재학교나 과학고 같은 특목고를 크게 선호하지 않는 것도 특징입니다. 영재학교나 과학고는 정시보다 수시 학생부종합 전형을 통해 대학에 가는 비율이 절대적이잖아요? 이 때문에 많은 아이들이 집에서 가까운 일반고나 광역 단위 자사고에 진학합니다. 과학고나 영재학교, 전국 단위 자사고의 경우 기숙사 생활 때문에 대치동의 장점인 학원을 다닐 수 없기도 하고요. 그렇다면 대치동에는 왜 이토록 많은 학원이 있는 것일까요?

대치동에는 영어유치원부터 초·중·고 대상 주요 입시과목인 국·영·수는 물론 사회와 과학 등 탐구과목, 논술, 재외국민 특례 입시 등의 입시 관련 학원부터 코딩, 로봇, 유학, SAT, 예체능 학원까지 전 영역의 사교육 학원이 존재합니다. 다른 학군지와 다른 점이 있다면 종합 학원보다 과목별 전문 학원이 강세라는 점이죠. 이를 두고 어떤 사람들은 타 지역 학군지가 편의점이라면, 대치동은 이마트라고 표현하기도 합니다.

학원이 워낙 많다 보니 어느 학원을 다니면 좋을지 알려주는 컨설팅 학원까지 생겼습니다. 전문적으로 학원을 소개하고 수강생과 학부모의 피드백을 모아 제공하는 서비스도 있죠. 강남엄마(www.gangmanmom.kr), 디스쿨(www.dshcool.co.kr)은 이런 정보를 활용해 각 학원의 커리큘럼과 과제량, 수업 분위기 등을 피드백하면서 아이에게 맞는 학원을 찾아볼 수 있게 도와줍니다.

요즘 전국적으로 인기인 관리형 스터디카페도 대치동에서 시작한 사교육 기관입니다. 기존 스터디카페가 자유롭게 공부하는 독서실 형태였다면, 관리형 스터디카페는 학원 스케줄을 짜준 뒤 시간별로 아이를 학원에 보내고 숙제까지 관리해주지요. 관리형 스터디카페에 상주하는 선생님들은 주로 명문대생들이고요.

마지막으로, 현직 강사들이 생각하는 대치동의 강점을 알아볼까요? 한마디로 '경쟁'입니다. 학원이 워낙 많다 보니 강의 준비를 소홀

히 했다가는 소위 '나락을 가기' 때문이죠. "저 선생님 별로예요"라는
말을 듣지 않기 위해 잠까지 줄여가며 노력할 수밖에 없다고 합니다.
대치동에서 22년간 영어 강사로 최상위권 학생들의 영어 내신 대비를
도운 글로리아쌤(이호경 선생님)은 "대치동에서는 강사들이 살아남아
야 한다는 경쟁 심리가 심하니 전달력을 높이고 본인만의 교재를 만
들기 위해 최선을 다한다"고 말합니다. 쉬는 시간에 질문하는 아이들
도 많고, 질문의 수준도 다르다고 합니다.

더불어 대치동 강사들은 대부분 자체적으로 교재를 만듭니다. 일
찍 공부를 시작한 대치동 아이들은 이미 웬만한 문제 유형은 죄다 접
했을 가능성이 높기 때문이죠. 아이들의 관심을 끌려면 새로운 유형
의 문제를 직접 만들어야 하는 셈입니다. 시중 문제집으로 강의해도
되는 다른 지역과 달리, 대치동에서는 자체 교재를 만드는 점이 가장
큰 차이점이라고 할 수 있겠네요.

대치동 초등 사교육 로드맵

요즘 대치동의 사교육 트렌드는 어떨까요? 대치동에서 유치원부터
초·중·고 때 어떤 로드맵으로 학원을 보내는지 자세히 살펴보겠습
니다. 요즘 대치동에서는 아이가 4세가 되는 순간부터 바빠집니다. 영

어유치원(공식 명칭 : 유아 영어학원) 입학을 준비하기 때문입니다. 이 시기 대치동 부모들은 하나같이 영어유치원 이야기를 합니다. 영어유치원 입학은 5세부터지만, 입시는 4세에 보거든요. 영어유치원 입시는 매년 10월에 치러지는데, 이 시기에는 학원에 자리가 없는 경우가 태반입니다. 이 때문에 영어유치원을 노리는 엄마들은 자녀가 4세가 되자마자 일단 학원 한 곳에 등록합니다. 2~3세부터 유아 놀이학교를 다니며 영어유치원 입시에 대비하기도 하죠. 영어유치원 입시를 전문으로 도와주는 과외 선생님을 찾기도 하고요. 합격생을 여럿 배출한 과외 선생님은 고등학생 과외비 이상을 줘야 하지만, 인기가 많아서 대기할 정도입니다.

대치동에서 영어유치원은 아주 일반화돼 있습니다. 일찍부터 영어에 노출시켜준다는 이유로 해마다 인기가 높아지고 있지요. 게다가 대치동에는 일반유치원이 거의 없어서 선택권도 없습니다. 이런 이유로 영어유치원을 보내기도 하다 보니 입학 테스트 수준도 날이 갈수록 높아지고 있습니다. 이 때문에 나온 표현이 바로 '4세 고시'입니다. 영어유치원에 가기 위해서는 엄격한 레벨테스트를 통과해야만 하거든요.

대부분의 영어유치원에서는 원어민이 인터뷰나 쓰기 시험을 통해 아이가 알파벳이나 단어를 아는지, 인사말이 가능한지 정도를 확인합니다. 하지만 아직 연필 잡는 법도 서툰 아이가 레벨테스트를 잘

보려면 사전에 충분한 연습이 필요하겠지요? 이전부터 집에서 지속적으로 영어에 노출시켜줬더라도, 낯선 테스트 형식에 아이가 제대로 대응하지 못할 수도 있죠. 그래서 많은 부모가 입학 테스트를 대비해 사전 연습에 더해 기출문제까지 사서 연습을 시킵니다.

영어유치원에 입학했다고 끝이 아닙니다. 7세 때 한 번의 영어 시험이 더 기다립니다. 대치동에서는 빅3, 빅5로 불리는 유명 어학원에 들어가기 위해 입시를 치러야 하니까요. 피아이PEAI, 렉스김LEX KIM, 아이엘이ILE, 알파, 트윈클, 에디센이 여기에 해당하지요(과거에는 빅3, 빅5 규정이 명확했는데, 이곳에서 일하던 원장이 나와서 학원을 개원해 인기가 높아졌거나 새로운 커리큘럼으로 떠오른 곳들도 있어 요즘은 빅7으로 부르기도 합니다). 사실 영어유치원은 이 어학원들의 입시를 위한 전 단계라고 할 수 있어요. 피아이, 아이엘이, 렉스김 어학원은 엄마들 사이에서는 '영어유치원을 졸업해도 들어가기 어려운 학원'으로 꼽히거든요.

대치동에서 영어유치원 3년 과정을 마친 아이들은 대체로 미국 초등학교 1~2학년 정도의 영어 실력을 갖추는데, 빅3 입시는 미국 초등학교 2~3학년 기준은 돼야 통과할 수 있습니다. 따라서 영어유치원 외에도 집에서 꾸준히 영어 노출이 이어졌거나 과외 또는 '프랩'으로 추가적인 노력이 필요합니다. '준비한다'는 의미를 지닌 프랩PREP은 요즘 대치동에서 인기 있는 기관입니다. 영어유치원은 영어 공부와 미술, 체육, 음악 등 여러 활동을 하지만 프랩에서는 오로지 영어 공부에만 집중합니다. 리딩, 어휘, 문법, 라이팅 딱 4대 영역을 가르치는 유아 대상 학원이지요.

프랩 역시 합격생만 다닐 수 있어요. 7세에는 영어유치원 대신 프랩만 보내기도 하고, 오전에는 영어유치원을, 오후에는 프랩반을 보내기도 합니다. 7세 고시라고 불리는 영어학원 레벨테스트는 각 학원마다 각기 다르게 치러집니다. 대부분 리딩과 에세이, 인터뷰죠. 강남 지역 학생뿐 아니라 전국에서 입학 희망자가 몰려들기 때문에 인기가 높아요. 10월이 되면 어학원 주변에 아이 손을 잡고 줄 서 있는 부모를 흔히 볼 수 있는데, 대부분 등록 또는 입학 테스트를 위한 대기입니다. 참고로 인터넷 검색창에 '대치동 영어학원 합격 수기'를 검색하면 레벨테스트 문제의 난이도를 쉽게 알 수 있습니다.

수업은 대부분 미국 교과서로 진행되는데, 학생이 이를 이해할 수 있는지는 레벨테스트로 확인합니다. 각 학원마다 커리큘럼의 차이가 있는데, 1995년에 생긴 렉스김 어학원은 듣기와 말하기에 중점을 둡니다. 원어민 선생님의 수업도 있죠. 3대 학원 중 숙제량이 가장 많다고 해요. 렉스김 어학원이 생기고 10년 뒤에 들어선 아이엘이는 듣기와 말하기, 읽기, 쓰기 등 네 가지 영역을 모두 종합적으로 학습하는 커리큘럼 덕에 인기가 높아졌지요. 2006년에 들어선 피아이는 미국 학교처럼 프로젝트 수업과 토론이 많은 것이 특징이랍니다. 원어민과 교포 선생님 중심으로 수업하는 전통적인 3대 어학원과 달리, 한국 강사 채용으로 부모들과 소통에 집중하는 등 차별화에 나선 신생 학원들도 있어요. 어쨌든 대치동에서는 초등학생 때 유명 어학원의 커리큘럼을 따라 영어 공부하는 것이 일반화돼 있죠.

공교육에서는 초등 3학년이 돼서야 영어를 배우기 때문에, 대치동에서는 초등학생 때 영어학원에 절대적으로 의지합니다. 초등 고학년이 되면 내신을 챙기기 위해 한국형 문법을 가르쳐주는 학원으로 이동해야 하니까요. 저학년에 영어 실력을 잘 쌓은 친구들은, 수학에 많은 에너지를 쏟아야 하는 고학년이 되면 부담이 덜한 영어학원을 선택하기도 해요. 방학에는 영어캠프를 가기도 합니다. 영어캠프는 비교적 여유로운 방학 동안 영어권 국가에서 언어 노출을 늘릴 수 있다는 장점이 있지만, 일정 기간 해외에 체류해야 하기에 비용이 만만찮죠. 체류 국가와 일정에 따라 비용이 많이 달라지는데, 적게는 200~300만 원에서 많게는 1,000만 원을 넘어가기도 합니다.

대치동에서는 영어만 챙기지 않습니다. 5세에 영어유치원을 다니며 영어 공부를 본격화하고, 6세부터는 수학에 집중합니다. 첫 출발은 사고력 수학입니다. 생각하는 힘을 기르고 수학적 흥미를 높여서 이후 교과 수학을 좀 더 수월하게 받아들이기 위함이죠. 대표적인 대치동 유아 대상 사고력 수학학원은 대치소마, 대치시매쓰, 대치CMS, 필즈더클래식입니다. 이들 학원 모두 레벨테스트 결과에 따라 반이 나뉘고, 자체 교재를 강조하죠. 영어유치원과 마찬가지로 레벨테스트에 합격하기 위한 과외 학원이 따로 있을 정도입니다.

초등 수학의 절대 강자는 '생각하는황소(이하 황소)'입니다. 메가스터디 손주은 회장이 유튜브 채널에서 의대 쏠림을 비판하면서도, 이에 잘 대비한 학원으로 꼽았던 곳이죠. 지독한 선행학습과 심화로 유명합니다. 초4 과정부터 시작하는 황소에 들어가기 위한 경쟁은 정말 치열합니다. 보통 12개월 안에 초6 과정까지 마치고 중학교 과정을 시작하는 데다, 선행학습과 심화를 둘 다 잡거든요. 황소 입시는 부모 사이에서 '초등 수능 수학'으로 불립니다. 학원 입시에 전국에서 무려 5,000명 이상이 몰릴 정도니까요. 100점 만점에 평균 점수가 16점일 정도로 극악무도의 난이도를 자랑합니다. 2011년부터 초등학교에서 일제고사가 폐지되면서 아이의 현재 수준을 가늠하는 하나의 수학 지표로 자리매김한 것이죠.

이곳의 대표 강사인 류우 강사가 말하는 황소의 가장 큰 힘은 자습을 통해 만들어주는 '공부 몸'입니다. 수업은 보통 일주일에 두 번인데, 강의실에서 담임 선생님과 110분간 함께 수업에 참가합니다. 수업이 끝나면 자습실로 이동해 그날 배운 개념을 미션 문제에 적용해 풀어보고요. 특별한 경우가 아니면 자습실에서 미션 문제를 풀고, 틀린 문제는 오답노트를 작성해서 담임 선생님에게 검사를 맡아야 귀가할 수 있습니다. 학원에서 보내는 시간이 상당할 수밖에 없겠지요? 황소는 아이들에게 초등학생 때부터 치열하게 공부하는 훈련을 시켜서 공부 몸을 만들어준다고 주장합니다. 일각에서는 오히려 수학에 흥미를 떨어뜨리고 좌절감을 심어준다는 시각으로, 지나치게 어려운 문제를 많이 출제하고 숙제가 많다는 사실을 지적하기도 하지만요..

영어와 수학 위주의 유아 및 초등 저학년 커리큘럼에 최근 급부상한 과목이 있습니다. 바로 국어입니다. '우리 아이 문해력을 어떻게 키우느냐'가 대치동 부모들의 관심사로 떠오른 덕이죠. '국어 실력은 집 팔아도 안 된다'는 유행어와 함께 일찍부터 문해력을 키워주고자 독서와 글짓기, 토론 등의 수업을 진행하는 독서·논술 학원인 문예원이 인기를 끌고 있어요. 글보다 영상에 익숙한 스마트폰 세대라는 점은 대치동 아이들도 마찬가지니까요. 워낙 소수정예라 대기가 최소 1~2년이에요. 논술화랑, 지혜의숲, 페이지바이페이지, 문예원 글로피아, 글로아이, 브레인컨설팅그룹 MSC에 가는 학생이 많습니다.

가장 역사가 오래된 곳은 문예원 글로피아입니다. 다양한 분야의 책을 읽고, 조리 있게 글쓰기와 말하는 역량을 키우는 것이 특징이죠. 2007년에는 논술화랑이 양대 산맥으로 떠올랐죠. 이곳은 유아부터 독서 지도를 합니다. 논술, 한국사, 세계사, 고전, 토론 등의 수업도 하고요. 2012년 생겨난 지혜의숲은 독서·논술에 예술과 철학을 접목한 교육 방식으로 차별화를 꾀한 끝에 전국에 지점을 둔 프랜차이즈 학원으로 몸집을 불렸습니다. 2020년 생긴 페이지바이페이지는 CMS 영재사고력 수학과 청담어학원 등을 만든 교육 기업 크레버스에서 개

| 대치동 맘카페에서 통용되는 초등 국·영·수 로드맵 |

5세 영어 > 6세 수학 > 7세 국어 학원을 시작, 초4를 시점으로 본격적인 레이스

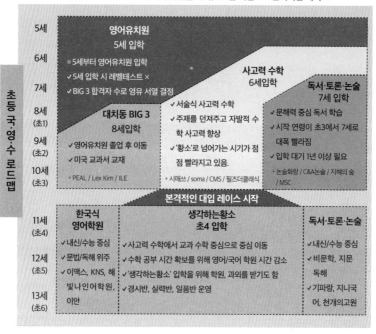

초등 국·영·수 로드맵			
5세	**영어유치원** 5세 입학		
6세	● 5세부터 영어유치원 입학 ✓ 5세 입학 시 레벨테스트 × ✓ BIG 3 합격자 수로 영유 서열 결정	**사고력 수학** 6세입학	
7세			**독서·토론·논술** 7세 입학
8세 (초1)	**대치동 BIG 3** 8세입학	✓ 서술식 사고력 수학 ✓ 주제를 던져주고 자발적 수 학 사고력 향상	✓ 문해력 중심 독서 학습 ✓ 시작 연령이 초3에서 7세로 대폭 빨라짐
9세 (초2)	✓ 영어유치원 졸업 후 이동 ✓ 미국 교과서 교재	✓ '황소'로 넘어가는 시기가 점 점 빨라지고 있음.	✓ 입학 대기 1년 이상 필요
10세 (초3)	• PEAL / Lex Kim / ILE	• 시매쓰 / soma / CMS / 필즈더클래식	• 논술화랑 / C&A논술 / 지혜의 숲 / MSC
	본격적인 대입 레이스 시작		
11세 (초4)	**한국식 영어학원**	**생각하는황소** 초4 입학	**독서·토론·논술**
	✓ 내신/수능 중심	✓ 사고력 수학에서 교과 수학 중심으로 중심 이동	✓ 내신/수능 중심
12세 (초5)	✓ 문법/독해 위주	✓ 수학 공부 시간 확보를 위해 영어/국어 학원 시간 감소	✓ 비문학, 지문 독해
	✓ 이맥스, KNS, 해 빛나인어학원,	✓ '생각하는황소' 입학을 위해 학원, 과외를 받기도 함	✓ 기파랑, 지니국
13세 (초6)	이안	✓ 경시반, 실력반, 일품반 운영	어, 천개의고원

(출처: 온라인 커뮤니티 갈무리)

원한 학원으로 부모의 눈길을 끌었고요.[*]

고학년 학생들 사이에서는 기파랑, 지니국어논술학원, 천개의고

---

[*] 《한국경제》 `대치동 이야기` 연재 시리즈 참조.

원이 인기입니다. 이런 학원에서는 학년이 아닌 실력으로 분반합니다. 시험이 많은 편이며, 수업을 따라가지 못할 경우 진급 시험에서 레벨을 강등시키기도 합니다. 독서·논술뿐만 아니라 주요 논제들을 선별해 논리력을 기르고, 어휘 암기를 통해 수능 문학 영역에도 대비합니다. 영상 세대인 요즘 아이들이 글을 이해하지 못하고 비문학을 어려워할 것을 대비해 점점 인기가 높아지고 있지요.

이런 로드맵이 생긴 까닭은 수학 때문입니다. 영어가 중요해서 일찍부터 가르치는 것이 아니지요. 해외로 유학 갈 목적이 아니라면, 사실 이 정도로 서두를 필요가 없습니다. 4세 고시, 7세 고시의 등장 이유는 바로 수학입니다. 2018학년도부터 수능 영어 영역이 절대평가로 바뀌면서 초등 사교육 시장이 출렁였어요. 90점만 넘어도 영어 1등급을 받을 수 있게 되면서, 학부모 사이에서는 '영어는 초등 저학년 때 끝내고, 고학년부터는 수능 변별력이 큰 수학에 집중해야 한다'는 불문율이 생겼어요. 어려운 수학에 잘 대비하기 위해 일찍부터 다른 과목을 마스터하겠다는 것이지요.

요즘 중고등 사교육 트렌드

중학교 때는 고등 선행학습 중심입니다. 어디를 가든 대동소이하기 때문에 학원마다 커리큘럼의 차이가 크지 않습니다. 공식처럼 따르는 로드맵이 없고 두드러진 대표 학원도 없지요. 거의 모든 학원에서 고등 선행학습을 해요. 더불어 고등 내신 대비 목적으로 내신 대비법을 알려주는 중등 내신 학원도 있습니다. 이때부터는 과목 누락 없이 국·영·수를 골고루 챙깁니다. 가고자 하는 고등학교별로 대비법이 다르긴 합니다. 과학고, 영재학교를 생각한다면 고등 수학 선행이 좀 더 빠른 곳을 선호합니다. 이와 함께 올림피아드를 대비해 경시문제를 풀기도 하죠. 하지만 외고나 전국 단위 자사고에서는 국·영·수 내신이 중요하기 때문에 별다른 특징 없이 고등 선행학습을 합니다.

고등 학원은 수능 대비와 내신 대비, 규모에 따라 대형 학원과 소형 학원으로 나뉩니다. 워낙 선택권이 많기 때문에 고르기 힘들죠. 공통점이 있다면, 빠른 선행을 기본으로 공백기에 학습 내용이 잊힐 것을 대비해 몇 회를 반복한다는 점입니다. 대입 학원은 수강생의 상당수가 재수생들입니다. 이 중 단연 두드러진 학원은 시대인재와 두각 (강남 대성학원)이지요. 현재는 상위권 학생들이 주로 향하는 시대인재가 압도적인 강자로 여겨집니다.

시대인재가 유명해진 것은 과학탐구 문제풀이 덕분이에요. 과학탐구에서 적중률 높은 모의고사를 만들면서 이과 상위권 학생들이 몰렸고, 덕분에 의대 합격률이 높아지면서 관심을 모았죠. 한때 서울대가 수능 선택과목에서 과학탐구Ⅱ를 의무 반영했는데, 과학Ⅱ 과목을 수준 높게 가르치는 학원은 시대인재가 유일했고요.

시대인재에 학생들이 몰리는 또 다른 이유는 어마어마한 문제 풀을 제공하기 때문입니다. 오프라인 학원의 장점을 살려 시중 교재와는 문제를 매주 나눠줍니다. 시대인재는 고1~2부터 일주일에 한 번 모의고사를 치르고, '주간지'라고 불리는 숙제를 냅니다. 주간지에는 100문제 가까운 문제가 담겨 있죠. 하루에 20문제씩 풀어야 하는 셈인데, 수능 기준 4점짜리 문제들로 구성돼 쉽지 않아요. 상위권 학생도 끙끙대야 하는 문제들이죠. 고3은 강도가 더 세집니다. 학원에서 푸는 모의고사 외에도, 일주일에 두 번 꼴로 모의고사를 풀어야 합니다. 일명 '서바이벌 모의고사'죠. 이처럼 방대한 문제를 얻기 위해 시대인재에 등록하려는 학생들이 매일 줄을 섭니다.

인기를 바탕으로 성장한 시대인재는 대치동에서 입소문 난 학원들을 인수 합병하면서 단시간에 외형을 키웠어요. 코로나로 비롯된 입시 학원 불황을 오히려 기회 삼아 학원들을 인수하기 시작했죠. 2020년 에스원(S1)학원에 이어 2021년 1월 대찬학원, 2021년 3월 새움학원을 인수한 다음 최근 다원교육까지 흡수 합병했습니다. 적극적인 인수 합병 이유는 독점입니다. 최근 5년간 대치동의 알짜배기 학원들을 흡수 합병한 시대인재는 현재 대치동의 초등학생부터 재수생까지 모두 휘어잡았습니다.

대치동 학원가 커리큘럼은 크게 두 가지 키워드로 정리할 수 있습니다. 첫째, 선행학습입니다. 빠른 선행 이후 고등학생 때 문제풀이에 몰두하는 것이지요. 대치동 아이들이 고등학교 내내 문제풀이에 집중하는 이유는 다른 할 것이 없기 때문이라는 우스갯소리는 유치원부터 시작된 선행학습으로 이미 진도를 많이 나갔기에 나왔다고 할 수 있어요. 그렇다면 선행학습에는 과연 얼마나 돈이 들까요?

학원비는 지역교육지원청에 따라 결정되는데, 한 과목당 대략 한 달에 30시간 기준으로 30만 원 선입니다. 여기에 나날이 오르는 교재비 등을 합치면 한 과목당 40만 원, 네다섯 개만 합쳐도 160~200만 원은 족히 쓰게 됩니다. 대치동에 거주하는 지인들 중 학년에 상관없이 자녀 한 명당 이보다 덜 쓰는 경우를 아직 보지 못했습니다. 대치동에서 학원의 첫발이라 여기는 영어유치원들의 원비는 150~250만 원이지요. 이렇게 시작된 사교육은 그 후 사고력 수학, 국어학원, 종합학원, 관리형 스터디카페, 인터넷 강의 등으로 진화합니다. 비용은 절대 줄어들지 않아요.

둘째는 또래 수준입니다. 대치동에서는 상위권 아이들의 경향을 굉장히 중요하게 생각해요. 학원 고르는 기준도 공부 잘하는 아이들이 얼마나 있는지, 같은 레벨 아이들이 얼마나 학업적으로 우수한지입니다. 공부 잘하는 아이와 같이 있으면 자녀에게 동기 부여 등 긍정적인 영향을 준다고 믿기 때문이지요. 수업도 최상위권 아이들을 기준으로 진행되기 때문에 학원에서도 공부 잘하는 아이들 모집에 애

쏩니다. 앞서가는 아이들이 받는 교육을 내세워 치열한 레벨테스트로 잘하는 애들을 선발, 다른 아이들을 학원에 끌어들이는 방식인 셈입니다. 만약 여기서 잘 따라가지 못한다면?

최상위권 경쟁 위주로 운영되는 대치동 학원가에서는 좌절의 순간이 많습니다. 레벨테스트에서 가차 없이 강등되고, 학원에서 받아주지 않는 경우도 흔합니다. 이런 치열한 경쟁 때문일까요? 대치동 아이들 중에는 스스로 공부를 잘한다고 생각하는 학생이 거의 없습니다. 그렇다면 우리는 대치동을 어떻게 생각해야 할까요? 대치동에 가는 것이 정답일까요? 우리는 알고 있습니다. 대치동에 갔다고 성공을 보장받는 것이 아니라는 사실을요.

대치동에서 살아남기 위해서는 경제적으로나 정신적으로 많은 희생이 필요합니다. 많은 부모가 일찍부터 달리는 주변 아이들을 보면서 당장 뒤처지지 않기 위해 일단 학원에 보내는 경우가 많은데, 대입이란 12년 이상의 긴 레이스임을 생각해야 합니다.

저는 비용 대비 효과 면에서 확신이 없어서 대치행을 고려하지 않았습니다. 지금 당장의 학습이 아닌 아이 인생 전반에 걸친 역량을 놓고, 과연 그만큼 효과가 있을지 꼭 생각해봐야 합니다. 입시 변화도 중요한 기준입니다. 대치동이 이렇게 활성화된 데에는 수학 선행학습이 한몫했지요. 대입 수학이 워낙 어렵기에 대비 차원에서 일찍부터 선행학습이 필요하다는 논리였습니다. 하지만 2028학년도 대입부터 수능 수학 영역 범위에 큰 변화가 예고됐습니다. 수능 수학 영역에 '미적분Ⅱ'와 '기하'가 빠지고 현재 문과 수준인 대수, 미적분Ⅰ, 확률과 통계만 보지요. 일찍부터 고2~3학년 수준의 수학을 선행할 이유가 크게 줄어든 셈입니다. 물론 내신 시험 범위에는 포함되겠지만, 그마저도 5등급제로 바뀌어 등급 경쟁이 완화되기 때문에 수학을 빨리 가르칠 필요가 없습니다.

영어유치원을 시작으로 일찍부터 경제적, 물리적 에너지를 쏟아서 중학교 이전에 영어 1등급을 만든다는 로드맵도 곰곰이 따져볼 필요가 있습니다. 영어는 언어입니다. 언어는 감 유지가 굉장히 중요합니다. 열심히 공부하더라도 중간에 멈추면 잊기 쉽죠. 그래서 영어 강사들은 영어 학습을 일찍 끝낸다는 전략에 난색을 표합니다. 언어는 지속적으로 사용해야 실력을 유지할 수 있으니까요. 2024학년도 수능 1등급 비율이 4.71%로 상대평가에 준하게 나왔다는 것은 많은 학생이 영어를 어려워한다는 사실을 방증합니다. 일찍부터 달리든 그렇지 않든 수능 과목은 수능 날까지 학습해야 합니다.

대치 쏠림이 계속된다면 앞으로 대치동에는 더 많은 학원이 생기겠지요. 지금도 학원 숫자가 상상을 초월하는데 앞으로 더 많이 생길 경우, 경쟁에서 살아남기 위해 학원에서는 저마다의 전략으로 학부모들에게 홍보할 것입니다. 그 과정에서 다양한 로드맵이 쏟아질 테고요. 자기네 학원을 꼭 다녀야 하는 이유를 설득하기 위해 아전인수 격으로 대입 변화를 활용할 것입니다. 휘둘리지 않으려면 정말로 그 같은 사교육이 필요한지, 효과는 얼마나 있을지 반드시 고민해야 합니다. 학원 경쟁이 치열해질수록 더욱 중요해질 거예요.

서울대 공대, 의대, 치의학 대학원까지 세 번 합격한 서준석 씨를 인터뷰했을 때, 이런 말을 들었습니다. 어머니의 권유로 대치동에서 혹독하게 공부했다는 그는 "서울과학고, 서울대를 합격하고 나서 보니 그렇게까지 안 했어도 됐겠다는 생각이 들었어요. 어머니와 제가 서울대를 위해 영혼을 바치며 희생했는데요. 그런 이유로 서울대에 들어가서 오래도록 방황하지 않았나 생각해요"라고 이야기했습니다.

대치동 아이들의 학습 키워드3

우리가 대치동을 통해 생각해야 할 것은 뭘까요?

첫째는 과제 집착력입니다. 대치동 학원들은 숙제량이 많습니다. 일찍부터 과제를 스스로 해결하며 주어진 과제는 끝낸다고 생각하는 아이들은 이런 습관이 계속 이어져요. 공부 잘하는 아이들은 초등학생 때부터 주어진 과제를 반드시 해내려는 경향이 강하죠. 숙제만 열심히 했더니 습관이 잡혀서 나중에도 학습에 어려움이 없었다고 말하는 학생이 많습니다. 따라서 학원만 보내지 말고 숙제는 잘하는지, 학교 교육과정은 잘 따라가는지 파악해야 합니다.

둘째는 시간 관리 능력입니다. 학년이 올라갈수록 시간이 부족하다는 말을 많이 합니다. 공부는 결국 시간과의 싸움이며, 한정된 시간 안에 누가 더 효율적으로 학습하느냐의 경쟁이니까요. 그런데 공부 잘하는 친구들을 만나보면 의외로 수면 시간이 깁니다. 잠을 줄이는 대신 자투리 시간을 최대한 활용하는 것이지요. 많은 과제와 학원 수업을 일찍부터 소화하면서 본인만의 시간 관리 능력을 쌓았다고 볼 수 있을 것입니다.

셋째는 피드백의 내재화입니다. 사교육에서 피드백을 받는 과정을 통해 자기의 부족함을 깨닫고 교정하려고 노력하는 것이지요. 오늘날의 초등 공교육에는 시험이 없지만, 최상위 1%가 공부를 열심히 한 이유로 가장 많이 꼽는 것은 바로 '인정'이었습니다. 부모, 선생님, 친구 등에게 주목받고 칭찬받은 경험이 학습 동기가 됐다는 것이죠.

넷째는 독서입니다. 저는 독서가 가장 중요하다고 생각합니다. 바쁜 대치동 아이들의 가장 치명적인 약점이 마음먹고 독서할 시간이 부족하다는 점이라고 생각하니까요. 그런 의미에서 다른 지역에서는 자녀가 중학교에 입학하기 전, 반드시 실컷 책을 읽혔으면 좋겠습니다. 책만큼 모든 사교육 격차를 상쇄할 묘안은 없으니까요. 앞으로는 독서가 입시에 직접적으로 도움이 될 듯도 하고요. 이를테면 최근 정부가 공개한 2028학년도 대입 개편에 따라 새롭게 도입되는 통합사회와 통합과학 영역의 예시 문항을 보셨나요? 하나의 문항에 여러 사회·과학 내용이 반영된 형태였습니다. 예전 사회·과학탐구 영역은 17개 과목 중 최대 두 개를 고르는 방식으로 문과생은 사회탐구, 이과생은 과학탐구를 주로 봤지요. 하지만 앞으로는 17개 선택과목이 사라지고 통합사회와 통합과학을 문·이과 학생이 공통으로 치르게 될 겁니다. 이 같은 융합문제에 대비하려면 어릴 때부터 독서로 다양한 분야에 대한 관심도를 높이고 배경지식을 기르는 것만큼 좋은 방법이 없을 것입니다.

대치 쏠림이 회자될수록 대치동을 객관적으로 바라보려는 노력이 필요합니다. 부화뇌동해서 한 결정은 후회로 이어지기 쉬우니까요. 만약 대치행을 고민한다면 흔들리는 이유가 대치동 학원 때문인지, 로드맵 때문인지, 학교 때문인지 꼼꼼히 따져보세요. 학원 때문이라면 이사하지 않아도 방학 때 대치동 학원에 다니는 방법, 로드맵 때문이라면 상황에 맞춰 전략을 세우는 방법 등이 있잖아요. 만약 대입 실적이 높은 고등학교로 자녀를 진학시키기 위해서라면, 명문대 진학의 상당수가 N수생이라는 것을 반드시 고려한 뒤 결정하시길 바랍니다. 수시 전형으로 서울대, 연세대, 성균관대 의대에 중복 합격한 학생이 있다면, 합격자를 세 명으로 반영하는 것이 공공연한 비밀이라는 것도 알아두세요.

초등결정론

•

"초등부터 달리는 입시 열차에
올라탈 것인가"

초등으로 내려온 입시 관심

'평생의 모든 것, 초등학교에서 결정된다', '의대 합격, 초등 공부에 길이 있다', '초3부터 SKY는 시작됩니다', '초등 1학년이 6년을 결정한다'. 최근 나온 자녀 교육서들의 제목입니다. 초등학생 때 수능 성적이 결정된다거나 대입에서 초등 시기의 중요성을 강조하는 내용을 담고 있죠. 요즘 학군지를 가보면, 수험생 학원 못지않게 초등학생 학원이 많이 보입니다. 초등부터 열심히 공부해야 대입에서 성공할 수 있다는 캐치프레이즈를 내걸고 열심히 홍보 중이지요. 초등학생이 입시 업

계에 새롭게 떠오른 것입니다. 예전에는 열리지 않았던 초등학생 대상 학원 설명회가 활발히 열리고, 초등 부모를 대상으로 삼은 자녀 교육서도 하루가 멀다 하고 출간되고 있죠.

이런 분위기의 핵심은 '초등학생 때부터 준비하는 입시'입니다. 강연장에 찾아오는 초등학생 부모님들을 통해 개인적으로도 이를 체감하고 있습니다. 심지어 고등 대상 입시 설명회에서도 초등학생 부모님을 심심치 않게 볼 수 있습니다. 앞서 대치동 로드맵 이야기를 했지요? 입시에서 로드맵이란 효율적인 명문대행 코스를 말합니다. 오래전부터 방황 없이 효율적으로 따라만 하면 SKY에 갈 수 있다는 환상을 심어주는 로드맵이 인기였죠. 다만 과거에는 본격적인 로드맵의 시작 시기가 중등이었다면, 지금은 초등으로 내려왔습니다.

자녀가 초등학생인 요즘 부모는 대개 80년대생입니다. 80년대생이 초등 학부모가 되면서 이전과 사교육 분위기가 달라졌다는 사실은 공공연한 비밀입니다. 초등결정론의 숨은 배경에는 80년대생 부모가 있는 셈입니다. 부모에게 다양한 지원을 받은 80년대생들은 본인들이 사교육을 받은 경우가 많습니다. 이미 사교육에 친숙하죠. 본인이 수능 세대이기에 입시제도에도 관심이 많고요.

김기수 경기도교육연구원 선임연구위원이 쓴 「1980년대생 초등학교 학부모의 특성」 논문에 따르면, 밀레니얼 세대로 불리는 1980년대생들이 초등학교 학부모로 대거 등장하면서 이전과는 다른 학부모 특성이 나타난다고 진단합니다. 이 논문에 따르면 이들은 자녀 교육을 위한 학부모의 이상적인 역할을 친절한 멘토로 여기지만, 현실적으로는 꼼꼼한 플래너 또는 매니저의 역할을 한다고 해요. 사교육도 자녀 교육의 계획 안에 깊이 들어와 있다고 합니다. 이들의 등장으로 초등학생 때부터 교육에 더 적극적인 트렌드가 나타난 거예요. 이는 수치로도 나타납니다. 초등 고학년부터 입시가 시작된다는 부모의 믿음은 교육부 통계로도 확인할 수 있어요. 사교육 참여 학생 1인당 월평균 사교육비는 초등학교 4학년(49만 6,000원)이 가장 많습니다. 과거에는 학교급이 올라갈수록 사교육비가 높아졌다면, 요즘은 초등이 중등을 따라잡았죠.

교육부와 통계청이 조사한 '2023년 초·중·고 사교육비 조사'에 따르면, 사교육비 총액은 27조 1,000억 원으로 전년도(2022년) 대비 26조 원에서 1년 새 4.5%(1조 1,000억 원) 증가했습니다. 학교급별로는 초등학생이 39만 8,000원으로 전년 대비 6.8%(2만 6,000원) 상승했으며 중학생은 44만 9,000원으로 같은 기간 2.6%(1만 1,000원) 올랐죠. 학년별로는 사교육비 참여 학생 기준 ▲초4(49만 6,000원) ▲중3(61만 5,000원) ▲고2(74만 5,000원) 때 지출이 가장 많은 것으로 조사됐고요.

부모의 반응도 확실히 이전과 달라졌습니다. 입시를 걱정하는 초등 부모가 굉장히 많아졌어요. 빨라진 선행학습에도 불구하고 이미

| 초·중·고 학생 사교육비 총액과 학년별 월평균 사교육비 |

사교육비 총액

26조 원 (2022년) → (+4.5%) → 27.1조 원 (2023년)

초등학교 12.4조 원(+4.3%) 중학교 7.2조 원(+1.0%) 고등학교 7.5조 원(+8.2%)

학년별 학생 1인당 월평균 사교육비

전체학생

초등학교 (+6.8%) 37.2 → 39.8
1학년 31.4→33.6 (+6.7%) | 2학년 36.3→37.7 (+3.7%) | 3학년 38.9→43.2 (+11.0%) | 4학년 39.4→43.2 (+9.4%) | 5학년 36.7→41.3 (+12.4%) | 6학년 40.3→39.3 (-2.6%)

중학교 (+2.6%) 43.8 → 44.9
1학년 42.9→44.6 (+3.9%) | 2학년 43.4→45.3 (+4.4%) | 3학년 44.9→44.9 (0.0%)

고등학교 (+6.9%) 46.0 → 49.1
1학년 49.1→51.5 (+4.9%) | 2학년 47.0→50.9 (+8.3%) | 3학년 41.9→44.5 (+6.1%)

참여학생

초등학교 (+5.7%) 43.7 → 46.2
1학년 36.7→38.3 (+4.4%) | 2학년 41.3→42.4 (+2.6%) | 3학년 44.4→48.1 (+8.4%) | 4학년 45.7→49.6 (+8.6%) | 5학년 44.8→49.3 (+10.0%) | 6학년 49.2→49.1 (-0.1%)

중학교 (+3.7%) 57.5 → 59.6
1학년 55.2→57.9 (+4.9%) | 2학년 56.9→59.5 (+4.4%) | 3학년 60.1→61.5 (2.3%)

고등학교 (+6.1%) 69.7 → 74.0
1학년 70.6→74.0 (+4.9%) | 2학년 70.4→74.5 (+5.9%) | 3학년 68.1→73.3 (+7.7%)

(출처: 통계청 '2023년 초·중·고 사교육비 조사 결과' 보도 자료)

늦은 것은 아닌지, 혹시 우리 아이만 뒤처지는 것은 아닌지 전전긍긍하지요. 코로나 때 생긴 용어인 '학습 격차'를 두려워하는 목소리가 상당하고요. 여러 학원을 다니며 레벨테스트로 아이의 학습 수준을 점검하려는 움직임도 많았습니다. 예전에는 중학교 때 나타났던 현상이 이제는 2~3년 밑으로 내려온 듯합니다.

대치동 로드맵만큼은 아니더라도, 전국적으로 초등부터 달리는 경우가 확실히 만연해졌습니다. 대략 패턴은 이렇습니다. 초등 저학년 때의 핵심 키워드는 문해력, 사고력, 영어입니다. 이 중 요즘 부모가 가장 걱정하는 것은 단연 문해력이지요. 영상 세대인 아이들이 글 읽기를 어려워하는 데다가, 수능의 국어 영역이 점점 어려워지고 있기 때문입니다. 문해력이 부족해서 아이들이 문제를 잘 읽어내지 못한다는 뉴스까지 전해지면서 일찍부터 이에 대비하려는 움직임이 커졌습니다. 문해력의 기초가 되는 어휘력을 위해 한자를 공부시키고, 독서 또는 논술 학원에 보내거나 가정에서 비문학에 대비하는 패턴입니다.

수학 역시 중요합니다. 초등 저학년 때 사고력 수학과 연산을 다지고 분수가 나오는 초등 고학년부터는 교과 수학에 매진하는 흐름입니다. 초등학생 때 아이들이 가장 어려워하는 단원이 바로 분수거든요. 부모들 사이에 '초등 수학은 분수로 시작해서 분수로 끝난다'는 우스갯소리가 있을 정도죠. 더불어 초등학생 때 가장 많이 투자하는 과목은 단연코 영어입니다. 영어 듣기, 영어 책 읽기 등을 기초로 다지고 초등 고학년 때 우리나라 학습식 영어에 대비하도록 문법을 접하는 패턴입니다. 요즘은 여기에 이공계 진학을 대비해 과학탐구나 실험을 대비하는 학습도 추가됐어요.

입시에서 이렇게 초등 시기가 강조되는 까닭이 대체 무엇일까요? 현재 공립 초등학교에서 정기적으로 보는 시험이 없기 때문입니다. 2011년 이후, 초등 일제고사가 사라지면서 시험을 보지 않으니 성적에 구애받지 않고 초등학교 때부터 입시를 준비할 수 있지요. 이 말을 뒤집어보면, 아이의 실력이 어느 정도인지 학교에서 점검하기 어렵다는 의미이기도 하지요. 중학교부터는 시험이 있기 때문에 미리 준비하지 않으면 학습 격차가 생긴다는 불안감도 큽니다. 코로나 시기에 학습 격차가 커졌다는 이야기를 귀에 못이 박히도록 들은 탓에 현재 초등 부모들이 부담을 느끼는 것이죠. 또 학교급 중 시간이 가장 긴 6년이라는 점에서, 이 시기를 어떻게 보내느냐가 이후 시험 점수에 크게 영향을 주리라고 생각하는 듯합니다.

초등 내에서도 입시를 준비하는 시기가 점점 내려온다는 점도 눈여겨볼 점입니다. 바로 사춘기 때문입니다. 고학년만 돼도 사춘기 때문에 학습 지도에 순응하지 않을 것을 대비해, 대입 준비 학년이 점점 내려오고 있어요. 이에 학교 수업 진도와 상관없이 입시 대비 학원을 일찍부터 많이 다니는 상황입니다. 결론적으로, 초등학생 때부터 본격적으로 입시에 대비하는 분위기가 강해진 이유는 크게 두 가지로 압

축할 수 있습니다.

첫째, 요즘 입시에서 성과를 내기 위해서는 공부량이 많아야 합니다. 그러니 초등학생 때부터 나눠서 일찍부터 준비하는 것이지요. 초등학생 때 수학을 선행하는 이유도 마찬가지입니다. 어려운 고등 수학을 감당하기 위해서 필요한 공부를 초등학생 때부터 나눠 하겠다는 것이죠. 초등 공부량이 늘면 중등 공부량도 늘어 고등학교에서는 좀 더 수월하게 수학 내신과 모의고사를 준비할 수 있다고 계산하는 것입니다.

둘째, 좀 더 빨리 학습 습관을 길러야 한다는 믿음 때문입니다. 최근 이어진 '불수능'으로 인한 각종 '카더라'가 불안감을 조성하면서 이런 분위기는 더욱 짙어졌죠. 문제는 아이들이 로봇이 아닌 사람이라는 사실입니다. 어릴 때부터 열심히 공부한 아이들이 대입까지 계속 열심히 공부를 이어가리라는 것은 환상입니다. 부모의 말이 곧 세상인 사춘기 전에는 많은 아이가 시키는 대로 순순히 공부합니다. 그러다 사춘기 이후 자아정체감을 확립하면서 '왜 공부해야 하는지' 깨닫지 못하고 놓아버리곤 하지요. 맹목적인 학습에 거부감을 느껴 공부를 손에서 놓는 아이들의 수가 상당합니다.

게다가 스마트폰이라는 강렬한 유혹도 있습니다. 초등학교 때는 잘 달리던 아이들이 중학교 때 많이들 스마트폰으로 도피한다는 사실을 알고 계신가요? 2024년 5월 여성가족부가 발표한 '청소년 인터넷·스마트폰 이용 습관 진단 조사'에 따르면, 2023년 기준 전국 초등학교 4학년의 16%, 중학교 1학년의 21%, 고등학교 1학년의 17% 학생이 인터넷·스마트폰 과의존 위험군인 것으로 조사됐죠. 학교나 기관 상담 선생님에 따르면, 공부를 강요하는 일상에서 유일하게 자율적으로 찾는 대상이 스마트폰이라고 말합니다. 시나브로 중독된 아이들이 많은 것이지요.

스마트폰 관리의 중요성은 아무리 강조해도 부족하지 않습니다. 만약 지금 아무리 공부를 잘해도, 스마트폰 사용 절제를 어려워한다면 이 사실을 간과해서는 안 됩니다. 스마트폰 사용 관리는 자녀가 10대일 때 부모가 해야 하는 첫 번째 교육입니다. 학습 로드맵에 따라 충실히 공부하더라도 스마트폰 관리가 안 되면 아무 소용없습니다. 좌절의 순간에 언제든 스마트폰에 빠져들 테니까요.

공부 시기를 더 길고 넓게 봐야 한다

대치동에서 10년 넘게 청소년의 학습과 정신 건강을 상담해온 정신과 전문의 정우열 원장은, 부모가 자녀의 성적에만 집중하며 인생에서 가장 중요한 '정서'는 간과한다고 지적합니다. 아이의 공부 정서를 살피지 못하고, 이것이 망가질 때 나타나는 시그널을 대수롭지 않게 흘려보내서는 안 됩니다. 그러면 언젠가 몇 배나 증폭된 형태로 분출되니까요. 사춘기 때 유독 심하게 반항하거나 고3 때 공부를 손에서 놓아버리거나 대학 입학 후 자퇴하는 경우도 있지요. 대학 졸업은 무사히 하더라도, 드라마 〈SKY캐슬〉의 등장인물처럼 의사로 승승장구 중이지만 인생이 허무하다며 방황하기도 하고요. 이런 고민으로 정신과를 찾는 학생들이 점점 더 많아지는 추세라고 합니다.

지금은 평생 공부해야 하는 시대입니다. AI의 발전으로 인해서 더 이상 평생직장은 없습니다. 여러 직업을 가질 수도 있는 시대지요. 직업을 전환하려면 새로운 직업에 대한 공부가 반드시 필요하죠. 저역시 편집장부터 유튜버 및 강연가로 활동하기 위해 매일같이 공부합니다. 일하면서 수험생만큼 독서하고, 직무 공부까지 하지요. 만약 공부가 너무 싫거나, 마음속에 공부에 대한 부정적인 감정이 너무 크다면 과연 이렇게 살 수 있을까요?

요즘은 강연할 때마다 '대2병' 이야기를 합니다. 중2병보다 대2병이 심각하다고요. 대2병이란 대학교 2학년 학생들이 느끼는 좌절감과 무력감을 말합니다. 고등학교까지 시키는 대로 열심히 공부하고 대학에 들어와 정신없는 1학년을 보내고 난 뒤, 전공 공부를 시작하면서 과연 이 공부가 자신에게 맞는지 고민에 빠진 상태를 말하죠. 한 조사에 따르면, 대2병을 겪는 학생이 전체 대학생의 3분의 1에 달한다고 합니다. 따라서 부모가 좀 더 긴 안목으로 아이의 학습을 바라보고 이

끌어줘야 합니다. 초등 시기가 중요하지 않다거나 초등학생 때 공부를 덜 시키라고 말하는 것이 아닙니다. 초등 시기는 굉장히 중요합니다. 다만 제가 초등 시기를 강조하는 이유는 학원들과 좀 다릅니다.

첫째, 아이들은 이 시기에 학교를 처음으로 접합니다. 10대의 상당 시간을 보내게 되는 학교가 부정적으로 느껴지면 당연히 행복하지 않겠죠? 그런 공간에서 열심히 공부하기를 바랄 수는 없습니다. 이 때문에 자녀가 학교에 잘 적응하도록 부모도 노력해야 합니다. 일단 초등학교 교육과정의 목표가 ▲읽기 ▲셈하기 ▲쓰기라는 것을 잊지 마세요. 이것을 어느 정도 능숙하게 준비해서 수업에 참여하게 하는 것은 학교 적응에 굉장히 중요한 요소입니다.

둘째, 초등 시절은 습관을 형성하는 결정적인 시기입니다. 학습 습관뿐만이 아니라 생활 습관까지요. 생활 습관이 안 잡혀서 늦잠 자고, 책가방도 스스로 챙기지 못하는 아이가 공부를 잘할 리 없잖아요? 뇌 발달의 측면에서 초등 저학년은 전두엽 기능이 정교해지고 발달하는 시기예요. 대뇌 앞부분 전두엽은 이성적 사고, 행동과 감정의 조절, 주의력과 충동 조절 등의 기능을 가지는 두뇌의 행정부라 할 수 있죠. 규범에 맞도록 행동을 적절하게 제어하는 역할을 하는 조직입니다. 그러므로 이 시기에 자연스럽게 규칙을 습득하고 절제하는 방법을 배워두면 고학년이 됐을 때 충동을 억제하고 공부에 집중할 수 있습니다.

초등 부모가 아이에게 일정 부분 학습을 지도하는 것이 굉장히 중요합니다. 단, 아이의 공부 정서를 살펴가면서 말이죠. 부모 혼자 너무 앞서나가면 안 됩니다. 초등은 그야말로 기초를 쌓는 시작점임을 잊어서는 안 됩니다. 이 시기에는 공부의 그릇을 키우고, 중등 때는 내용물을 잘 만들어야 합니다.

자신만의 공부 로드맵을 찾아라

공부 잘하는 사람들을 만나면, 저는 어떻게 공부했는지 꼭 물어봅니다. 그런데 수능 만점자든 SKY 합격생이든 초등학생 때 공부한 것이 유용했다고 말하는 사람을 단 한 명도 보지 못했습니다. 공부에 대해 압박을 느낀 경우도 못 봤고요. 심지어 초등학생 때는 공부를 못했다고 말하는 수능 만점자도 있었죠. 그렇다고 이들이 초등학생 때 마냥 놀았던 것은 아닙니다. 다양한 활동으로 꿈을 키웠고, 독서에도 몰두했지요. 이를 통해 학습 동기를 얻었다는 사람도 여럿이었습니다. 이들은 부모님과도 사이가 좋아서 작은 일도 나누고 고민을 상의했다고 해요. 초등 시기에 충분히 놀았기에 중고등학생 때 열심히 공부에 매진할 수 있었다는 학생도 많았지요.

이들이 입시의 결정적 순간으로 강조한 시기는 바로 '중3 겨울방학'입니다. 고1부터 전국 단위 모의고사, 상대평가로 치르는 학교 내신 시험 등의 성적이 나오기 때문에 중3 때 여기에 어떻게 대비했느냐가 고1을 결정한다는 것입니다. 고1은 수능과 내신의 기초가 되는 중요한 시기이기 때문에 첫 시험을 잘 본 학생이 고3 때 좋은 결과를 얻는 경우가 많았습니다. 이 시기가 중요한 또 다른 이유는 고교 진학 때문입니다. 원하는 고등학교에 합격한 학생은 중3 겨울방학에 고등학습을 준비하며 순조롭게 보낸 반면, 그렇지 않은 학생은 상황이 다른 경우가 많았습니다.

최근 《중앙일보》 '헬로 페어런츠'가 서울대와 의약 계열 대학생 102명을 대상으로 한 학습법 조사에 따르면, 이들의 학습법은 우리가 아는 로드맵과는 거리가 멀었습니다. 영어유치원을 나와서 미국 교과서 중심 학원을 거쳐 내신 중심 학원에 가고, 사고력 수학으로 시작해 선행학습으로 진도를 빼면서 심화학습하는 등의 공통적인 로드맵은 발견되지 않았다고 해요.

선행학습 정도나 학원에 다닌 시기가 각자 달라서 하나의 로드맵을 도출할 순 없었지만, 공통점이 있긴 했습니다. 모두 '자신만의 로드맵을 찾았다'는 것이었지요. 각자의 로드맵이 또렷이 보이는 분기점이 바로 고교 진학이었고요. 학생 대부분 특목고, 자사고와 일반고 중 어느 쪽을 선택하든 자기 성향과 기질, 공부 스타일 등을 고려했다고 대답했습니다.

중요한 것은 다른 사람이 만든 로드맵이 아니라 자기 성향과 기질, 공부 패턴을 고려한 맞춤형 로드맵입니다. 부모의 역할은 이 같은 '자신만의 로드맵' 작성을 도와주는 것이고요. 주변의 이야기에 불안해하다 정작 가장 중요한 아이를 못 들여다봐서는 안 됩니다. 부모가 되면 생물학적 나이와 상관없이 아이의 나이를 따라가게 됩니다. 아이가 막 초등학교에 입학하면 엄마의 긴장도는 높아지죠. 아이가 학교생활에 잘 적응할지, 학업적으로 문제가 없을지 걱정하면서 학부모로서의 시간이 시작되는 셈입니다. 이 걱정이 너무 크면 아이를 제대로 볼 수 없다는 점을 명심하세요.

조선미 아주대 교수는 "공부는 어렵고 하기 싫은 것이다. 그것을 딛고 이겨내려면 자존감이 높아야 한다"고 강조하죠. 자존감이 강한 아이들은 '쟤도 하는데 왜 나는 못해?' 하는 마음을 품고, 그렇지 못한 아이들은 '내가 그걸 어떻게 해?' 하면서 포기하기 때문입니다. 준비가 안 된 선행학습이나 경시대회 도전 속 실패 경험은 자존감을 떨어뜨리기 쉽습니다.

학생들은 누구나 공부를 잘하고 싶어 합니다. 현재의 성적과 관계없이 말이죠. 우리나라에서는 학교와 가정 모두 이구동성으로 공부가 중요하다고 일찍부터 떠들어대잖아요? 이렇게 모두가 공부를 잘해야 한다고 말하는 환경에 놓이면 아무리 어린 학생이라도 공부를 잘하고 싶다고 생각하는 것이 당연한 일이겠지요.

'하고 싶다'는 동기가 '할 수 있다'는 자신감으로 이어지는 결정적인 차이는 무엇일까요? 저는 그것이 크든 작든 성공 경험의 여부에서 나온다고 생각합니다. 단 한 문제라도 어려워서 못 풀었던 문제를 스스로 고민한 끝에 풀어낸 다음부터는 문제를 대하는 마음가짐이 달라집니다. 자신이 어떤 일을 성공적으로 수행할 수 있다고 믿는 기대와 신념을 심리학적으로 자기효능감이라고 해요. 공부 잘하는 아이들은 확실히 자기효능감이 강합니다. 성적이 좋지 않은 아이들은 대부분 '해도 안 될 것 같다'고 생각하죠. 초등결정론으로 인해 스스로를 부정적으로 평가하는 나이가 점점 낮아진다는 것은 슬픈 현실입니다. 얼마 전, 초등학생들과 교과과정에 대해 이런저런 대화를 나누었습니다. 그때 초등학교 4학년 학생이 "나는 수포자"라고 하더라고요.

부모의 바람대로 초등학생 때부터 열심히 공부해서, 고등학생 때까지 좋은 성적을 받을 수도 있습니다. 선행학습을 충분히 받아들이고 좋아한다면 막을 이유는 없겠죠. 다만 자녀가 버거워한다면 부모 또한 고민해봐야 합니다. 부모의 욕심보다는 아이의 상태와 상황이 우선시돼야 한다는 의미지요. 입시를 일찍 준비한 결과가 따라오지 못하는 학생을 실패자로 만드는 것이어서는 안 되잖아요?

세브란스병원 소아청소년 정신과 신의진 교수는 "아이의 인생은 초등학교에 달려 있다"고 말합니다. 여기서 신의진 교수가 말하는 결정론은 대치동의 '초등결정론'과 의미가 좀 다릅니다. 초등학교에 들어가서 아이가 받는 심리적 스트레스는 가히 쇼크 수준이라고 합니다. 하고 싶은 일이 있어도 참아야 하고, 하기 싫은 글씨 쓰기와 책상 줄 맞추기도 해야 하며, 수업 시간 내내 꼼짝없이 앉아 있어야 하죠. 과부하된 학습량은 안 그래도 힘든 아이를 오히려 해치는 일이 될 수 있습니다. 그러면서 초등학생 때 아이에게 가르쳐야 할 것은 두 가지임을 강조합니다. '나는 꽤 괜찮은 사람이야'라는 자신감과 '이 세상은 살 만한 곳이야'라는 행복감입니다.

초등 시절 '아, 세상은 참 재미있고 좋은 곳이구나'를 느낀 아이와 '아, 사는 게 왜 이렇게 힘들고 재미없지'를 느낀 아이의 인생은 달라질 수밖에 없습니다. 입시뿐만 아니라 인생을 바라보는 자세도 분명 다릅니다. 세상을 재미있다고 생각하는 아이는 힘든 상황에서도 적극적으로 자신이 할 일을 개척해나갈 수 있겠죠. 초등 자녀가 지금 세상을 어떻게 보고 있을까요? 매일 아침 행복한 얼굴로 일어나나요? 학습량과 진도는 꼭 이것을 살피고 난 다음 결정하시길 바랍니다.

04

일타강사
대중화

●

"전 연령대로 확산되는
고등 일타강사"

카메라 앞으로 나온 입시 업체들

최근 교육계 유튜브 채널 조회 수 흥행 보증 수표가 하나 있습니다. 바로 '일타강사'죠. 일타강사란 '1등 스타강사'의 줄임말이에요. 사교육 업체에서 특정 과목의 매출 1위를 달성하는 스타강사를 의미합니다. 일타강사가 나오는 영상은 기본이 몇만 조회 수가 나옵니다. 이들이 대입에 대해 조언해주는 TV 프로그램 채널A의 〈티쳐스〉도 인기죠.

'교육대기자TV'도 일타강사 분들이 출연한 영상의 조회 수가 상당히 높습니다. 그간 정승제, 이지영, 조정식, 김민정, 김동욱, 배기범,

장풍, 이다지 등등이 나왔죠. 사람들이 관심을 보이니, 이들의 일거수일투족이 기사화되고 있습니다. 대출 없이 강남의 빌딩을 사고 요트를 샀다는 기사를 본 기억 있으시지요? 몇 년 전까지만 해도 입시를 앞둔 수험생들에게나 인기 있던 일타강사들이 이제는 초중등생, 아니 학부모들의 눈길까지 받게 된 것입니다.

일타강사들은 온라인 강의와 밀접하게 연관돼 있어요. 우리나라의 온라인 강의 사이트 3대장은 메가스터디, 대성마이맥, 이투스죠. 2021년에는 에스티유니타스의 스카이에듀까지 4대장이었으나, 학령인구 감소와 코로나19 영향으로 스카이에듀가 서비스를 종료하면서 2022년부터는 3대장 체제가 구축됐어요. 대입 사업을 접은 에스티유니타스는 현재 공무원 대비 프로그램인 공단기 위주로 운영하고 있죠.

교육 업계에서는 스카이에듀의 서비스 종료가 굉장히 역사적인 사건으로 꼽힌답니다. 많은 교육계 관계자가 충격을 받았거든요. 그간 믿어온 '사교육 불패' 신화가 그저 신화일 뿐임을 깨달았으니까요. 그 후 수능 인터넷 강의 업체들은 굉장히 공격적인 마케팅을 시작했습니다. 언제 위기를 맞을지 모른다는 불안감이 커졌기 때문이겠죠. 특히 3대장들은 광고 모델로 연예인을 기용하는 등 각자의 방식으로 치열한 마케팅을 시작했습니다. 특히 메가스터디는 2020년 이후 연예인을 기용해 활발한 방송 광고를 하고 있지요. 광고 모델 라인

이 어마어마하게 화려합니다. 배우 이노현-아이돌 그룹 아이브 안유진-아이돌그룹 뉴진스-배우 노정의, 최근에는 차은우가 기용돼 업계에서 화제가 됐습니다.

수능 만점자 인터뷰 마케팅도 빼놓을 수 없습니다. 아마도 저는 우리나라에서 수능 만점자를 가장 많이 인터뷰했을 거예요. 매해 가채점 결과를 바탕으로 수능 만점자 소문을 알아낸 다음, 학교에 일일이 전화해서 어렵게 만점자를 만나왔지요. 만약 만점자가 재수생이라면 출신 고등학교를 알아낸 다음, 또다시 일일이 연락해 선생님과 부모님, 학생을 만나곤 했고요. 만점자를 확인하기 위해 수백 통의 전화를 돌리고, 학교에 찾아가는 일이 연례 행사였어요. 그러다 수능 만점자를 배출한 입시 업체에서 이를 마케팅의 중요한 포인트로 삼으면서 상황이 반전됐습니다.

이전에는 혹시라도 사교육의 효과가 자기 노력을 폄하할까 우려한 탓에, 수능 만점자들이 학원에 다녔어도 그 사실을 숨기고 알리지 않는 경우가 많았어요. 그런데 이것이 마케팅 포인트가 되면서 입시 업체가 수능 만점자 배출을 단독으로 홍보하기 시작한 것입니다. 만점 학생에게는 대학 등록금을 비롯해 장학금까지 적극적으로 지원했죠.

2022학년도 수능 만점자 발표를 앞두고, 메가스터디 본사에서 기자들에게 연락을 돌린 기억이 아직 생생합니다. 수능 만점자가 본원 출신이니 인터뷰를 연결해주겠다는 것이었어요. 그해 수능 만점자

인터뷰는 서초구 메가스터디 본사에서 열렸죠. 인터뷰는 메가스터디 주최의 기자회견 형식으로 이뤄졌습니다. 이듬해부터 입시 업체에서 수능 만점자 인터뷰를 주최하는 방식이 완전히 자리 잡았죠. 바야흐로 수능 만점자를 어느 사교육 업체에서 배출했는지가 관건이 된 셈입니다. 최근 한 입시 업체는 수능 전국 수석 학생의 어머니를 지역 학원을 총괄하는 센터장으로 임명하기도 했죠.

위기의식에 따른 적극적인 마케팅은 일타강사도 예외가 아닙니다. 수능 과목인 국어, 수학, 영어, 사회탐구, 과학탐구 등 다섯 과목의 일타강사는 인터넷 강의 사이트 기준 세 곳 20명 남짓(탐구과목은 과목별로 반영)이죠. 하지만 인터넷 강의 업체에 등록된 총 강사 수는 약 400~500명입니다. 인터넷 강사가 되기까지의 과정도 지난합니다. 동네의 작은 학원, 중소 학원, 학군지에서 2,000명 규모의 학원, 5,000명 규모의 대형 학원 등을 거쳐서 인터넷 강사로 데뷔하지요. 요즘은 학교 선생님이 EBS 강의 경험을 바탕으로 바로 데뷔하는 경우도 꽤 보이지만요.

대표적인 학교 선생님 출신으로는 사회탐구 이지영(세화여고), 국어 김민정(세화여고), 영어 주혜연(잠신고), 한국사 이다지(인천하늘고) 등이 있어요. 사실 80년대생 부모들이 학창시절에 배웠던 고故 서한샘 선생이나 국어 이만기(인천문일여고), 수학 박승동(서울과학고)도 교사 출신입니다. EBS 강의를 했다는 점도 같지요.

이러한 성공 사례를 바탕으로 요즘 대치동 학원장들이 눈에 불을 켜고 교사 출신 강사들을 찾고 있습니다. 대치동 학원가 거리에도 '전前 휘문고 교사', '전前 진선여고 교사', '전前 세화여고 교사'를 써붙인 홍보 문구를 쉽게 볼 수 있죠. EBS 수능 강사로 출연하는 학교 교사에게 대치동 학원이 러브콜을 보내는 일도 비일비재하고요. 시험 문제 출제 경험이 있다는 점도 학교 선생님 출신의 강점이지요.

학교 선생님의 권위가 예전 같지 않은 데다 상대적으로 박봉이라는 점에서, 입시 강사를 택하는 선생님은 앞으로 점점 더 많아질 것으로 보여요. 제 주변에도 퇴직을 염두에 둔 학교 선생님이 매우 늘어났습니다. 최근 인터뷰한 고3 부장 선생님은 "그동안은 학생과 학부모들의 믿음과 감사 덕에 박봉임에도 교사로서 자부심이 컸는데, 요즘은 학생들이 학교 선생님보다 학원 강사 말을 더 의지하는 분위기라 씁쓸하다"고 말했습니다.

그러나 일타강사가 되는 길은 험난합니다. 업계가 승자 독식이 극심한 구조라 피라미드를 넘어 압정 수준이지요. 조금이라도 실수하면 언제 내리막길로 굴러떨어지지 모른다는 불안감도 큽니다. 요즘에는 학령인구 감소라는 악조건까지 고려해야죠. 일타강사들이 끊임없이 경쟁력을 갖추기 위해 분주한 까닭입니다. 최근 일타강사들이 개인 유튜브 채널을 만들고, 방송에 활발히 출연하는 이유이기도 하고요. 그간 쌓은 화려한 입담을 바탕으로 방송에서 자기 경쟁력을 굳히는 것이죠. 방송에 출연하는 현재의 일타강사들은 앞으로 더 유명해질 것이 분명하므로 일타강사 쏠림 현상은 꾸준히 더 심해질 것으로 보입니다.

누가 일타강사가 되는가

현재 과목별 일타강사를 알아봅시다. 수학은 메가스터디의 현우진, 이투스의 정승제, 대성마이맥의 이미지, 한석원을 꼽을 수 있습니다. 영어는 조정식(메가스터디)과 이명학(대성마이맥) 투톱 체제에 이투스 주혜연이 입지를 넓혀가고 있지요. 국어는 강민철(메가스터디), 김민정(이투스), 김승리(대성마이맥) 등이 있군요. 수능에서 점점 더 영향력이 높아지는 과학탐구·사회탐구 영역에서는 윤도영(생명과학, 윤도영통합과학시스템), 배기범(물리, 메가스터디), 김준(화학, 대성마이맥), 이훈식(지구과학, 대성마이맥), 이지영(생활과윤리·윤리와사상·사회문화, 이투스), 이다지(한국사·동아시아사·세계사, 메가스터디), 임정환(생활과윤리·윤리와사상·사회문화, 대성마이맥), 이기상(한국지리·세계지리, 메가스터디), 최적(정치와법·사회문화, 메가스터디) 등이 일타강사로 꼽힙니다.

　과거에는 현장과 인터넷 강의를 함께했으나, 코로나 이후 많은 강사가 현장 강의를 줄였습니다. 사회적 거리 두기 탓에 수요가 몰리는 인터넷 강의의 몸값이 너 높아졌기 때문이죠. 그렇다면 어떤 강사가 일타강사로 인기가 높을까요? ▲명쾌한 강의 ▲깔끔한 판서 ▲유머감각 ▲호감형 외모 ▲짜임새 있는 커리큘럼 ▲일정 수준 이상의 학벌을 요건으로 볼 수 있습니다.

사실 이런 요건을 다 갖춘 강사는 많지 않습니다. 사회탐구 이지영 강사는 한 방송에서 "EBS에서 신규 강사를 채용할 때마다 관계자들이 '인재가 없다'는 말을 많이 한다"며 "스타 강사가 되고 싶은 사람은 많지만 그만큼 많이 준비하고 오디션을 보는 사람은 많이 없다"고 언급했죠. 워낙 하고 싶어 하는 사람이 많기 때문에 이 조건 중 한두 개만으로는 경쟁력을 갖추기 어렵습니다. 게다가 요즘은 입시와 수능 출제 경향이 자주 바뀝니다. 이에 맞춰서 빨리빨리 수업을 개선하지 않으면 학생들이 외면하는 흐름도 빨라졌죠.

'대한민국에서 제일 많이 버는 88년생'이라는 수식어로 유명한 메가스터디 수학 현우진 강사는 '일타강사' 하면 가장 먼저 떠오르는 사람입니다. 업계 1위 사교육 브랜드인 메가스터디의 대표 강사인 만큼 연봉이 타의 추종을 불허하죠. 강의로만 연간 200억 원 정도를 벌어들이는 것으로 알려졌어요. 고등학교 때 미국으로 유학을 갔다가 스탠퍼드 대학 수학과를 졸업한 다음 한국으로 돌아온 그는 대치동 이강학원, 시대인재, 미래탐구, 다원교육 등에서 수학 강의를 했죠. 수험생들 사이에서 실력을 인정받자 2014년 말 메가스터디에 영입됐고, 수학 일타강사로 자리매김했습니다. 그는 전공이 기하라고 하는데, 그래서인지 특히 기하 수업의 인기가 높습니다.

이투스 및 EBS 수학 정승제 강사는 사칙연산만 알고 있으면 수포자도 이해하고 풀 수 있도록 쉽게 설명해줍니다. 그는 2009년 EBS 강사로 얼굴을 알리기 시작했죠. 보통 교육특구로 불리는 대치동에서 현장 강의로 입소문이 나 인터넷 강의 시장으로 영역을 확대하는 것과 달리, 정승제 강사는 대치동에서 강의한 적이 없어요. 대신 교육방송 특유의 딱딱한 강의에서 탈피해 개그맨을 방불케 하는 재미와 웃음을 주며 학생들이 수학을 친근하게 느끼도록 즐겁게 가르쳤지요. 독보적인 인기 덕에 2011년 이투스에 영입됐고, 사교육 시장에서도 한 단계 도약해 현재는 방송에서까지 활발히 활약하고 있어요.

수능 사회탐구 영역의 일타강사인 이지영 강사는 서울대 윤리교육과 출신이에요. 세화여고 교사를 거쳐 EBS 강사를 역임하며 이름을 알렸죠. 처음 맡은 EBS 강의로 인기가 치솟아 일타강사로 등극했습니다. 누적 수강생 300만 명을 기록했고, EBS 사회탐구 강사로 10년 넘게 일한 경력을 인정받아 공로상을 받기도 했죠. 이투스로 이적해서는 사회문화, 윤리와사상, 생활과윤리 등 사회탐구 영역 현장 및 인터넷 강의를 진행하고 있고요. 개인 유튜브 채널 라이브 방송으로 "2014년 이후 연봉이 100억 원 이하로 내려간 적이 없다"고 밝혀 놀라움을 사기도 했습니다.

일타강사의 모든 것

일타강사의 수입은 어느 정도일까요? 월급은 딱히 정해져 있지 않습니다. 크게 온라인 강의료, 오프라인 강의료, 인센티브, 교재료 등을 받지요. 학생들이 학원이나 인터넷 강의 사이트에 지불한 강의료 일부를 일타강사가 챙기는 정률제 방식이에요. 수익 배분 비율은 현장이냐 인터넷 강의냐에 따라 다릅니다. 인터넷 강의에서는 온라인 강의 플랫폼과 강사가 대략 7 : 3 비율로 수강료 수익을 나누죠. 반면 강사의 영향력이 지대한 현장 강의는 강사가 60%, 학원이 40%로 나누는 경우가 많습니다.

  이를 토대로 일타강사의 수익을 유추해볼까요? 현재 대치동에서는 '현장 강의 정원 250명'이 일타강사 기준으로 통해요. 수강료는 주 1회 기준 월 30만 원 정도입니다. 일타강사는 보통 매월 여덟 개 이상의 강의를 하죠. 이를 기준으로 보면 학원은 월 6억 원을 받아 이 중 60%인 약 3억 6,000만 원을 일타강사에게 지불한다는 계산이 나옵니다. 현장 강의로만 연봉 30~40억 원을 버는 셈이죠. 인터넷 강의는 전체 매출의 30%가 강사 매출로 지급되는 것이 일반적입니다. 만약 메가스터디가 온라인 강의로 300억을 벌어들였다면, 이 중 30%인 90억 원이 강사에게 돌아가죠. 현우진 강사 수업 점유율이 50%라면 45억 정도가 그에게 돌아가는 셈입니다.

자체 제작한 교재의 수익도 만만치 않습니다. 직접 저술하거나 편집한 교재에 대한 저작권료도 보통 판매량에 비례해 지급되죠. 현우진 강사는 2018년 직접 제작한 교재 《뉴런》이 당해에만 99만 부가 팔린 것을 시작으로, 매년 100만 권 이상의 교재 판매고를 올리고 있습니다. 권당 2만 8,000원을 기준으로 계산하면 교재 판매액만 280억가량 벌었으리라 추정돼요.

게다가 여기서 끝이 아니지요. 대형 학원과 몇 년 주기로 계약할 때 받는 이적료도 상당하니까요. 연예인들이 재계약 시즌 또는 소속사 이전 시 받는 계약금과 비슷한 개념이죠.

일타강사의 수입은 여러 요소에 따라 달라지지만, 대부분 연봉이 10억 원 이상이라고 봐야 할 것입니다. 법정 공방 과정에서 밝혀진 메가스터디 국어 영역 일타강사인 A 씨의 수익을 예로 들어보겠습니다. 2019년 온라인 강의료가 1억 9,400만 원, 교재료 5,600만 원, 인센티브 3억 3,000만 원 등. 총 5억 8,000만 원에 오프라인 강의료를 합치면 수익은 10억을 훌쩍 넘습니다. 그런데 여기서 놓치지 말아야 할 점이 있습니다. 일타강사들은 유지비도 상상을 초월한다는 사실이죠.

먼저 인건비 이야기를 해볼까요? 제가 만난 일타강사들은 대부분 조교가 수십 명이었어요. 현장(조교), 인터넷 강의(조교), 집필(조교), 검토(조교) 등 총 네 분류로 나뉘었죠. 현장 조교는 일타강사의 현장 강의를 돕습니다. 쉬는 시간마다 강의실 곳곳으로 흩어져 수강생들로부터 질문을 받죠. 온라인 Q&A 게시판의 24시간 관리와 운영은 인터넷 강의 조교가 맡습니다. 현장 조교와 인터넷 강의 조교는 발 빠른 답변이 가능해야 하므로 보통 수능에 1등급을 받은 명문대생들이 맡는데, 주로 일타강사의 제자들입니다.

이 중에서도 가장 큰돈이 들어가는 분야는 바로 교재 개발입니다. 보통 한국교육과정평가원에서 수능에 앞서 시행하는 9월 모의평가가 끝나면 일타강사들은 '파이널 모의고사' 교재를 내지요? 이때 좋은 문제를 개발하기 위해 한 문제당 얼마씩 비용을 지불하고 현직 교사들에게 사는 경우도 많습니다. 더불어 강사와 함께 교재를 개발하는 집필 조교, 문제를 풀어보고 오류를 잡아내는 검토 조교는 현장 조교, 인터넷 강의 조교보다 고급 인력입니다. 보통 석·박사 학위를 소지했죠. (요즘은 이것을 경력으로 삼아 강사로 데뷔하고 싶어 하는 사람들이 많아, 집필 조교와 검토 조교 인기가 높은 편입니다.) 게다가 자체 교재 제작을 위해 운영하는 연구실 관련 인원만 수십 명에 달해요. 교재비가 큰 수익으로 이어지기 때문에 교재 개발에 특히 심혈을 기울이는 것이지요.

이렇게 인건비와 콘텐츠 개발비 등으로 일타강사들이 한 달에 지불하는 비용은 평균 몇억 원입니다. 좋은 수업 콘텐츠를 만들면 수강생이 늘기 때문에 투자하는 것이죠. 학생 입장에서는 모르는 문제에 대해 질문하고 답변도 받는 데다가 인터넷 강의에서 문제풀이도 볼 수 있기에 시중 교재가 아니라 일타강사가 만든 교재를 구매하는 것이고요.

우리나라에서 일타강사를 가장 많이 인터뷰한 사람으로서, 저는 그들을 자주 만나면서 세 가지 점에 놀랐습니다.

첫째, 연예인 버금가는 스태프 수입니다. 대부분 매니저가 따로 있고, 관련 스태프 여러 명이 함께 이동합니다. 강사 자체의 연락처 노출을 극도로 꺼리는 탓에 명함도 거의 없습니다. 일타강사와 연락하고 싶다면 매니저와 소통해야 하죠. 매니저도 현장을 함께 다니는 분과 일정을 총괄하는 분이 다릅니다. 일타강사의 연락처를 알기란 어렵기 짝이 없습니다.

둘째, 뛰어난 화술입니다. 태생적인 것인지, 후천적인 노력 덕인지는 확실하지 않지만 대부분 빨려 들어가는 말발을 자랑합니다. 또 말하는 속도가 굉장히 빠릅니다. 학생들의 이목을 끌기 위해 발음을 뭉개지 않으면서, 빨리 말하는 기술을 익힌 분들이 많았습니다. 일타강사 중 한 분은 차에서 혼자 있을 때도 계속 말을 한다더군요. 빨리 말하기 위해 랩 연습 등 화술을 연습한다고 귀띔해주신 분도 있습니다.

셋째, 위기의식입니다. 일타강사로 상상 초월의 돈을 벌고 있음에도, 마음속 깊은 곳에는 위기의식이 자리 잡은 경우가 많았습니다. 언제까지 이 일을 할 수 있을지 모르겠다거나, 몇 년 후에는 다른 일을 할 것이라는 말을 서슴지 않죠. 치열한 강사 간의 경쟁을 체감하고 있기 때문일 것입니다.

높은 연봉을 받고, 상당한 영향력을 발휘하는 만큼 일타강사가 되는 과정은 치열합니다. 일단 무한한 경쟁에서 살아남아야 합니다. "그 선생님 별로라던데?", "못 가르친다던데?"라는 입소문이 돌면 순식간에 입지가 흔들리거든요. 댓글 공작으로 강사들끼리 서로 비방하는 일도 흔하고요. 올해 별세한 2000년대 수학 일타강사 '삽자루' 우형철 강사는 입시 업계에서 횡행하던 '댓글 조작'을 세상에 폭로한 적도 있습니다.

치열한 경쟁에서 뒤처지지 않으려면 살인적인 스케줄도 감당해야 합니다. 이투스 사회탐구 일타강사 이지영의 하루를 담은《중앙일보》의 유튜브 영상에 따르면, 매일 새벽 5시에 일어나 머리를 손질한다고 합니다. 색다른 외모로 학생들의 시선을 사로잡기 위한 노력이지요. 오전 9시에 시작하는 강의는 밤 10시가 돼서야 끝납니다. 쉬는 시간에는 연구실에 찾아오는 학생들의 질문을 받고, 교재를 연구하죠. 밤 10시 이후에도 연구실 조교들과 강의 중 나온 질문을 정리하고 미팅을 이어갑니다. 이런 일상이 365일 반복됩니다.

일타강사들은 아이돌과 유사해요. 화려한 치장도 학생들 눈에 어떻게 보이는지가 중요하다는 사실을 알고 있는 그들의 전략 중 일부지요. 수업 간에 크게 차이가 나면 안 되기 때문에 농담, 발걸음까지 모두 미리 기획한답니다. 정말 아이돌 같지요? 일타강사들이 자기 경험담을 풀어내며 학생들과 소통하는 것도 현재 막강한 사교육 트렌드입니다. 이런 이야기를 통해 학생들에게 롤모델로 자리매김하는 것이죠. 자기 과목에서 독보적인 지위를 유지하기 위해 앞으로도 일타강사들은 학생들의 욕구를 더 많이 충족시켜주려 애쓸 것입니다.

일타강사들의 수강생 연령은 앞으로 점점 더 어려질 것입니다. 몇 년 안에 중학생으로 내려오겠죠. 기하급수적으로 감소 중인 학령인구를 고려하면, 수험생만으로는 시장이 유지되지 않으니까요. 게다가 이미 일반화된 선행학습에 익숙한 중학생들에게 대입 일타강사는 친숙한 존재지요. 매체를 통해 학부모들에게도 익숙해졌기에 일타강사가 중학생 대상으로 내려오는 것은 시간문제일 것입니다. 실제로 메가스터디 영어 일타강사인 조정식이 최근 중학생 대상 어법 교재인 《괜찮아 어법》을 출간했죠. 메가스터디 과학탐구 장풍 강사는 중등 대상 통합과학 수업으로 유명하고요. 정승제 강사도 최근 초등 대상 수학 강의를 론칭한다고 밝혔지요. 일타강사는 앞으로 초중등 사교육 시장의 핵심 축이 될 가능성이 높습니다. 높은 인지도, 빼어난 화술, 자체 콘텐츠 제작 가능 등 모든 면에서 많은 학생과 학부모의 관심을 받을 요소가 다분하니까요. 현재 중학교 강사들은 이들과의 경쟁을 피하기 위해 자연적으로 초등으로 내려가게 되겠지요.

일타강사가 더욱더 대중화된다면 사교육계에는 어떤 변화가 있을까요? 일단 부익부 빈익빈이 더 심화될 것입니다. 현재도 학원가에서는 이러한 움직임이 상당합니다. 인기 학원은 등록하려는 학생들이 줄 서 있지만, 그렇지 않은 학원은 폐업하고 있어요. 오프라인 학원처럼 온라인 강의도 일타강사 위주로 재편될 가능성이 높습니다. 학령인구 감소와 더불어 수익 창출을 위해 오프라인 학원 운영과 동시에 전국형 온라인 수업을 진행해 외형 확장에 나서는 중소 학원이 점점 늘어날 것입니다. 대치동에서는 이미 중소 오프라인 학원장이 줌을 통해 지역 학생들에게 온라인으로 수업하고 있죠.

일타강사 강의를 최대한 효과적으로 들으려면

기본적으로 일타강사는 많은 학생을 대상으로 수업을 진행합니다. 오프라인에서도 한 수업당 기본 수강생이 250~300명이기 때문에 활발한 상호 소통이 어렵죠. 따라서 일타강사의 수업을 듣는다면, 수업이 끝난 뒤 순공 시간으로 복습하고 자신이 배운 것을 소화하려는 노력이 필요합니다.

인터넷 강의를 들을 때는 사전에 5분이라도 예습하기를 추천합니다. 빼어난 화술에 사로잡혀 수업만 들어서는 안 됩니다. 질문하면서 듣고, 모르는 내용은 반드시 점검해야 합니다. 일타강사를 TV 속 연예인 보듯 바라만 본다면 시간을 낭비할 뿐이니까요. 인터넷 강의 업계에서는 수업을 처음부터 끝까지 듣는 학생은 중하위권, 모르는 내용만 체크하면서 듣는 학생은 상위권이라고 해요. 최상위권은 일타강사의 교재만 사서 푼다는 우스갯소리가 있지요. 아무리 일타강사라도 전체적으로 완강률은 10%가 넘지 않는다는 것이 업계 불문율입니다.

수강료가 아깝지 않으려면 강의를 비판적으로 들어야 합니다. 사이사이 모르는 내용을 점검해야 해요. 모르는 내용은 인터넷 강의 사이트 Q&A 게시판에 반드시 질문으로 남기고요. 유명하다는 이유로 일타강사의 강의를 무턱대고 결제하지 마세요. 메가패스 등 연간 결제를 하더라도 교재비는 계속 추가되기 때문에, 결코 비용이 만만하다고 할 수 없으니까요.

요즘 인터넷 강의 업계에서는 강의들을 연결해서 1년 커리큘럼을 따라오도록 마케팅을 하지만, 특정 일타강사의 수업만이 아니라 강사마다 잘하는 단원과 영역 위주로만 수업을 듣는 것이 훨씬 효율적입니다. 개인적으로 일타강사들의 인기 비결이 무엇인지 궁금해서 찾아들은 적이 있어요. 그런데 농담에 비속어를 너무 많이 섞어 써서 깜짝 놀랐지요. 강사 입장에서는 학생들의 주목도를 위해 노력한 부분일지도 모르지만, 영향력을 고려할 때 그들의 화법에 아이들이 물들 수도 있다는 점이 염려되더라고요.

일타강사는 화려한 헤어스타일, 명품 옷을 통해 학생들의 대리만족과 관심을 이끌어내는 면도 있습니다. 하지만 생김새가 아름답거나 멋지다고 강의를 잘하는 것은 아니지요. 따라서 인터넷 강의를 선택하기 전에 맛보기 강의를 듣고, 인터넷 리뷰를 참고해서 선택하도록 자녀를 지도해야 합니다. 처음 1~2강은 부모가 아이와 함께 들어도 좋겠지요. 아이가 아이돌 덕질하듯 수업을 들어서는 안 되니까요.

일타강사는 학벌주의와 사교육이 만든 독특한 현상입니다. 우리나라를 제외하고는 지구상 어디에서도 찾아볼 수 없지요. 하지만 우리나라에서는 암울한 입시 현실 속, 방향성을 알려주는 존재로 자리매김한 일타강사들의 영향력이 당분간 막강할 것으로 보입니다.

PART 2

교육을 움직이는
6가지 키워드

+

지난해 출간한 『우리 아이 미래를 바꿀 대한민국 교육 키워드7』에서는 요즘 입시에서 많이 회자되는 키워드를 알려드렸다면, 올해는 초·중·고의 교육 변화에 주목해 학생과 학부모가 알아야 할 교육 변화 키워드를 자세히 담았습니다. 이런 교육 변화의 핵심을 이해하고 발 빠르게 대응한다면 분명 사교육비 이상의 효과가 있으리라 자신합니다.

2028 대입 개편

•

"바뀐 입시에 대응하기
위해 무엇을 준비할까"

내신의 중요성이 더욱 커지는 대입 개편안

2023년, 4년 예고제에 의해 발표된 2028 대입 개편안. 아직 시행되지
도 않은 이 제도를 두고, 국가교육위원회가 다시 설계한 2027~2036
년 중장기 교육 계획의 발표를 앞두고 있습니다. 개편한 제도를 시
행하기도 전에 또다시 새로운 제도를 언급하는 것을 대체 어떻게 봐
야 할까요? 기존 대입제도와 비교해, 교육과정과 범위에서 변화가 나
타난 2028년 대입 개편안은 수험생들에게 어떤 영향을 미칠까요?
2028 대입 개편안은 기존 수능과 학교 내신 위주의 평가에서 벗어나

전반적인 통합형 평가를 강조합니다. 학업성취도뿐만 아니라 창의적인 문제 해결 능력, 비판적인 사고 및 협업 능력 등 다양한 역량을 평가하는 방향이죠. 고교학점제와도 연계되고요. 이에 2028 대입 개편을 다시 한번 다루지 않을 수 없었습니다.

2023년 10월 10일, 2028학년도에 새롭게 시행될 대입제도 개편 시안이 발표됐죠. 같은 해 12월 27일에 국가교육위원회의(위원장 이배용) 논의를 거쳐 개편안을 확정했고, 2024년 2월 말에 최종적으로 확정 공표했지요. 이는 고등교육법 제34조 제5항에 의한 조치입니다. '교육부장관은 대입 정책의 전반적인 사항을, 해당 입학 연도의 4년 전 학년도가 개시되는 날 전까지 공표해야 한다'는 규정을 반영한 것이죠. 이번 개편까지는 교육부가 주관하지만, 이후 대입 개편은 국가교육위원회에서 2027~2036 중장기 국가 교육 발전 계획의 일환으로 개편합니다. 저는 2023년 10월 16일 아침 CBS 라디오 〈김현정의 뉴스쇼〉에서 '2028 대입 개편에 따른 고교의 선택'에 관해 인터뷰했습니다. 이 문답에 2028 대입 개편안의 본질이 녹아 있다고 생각하기에 일부를 옮겨봅니다.

앵커: 지난주 교육부가 2028학년도 대입 개편안을 공개했습니다. 현재 중학교 2학년(2023년 기준) 학생부터 적용되는 안인데요. 큰 골자는 이렇습니다. "몇 년 전에 정해진 고교학점제는 그대로 시행한다. 대신 당시 고2, 고3은 내신을 절대평가로 하고 고1만 상대평

가로 하겠다고 한 것은 비현실적이므로, 전 학년에 걸쳐서 상대평
가로 수정하겠다. 대신 현행 9등급제를 5등급제로 바꾸겠다. 수능
도 손보겠다. 과거 수능처럼 문·이과 할 것 없이 전체 학생이 똑같
은 시험을 보도록 하겠다." 그러니까 이과든 문과든 국·영·수·사·
과 다섯 과목을 똑같은 시험지로 치르는 거죠. 큰 변화로 느껴집니
다. 더불어 지금 학부모들은 이 변화의 의미 해석에 애를 먹고 있고
요. 그래서 오늘 인터뷰는 좀 쉽게 설명해주실 분을 모셨습니다.

(중략)

이만기: 지금은 표준편차를 주기 때문에 석차 계산이 가능한데, 2028년
부터는 안 주기 때문에 석차 계산이 불가능합니다.

앵커: 그러면 내신의 변별력이 없어지는 것 아닌가요?

이만기: 실제로 9등급에서 5등급으로 바뀌니까 내신 변별이 지금보다 완
화되죠.

앵커: 입시 전형 중에 학생부교과 전형이라는 게 있잖아요? 고등학교
때 내신 성적으로 학생들을 선발하는 제도입니다. 다양한 활동을
보는 학생부종합 전형(학종)과는 다른 건데, 이렇게 1등급이 많아
지면 학생부교과 전형은 어려워지지 않을까요?

이만기: 주요 대학은 어려워집니다. 합격자 대부분 1등급일 것이기 때문이
죠. 그래서 1등급 경계선상 친구들은 상당한 불안해질 겁니다. 대
학들도 아마 별도의 평가기준을 만들 거예요. 수능 최저 기준을
갖다놓거나 면접 구술을 강화하는 등, 여러 가지를 시도하겠죠.

앵커: 굉장히 큰 변화네요. 그럼 수능의 변화로 넘어가 보겠습니다. 수능
에서 가장 크게 달라지는 건 "선택과목이 사라지고 전체 학생이 모
두 똑같은 시험지로 시험을 치른다"는 건데요. 95학번인 제가 시험
칠 때도 최소한 수학은 문과와 이과의 문제가 달랐거든요. 그런데
2028년도부터는 수학도 문·이과 다 똑같이 보겠다는 거죠?

이만기: 그렇습니다. 똑같이 봅니다.

앵커: 이렇게 해도 괜찮을까요?

이만기: 크게 문제가 되지는 않습니다. 지금 제도에서 선택과목의 유불리 가 발생한 탓에 여러 문제가 등장했거든요. 그걸 해소하는 방향이 기 때문에, 어떻게 보면 거의 자격고사처럼 변하게 된 것이죠. 저 는 상당히 긍정적으로 보고 있습니다.

앵커: 자격고사. 여기까지만 들어도 '진짜 심플해졌구나' 하는 느낌을 받 으실 텐데요. 학력고사 시절하고 비슷한 느낌을 받는 분도 있겠고 요. 이번 개편안에는 공교육 안에서 수능을 쉽게 내겠다는 의지도 분명히 넣었습니다. 그러면 여기서 궁금증. 아까 내신을 엄청 간소 화하고, 1%나 10%나 똑같은 1등급으로 분류돼서 내신 변별력이 떨어진다고 하셨잖아요. 그런데 수능도 쉽게 내겠다, 거기다가 문 과와 이과를 나누지도 않고 내겠다고 하면 수능뿐만 아니라, 내신 변별력도 떨어지는 셈인데요. 그래도 대학은 학생을 뽑아야 하고. 어쨌든 학과에 지원하겠다는 아이들이 많으면 줄 세워야 하는 입 장인데, 어떻게 변별합니까?

이만기: 그래서 이번 제도의 성패는 사실 대학에 달려 있습니다. 왜냐하 면 지금 많은 비판론자가 상대평가를 하면 고교학점제에 문제가 되는 거 아니냐고 이야기하거든요. 관건은 대학들이 '요강을 어떻 게 정하느냐'입니다. 이를테면 이수과목을 철저하게 평가한다거나 하는 식으로 고등학교 교육과정에 도움을 주면 문제가 안 생기는 것이고, 예전과 똑같이 뽑으면 문제가 생길 수 있죠.

앵커: 예전같이 뽑으면 "아니, 수능 점수도 굉장히 높은 등급대에 다 몰 려 있고, 내신도 다 몰려 있고…… 어떻게 뽑아?" 이렇게 될 것 같 아요.

이만기: 한 과목만 보는 게 아니라 여러 과목이 있고, 반영 이수과목 등 여

러 가지가 다르기 때문에……. 가중치 가산점이 달라서 **뽑**는 데는 별문제가 안 됩니다.

앵커: 과마다 가중치 가산점을 둬요?

이만기: 과목별로 수학에 가중치를 둔다거나 해서 여러 경우의 수가 나오기 때문에 걱정하시는 것처럼 그렇게 뽑기 어려운 건 아닙니다.

(중략)

앵커: 또 하나 이제 우려되는 건 뭐냐 하면, 사실 지금 모든 상위권 학생이 다 자사고, 영재고, 특목고로 가진 않거든요. "내신 성적을 잘 받기 위해서 나는 일반고에 진학하겠다" 하는 학생도 꽤 많습니다. 그래서 학교 간에 어느 정도 균형을 맞춰가면서 발전하는 건데요. 만약 이런 식으로 내신이 무력화돼버리면 결국 일반고 지원 이유가 줄어들잖아요? 상위권 학생들이 다 자사고, 특목고, 영재고 진학을 선호하면 고교 입시부터 엄청나게 과열되는 상황이 벌어지는 거 아니냐, 그리고 일반고는 학력 저하가 엄청나게 오는 거 아니냐 하는 우려인데요. 어떻게 생각하세요?

이만기: 그럴 수도 있습니다. 쏠림 현상이 생길 수도 있지요. 그렇다고 특목고, 자사고가 이번 조치로 유리해진 것은 아닙니다. 그동안 있던 불리함이 줄었다고 봐야 해요. 여전히 일반고가 유리한 건 맞습니다.

앵커: 내신이 이렇게 무력화되면 유리할 게 없을 것 같은데요?

이만기: 일반고에서 내신 1등급 받는 것과 특목고나 자사고 1등급 받는 것 중 어떤 게 어렵겠습니까.

앵커: 노력의 정도가?

이만기: 네. 그래서 쏠림 현상은 분명히 나타나겠지만, 여전히 일반고가 유리하다고 보고 있습니다.

앵커: 선생님은 지금도 일반고가 훨씬 유리하다. 항상 그렇게.

이만기: 저는 그렇게 보죠. 일반고 예찬론자니까요. 2028년도부터는 특

	목고, 자사고의 불리함이 줄었다, 이렇게 이야기하는 것이 옳다고 생각합니다. 유리해진 것이 아니라요.
앵커:	일반고 예찬론자이신 선생님도 이번에는 좀 바뀌었다는 것을 인정하시네요?
이만기:	약간 마음을 풀었다고 할까요.
앵커:	이 정책이 사교육을 부추길 것이냐 아닐 것이냐, 이쪽으로는 어떻게 보세요?
이만기:	저는 이제 사교육을 민간 교육이라는 용어로 사용하는데, 사실 대입제도와 민간 교육을 자꾸 연결시키면 되는 일이 없습니다. 그러니까 이제 좀 별개로 사교육은 사교육, 민간 교육은 민간 교육으로 놓고 공교육은 공교육 길을 가야지, 대입제도가 바뀌는 것에 따라서 민간 교육이 유리하냐 불리하냐를 자꾸 따지게 되면 국가의 백년대계는 어렵습니다.

이 방송에서 저는 2028년부터 표준편차가 없어지면서 내신 성적의 변별력이 약화될 것이며, 학생부교과 전형이 주요 대학에서 더욱더 어려워질 수 있다고 말했지요. 대학들이 수능 최저 기준이나 면접 등을 강화할 것이라고 전망하고요. 선택과목이 사라져 문·이과 구분 없이 동일한 수능 문제를 풀게 되는 것은 긍정적인 변화라고 평가했습니다. 앵커가 "수능과 내신 모두 변별력이 떨어지면 대학들이 학생을 선발하기 어려워지지 않겠냐"고 묻자, 과목별 가중치 등으로 해결할 수 있다고 답했지요. 내신 무력화로 특목고, 자사고 쏠림 현상이 심화되지 않겠냐는 질문에는 "특목고가 유리해진 것이 아니라, 기존

불리함이 줄어든 것"이라고 답하면서 여전히 일반고가 유리하다고 주장했고요. 이 라디오 인터뷰에 제가 생각하는 2028 입시안의 핵심이 담겨 있습니다. 한마디로 '내신이 중요하다'는 이야기지요. 2028학년 대입의 초점은 수능과 내신 평가제도 개편에 맞춰져 있으니까요. 일단 수능 이야기부터 해볼까요?

1994년도에 처음 실시된 수능은 2028학년도에 34년 만에 큰 변화를 맞이합니다. 균형과 통합적인 학습 유도, 수능 안정성을 위해 과목 체계를 재구조화할 거니까요. 선택과목제와 그에 따른 계열 구분을 폐지하고, 사회와 과학은 개별이 아닌 통합교과로 시험을 치를 예정이지요. 수능 첫해인 1994학년도처럼 문·이과 계열 구분 없이 모든 수험생이 공통으로 출제된 같은 시험 문제를 풀게 됩니다. 1994년에는 본고사를 치르는 몇몇 대학을 제외하고는 교차 지원도 자유로웠습니다. 이에 수학과 과학의 학습량이 많은 이과 학생이 유리하다는 평가도 있었죠. 인문·자연·예체능의 세 계열로 나뉘어진 것은 1995학년도 수능이죠. 예체능은 1994학년도와 출제 범위가 동일했으나 인문 계열은 사회문화·세계지리가, 자연 계열은 수학Ⅱ·물리·화학이 추가됐습니다.

사회탐구와 과학탐구 영역에서의 선택과목은 6차 교육과정이 적용된 1999학년도 수능에 처음으로 도입됐습니다. 이에 따른 표준점수제도 그해 수능에 도입됐지요. 문과생은 공통사회(57점)+선택사회

(15점)+공통과학(48점), 이과생은 공통사회(48점)+공통과학(48점)+선택과목(24점)으로 시험을 치렀습니다. 선택과목의 경우 인문계생은 정치, 경제, 사회·문화, 세계사, 세계지리 중 하나를 선택하고, 자연계생은 물리Ⅱ, 화학Ⅱ, 생물Ⅱ, 지구과학Ⅱ 중 하나를 선택했죠.

2028학년도 수능은 제2외국어와 한문은 현행대로 한 과목을 선택하고, 7차 교육과정에 의해 2005학년부터 22년간 치러진 직업탐구는 '성공적인 직업생활' 한 과목으로만 치르게 됩니다. 표면적으로는 문과도 통합과학, 이과도 통합사회를 치르면서 융합형 인간 양성에 집중하는 것처럼 보입니다. 그동안 도입 여부를 두고 의견이 분분했던 논·서술형 수능은 도입되지 않습니다. 취지에는 공감하지만 아직 채점 여건상 애로사항이 있어 시기상조라고 판단한 듯합니다. 논·서술형 수능은 2026년에 발표할지도 모르는 2031 대입 개편안에서 다루어질지도 모르겠네요. 2025년 5월 발표할 시안에 논·서술형 수능을 포함시킬지 갑론을박 중이니까요. 과연 현재 초등학교 고학년들은 어떤 시험을 보게 될까요?

우리나라 대입제도는 어떻게 변화해왔을까?

내 자녀에게 해당하는 입시제도만 정확히 알면 된다고 생각하시나요? 대입제도 변화의 전체적인 흐름을 이해하면 자녀의 대입에 훨씬 더욱더 효율적으로 대비할 수 있습니다. 그러니 지금부터 한국 대입 제도의 변화 흐름을 간단히 살펴볼까요?

| 대입제도 변천사 |

학년도	주요 내용
1945~1953	• 대학별 단독시험제 - (정부)시험 기일, 시험 과목 일부 결정/(출제, 선발)대학 자율
1954	• 대학 입학 국가 연합고사 및 대학별 고사 - 연합고사를 거쳐 대입 정원의 1.3배수까지 대학별 고사 응시 자격 부여 - 커닝 등 공정성 논란으로 폐지
1955~1961	• 대학별 단독시험제
1962	• 대학 입학 자격 국가고사제 - 국가고사 성적+대학별 고사+면접 등 총점으로 합격 결정 - 국가고사 탈락으로 인한 대량 미달 사태 발생, 일률적 시험으로 대학 자율성 저해 비판으로 도입 1년 만에 제도 변경
1963	• 대학 입학 자격 국가고사제 - 국가고사(통과 시 입학 자격 부여) → 대학별 고사 실시 - 자격고사가 학생에게 이중 부담, 고등학교가 자격고사 준비 기관으로 전락, 대학 자율성 무시 등 비판으로 폐지
1964~1968	• 대학별 단독시험제
1969~1980	• 대학 입학 예비고사와 대학별 본고사제 - (~72)예비고사→대학별 고사 실시 - (~80)예비고사+대학별 고사 총점으로 합격 결정, 일부 대학은 예비고사만으로 선발 또는 고교 내신 반영
1981	• 본고사 폐지, 과외 금지, 내신 성적과 예비고사로 선발 • 졸업정원제로 대학 입학 정원 증대, 대량 미달 사태 발생

1982~1985	• 대학 입학 학력고사, 고교내신제 - 학력고사 50% 이상, 내신 30% 이상으로 선발 - 학력고사 점수로 대학 서열화, 고교 간 내신 형평성, 객관식 문제로 인한 창의력 저하 및 대학 자율성 저해 비판
1986~1993	• 대학 입학 학력고사, 고교내신제 및 논술고사 - 학생들의 사고력 제고를 위해 논술고사 신설(10% 이내 반영) - 눈치작전 예방을 위해 선지원 후시험으로 변경
1994~1996	• 대학수학능력시험, 고교 내신, 대학별 고사 - 대학별로 대입 전형 요소 반영 비율, 방법 자율 결정
1997~2001	• 대학수학능력시험, 학교생활기록부, 대학별 고사 - 본고사 금지, 학교생활기록부 도입, 대학별 다양한 전형 실시
2002~2007	• 대학수학능력시험, 학교생활기록부, 대학별 고사 - 선택형 수능 도입(2004~), 직업탐구 영역 신설
2008	• 대학수학능력시험, 학교생활기록부, 대학별 고사 - 수능 성적은 9등급만 제공(표준점수, 백분위 미제공) - 학생부 신뢰도 제고를 위해 내신 부풀리기 방지차 원점수+평균+표준편차+9등급제 제공 - 2008 대입제도 개선안(2004. 10. 28.) 적용
2009	• 대학수학능력시험, 학교생활기록부, 대학별 고사 - 수능에 다시 표준점수, 백분위 등 제공
2014~2021	• 대학수학능력시험, 학생부, 대학별 고사 - 수시는 학생부교과 전형, 학생부종합 전형, 논술 전형, 실기 전형(특기자 전형 포함) - 정시는 수능 전형, 실기 전형 • 수능 시험 변화 - 국·영·수 A/B형(2014), 영어 A/B형 폐지(2015), 국·수 A/B형 폐지 및 한국사(절대평가) 필수(2017), 영어 절대평가(2018)
2022~2027	• 대학수학능력시험, 학생부, 대학별 고사 - 개정 교육과정에 의해 수능에서 공통과목과 선택과목으로 나누어짐 - 교사추천서와 자기소개서가 점차 폐지됨

(출처: 대입제도 개편 공론화 숙의자료집)

앞의 표에서도 알 수 있듯이, 우리나라의 대입제도는 10번 이상 변화해왔습니다. 국가고시에서 예비고사, 학력고사를 거쳐 수능으로 변했으며, 본고사 실시 여부도 여러 번 바뀌었죠. 고등학교 내신 반영 방식도 계속 달라졌고요.

1945학년도부터 1968학년도까지는 대학별 고사를 실시했습니다. 정부는 대입 자격고사 등 일부 전형 요소를 도입 또는 폐지하면서 입시를 관리해왔지요. 1969학년도부터는 고교 교과목을 중심으로 예비고사가 도입되어 대학별 본고사와 함께 치렀고요. 초기에는 예비고사가 자격고사 성격이었으나, 1974년부터는 예비고사와 본고사 점수를 합산해 입학생을 선발하는 방식으로 변경됐죠. 그럼으로써 예비고사의 비중이 점점 높아진 거예요.

1981학년도, 정부는 본고사 폐지 후 예비고사와 내신 성적만으로 학생을 선발하는 '7.30 교육 개혁 조치'를 시행했습니다. 1982학년에 예비고사가 학력고사로 대체됐고, 대입 자율화를 위해 논술도 도입했습니다. 학력고사는 1982학년도부터 1993학년도까지 시행됐으며, 초기에는 학력고사 후 지원하는 방식이었다가, 1988학년도부터는 지원 후 시험을 보는 방식으로 변경됐습니다.

1994학년도부터는 학력고사가 폐지되고 대학수학능력시험(수능)이 도입됐습니다. 수능은 사고력 측정 시험으로, 고등학교 교육과정에 맞춰 출제됐죠. 1987년부터 미국의 SAT를 모범 삼아 학력고사를 대체할 대입 적성 검사를 연구한 것의 결실입니다. 1990년부터 1992년까지 일곱 차례에 걸친 실험 평가로 1993년에 1994학년도 수능이 시행됐지요. 본격적으로 수능의 시대가 열린 것입니다. 이후 교육과정에 따라 수능의 과목과 문항 수가 조금씩 변경됐으며, 1999학년도부터는 선택과목 제도가 도입됐고, 2005학년도에는 탐구 영역에 직업탐구가 추가됐어요.

정부는 대학수학능력시험의 개념을 '사고력을 측정하는 발전된 학력고사'라고 규정했습니다. 대학 교육 수학에 기초가 될 수 있을 보편적인 능력의 기준을 정하고, 고교 교육과정의 내용과 수준에 맞춰 출제한다고도 밝혔죠. 단순 암기보다는 사고력 측정에 주안점을 두겠다고 말입니다. 학력고사 아홉 과목을 언어·수리·외국어 세 영역으로 축소하고, 통합교과적으로 출제의 소재를 활용하도록 정했습니다. 이 때문에 국어 대신 언어 영역이라는 표현을 사용했는데, 언어 영역은 국·사·과 등 다양한 교과 영역의 소재로 언어 관련 능력을 평가했습니다. 단어의 의미를 정확히 이해하고 그 용도를 적절하게 구분하는 능력과 비교적인 긴 문장에 대한 사실적, 추론적, 비판적 이해력을 측정했죠.

2008학년도에는 노무현 정부의 정책에 따라 등급제 수능이 시행됐습니다. 변별력 논란이 생기자 이명박 정부에서 다시 점수제로 돌아갔지만요. 이 시기에 내신 성적 부풀리기를 방지하기 위해 '원점수+

평균+표준편차+9등급제'가 도입됐어요. 입학사정관 전형도 이때 활성화됐고요. 2014학년도에는 수능 명칭이 교과 중심으로 변경됐으나, 실질적으로 큰 변화는 없었어요. 수준별 시험 제도는 2015학년도부터 폐지됐지요.

2017학년도부터는 국어와 수학의 수준별 시험이 완전히 폐지되고, 한국사가 필수과목이 되며 절대평가로 전환됐어요. 2018학년도에는 영어도 절대평가로 전환됐고요. 2022학년도부터는 제2외국어와 한문도 절대평가로 전환됐지요.

전반적으로 한국의 대입제도의 변화를 살펴보니, 앞으로는 어떻게 달라질지도 어렴풋이 짐작되지 않으신가요? 과거를 알면 미래를 대비할 수 있습니다. 그러니 전반적인 흐름을 파악하고 대비해야 합니다.

2025년 고등학교 2~3학년은 지금 수능 그대로

2025년에 고등학교에 입학하는 아이들부터는 2028 대입제도 개편안에 따라 새로운 수능을 준비해야 합니다. 하지만 대입 개편안은 바로 적용되는 것이 아니지요. 그러므로 2025년에 고등학교 2~3학년인 학생들을 대상으로 하는 2027학년도 수능까지는 다음과 같이 치러질 예정입니다. 다음은 2027학년도까지의 수능 영역별 출제 범위입니다.

| 수능 영역별 출제 범위 |

구분 영역		문항 수	출제 범위(선택과목)
국어		45	· 공통과목: 독서, 문학 · 선택과목(택 1): 화법과 작문, 언어와 매체 · 공통 75%, 선택 25% 내외
수학		30	· 공통과목: 수학 I , 수학 II · 선택과목(택 1): 확률과 통계, 미적분, 기하 · 공통 75%, 선택 25% 내외
영어		45	영어 I , 영어 II 를 바탕으로 다양한 소재의 지문과 자료를 활용해 출제
한국사(필수)		20	한국사를 바탕으로 우리 역사에 대한 기본 소양을 평가하기 위한 핵심 내용 위주로 출제
탐구	사회 탐구 과학 탐구	과목당 20	생활과 윤리, 윤리와 사상, 한국지리, 세계지리, 동아시아사, 세계사, 경제, 정치와 법, 사회·문화, 물리학 I , 화학 I , 생명과학 I , 지구과학 I , 물리학 II , 화학 II , 생명과학 II , 지구과학 II 17개 과목 중 최대 택 2
	직업 탐구	과목당 20	1과목 선택: 농업 기초 기술, 공업 일반, 상업 경제, 수산·해운 산업 기초, 인간 발달 중 택 1 2과목 선택: 성공적인 직업생활+위 5개 과목 중 택1
제2외국어/ 한문		과목당 30	독일어 I , 프랑스어 I , 스페인어 I , 중국어 I , 일본어 I , 러시아어 I , 아랍어 I , 베트남어 I , 한문 I 9개 과목 중 택 1

시험 영역은 국어, 수학, 영어, 한국사, 탐구(사회·과학·직업), 제2외국어/한문 영역으로 구분됩니다. 한국사는 모든 수험생이 반드시 응시해야 하는 필수 영역이고 나머지 영역은 수험생 선택에 따라 전부 또는 일부 영역에 응시할 수 있죠. 국어, 수학 영역은 '공통과목+선택과목' 구조에 따라 공통과목은 공통 응시하고, 영역별 선택과목 중

한 과목을 선택 응시합니다. 모든 시험은 5지선다형이고요, 수학 영역에서는 전체 문항의 30%가 단답형으로 출제됩니다. 수학 단답형 문항은 답안지에 정답을 기입하는 형태로 구성되겠죠?

국어 영역의 선택과목은 화법과 작문, 언어와 매체입니다. 교육과정에 제시되는 국어 교과의 독서, 문학, 화법과 작문, 언어와 매체 등의 과목을 바탕으로 다양한 소재의 지문과 자료를 활용해 출제될 예정이에요. 한편, 수학 영역의 선택과목은 확률과 통계, 미적분, 기하이지요. EBS 수능 교재, 강의와 연계하되 교육과정에서 중요하게 다뤄지는 개념과 원리 중심으로 출제되죠. 탐구 영역은 사회, 과학, 직업탐구로 이루어지고요.

사회탐구와 과학탐구는 누구나 선택할 수 있지만, 직업탐구는 산업 수요 맞춤형 및 특성화 고등학교 전문교과Ⅱ 교육과정을 36단위 이상 이수한 사람만 응시할 수 있다는 사실에 주의해야 해요. 사회탐구와 과학탐구 영역은 17개 과목(생활과 윤리, 윤리와 사상, 한국 지리, 세계지리, 동아시아사, 세계사, 경제, 정치와 법, 사회·문화, 물리학Ⅰ, 화학Ⅰ, 생명과학Ⅰ, 지구과학Ⅰ, 물리학Ⅱ, 화학Ⅱ, 생명과학Ⅱ, 지구과학Ⅱ)으로 구성돼요. 과목당 20문항씩이지요. 이 중 최대 두 과목을 선택할 수 있어요.

직업탐구 영역은 여섯 과목 중 최대 두 개까지 선택할 수 있으며, 두 과목 선택 시에는 전문 공통과목인 '성공적인 직업생활'에 응시해야 하지요. 이 밖에 제2외국어와 한문 영역은 아홉 과목 중 한 과목을 선택할 수 있습니다.

아래는 2027학년도까지의 수능 시험 시간표입니다. 수험생들은 1교시 전 오전 8시 10분까지(1교시를 선택하지 않은 수험생도 포함) 입실해야 하지요. 2, 3, 4, 5교시는 매 교시 시험 시작 10분 전에 입장해야

| 시험 시간표 |

교시	시험 영역	시험시간	배점	문항수	비고
1	국어	08:40~10:00(80분)	100	45	
2	수학	10:30~12:10(100분)	100	30	· 단답형 30% 포함
3	영어	13:10~14:20(70분)	100	45	· 듣기 평가 문항 17개 포함(13:10부터 25분 이내)
4	한국사, 탐구 (사회·과학·직업)	14:50~16:37(107분)			
4	한국사	14:50~15:20(30분)	50	20	· 필수 영역
	한국사 영역 문·답지 회수 탐구 영역 문·답지 배부	15:20~15:35(15분)			· 문답지 회수와 배부 및 탐구 영역 미선택자 대기실 이동
	탐구(사회·과학·직업) 시험: 2과목 선택자	15:35~16:05(30분)	50	20	· 선택과목 응시 순서는 응시원서에 명기된 탐구영역별 과목의 순서에 따라야 함
	시험 본 과목 문제지 회수	16:05~16:07(2분)			
	탐구(사회·과학·직업) 시험: 1~2과목 선택자	16:07~16:37(30분)	50	20	· 문제지 회수 시간은 2분
5	제2외국어/한문	17:05~17:45(40분)	50	30	

해요. 문항은 5지선다형이고, 수학 영역에서는 단답형 문항을 30% 포함하되 정답은 답안지에 표기하죠. 문항당 배점은 국어, 영어, 한국사, 탐구(사회·과학·직업) 영역이 2, 3점이에요. 수학 영역은 2, 3, 4점이고요. 제2외국어/한문 영역은 1, 2점으로 차등 배점한답니다.

이러한 현재 수능은 지속적으로 과도한 사교육 의존, 수능 중심의 획일적인 평가, 객관식 문제 중심의 제한된 사고력 평가, EBS 연계 출제의 한계 등의 문제점이 나타났어요. 가장 큰 문제는 선택과목 간 유불리였죠. 선택과목 구조는 학생들에게 학습의 자율성을 제공한다는 장점이 있지만, 과목 간 난이도의 차이로 인한 유불리가 발생할 수 있으니까요.

수학에서 미적분을 선택한 학생과 확률과 통계를 선택한 학생 사이의 시험 난이도가 동일할 수 있을까요? 표준화 점수로 완전히 보정된다는 확신은요? 선택과목에 따라 대입에서의 유리함이 달라진다면 특정 과목 편중 현상이 나타날 수밖에 없겠죠. 이로 인해 평가가 불공정해질 수 있기 때문에 2028 대입 개편안이 나오게 된 것입니다.

인문/자연 계열 간 불균형 문제도 있어요. 기존 점수체계는 어려운 시험의 표준점수가 높게 나옵니다. 수능에서는 자연 계열 학생들이 선택하는 과목(특히 수학과 과학)의 난이도가 상대적으로 높죠. 그럼 자연 계열 학생들이 인문 계열 학생에 비해 상대적으로 높은 성적을 받을 가능성이 커집니다. 이는 자연 계열 전공을 희망하는 학생들에게 유리하게 작용하며, 인문 계열 학생들에게 상대적인 불이익을 초래할 수 있습니다.

최근 소위 '사탐 런'이라는 문제점도 돌출됐어요. 과학탐구 응시자 비율이 점점 감소하는 까닭이 사탐 런의 영향이라는 것이지요. 사탐 런은 이과 지망 학생 중에서 수능에서 과학탐구 대신 사회탐구를 선택해 더욱더 좋은 점수를 받는 전략을 말합니다. 지구과학과 연관된 지리나, 도표 해석이 중요한 사회·문화 등이 사탐 런의 대상 과목이죠.

문제는 자연 계열 중하위권 수험생들이 사회탐구로 빠져나가면 과학탐구에서 상위 등급 취득이 어려워진다는 점입니다. 1~2등급 인원수가 줄어들게 되면 수능 최저 기준이 있는 수도권 주요 대학이나 의학 계열 지역인재 전형에 영향을 줄 수 있습니다. 오죽하면 자연 계열 상위권 학생들의 학부모들이 모수를 늘리겠다며 2025 수능에 응시원서를 접수했겠어요. 자녀의 과탐 표준점수를 높이기 위해 수능에 응시해 화학과 생명과학 시험을 치렀다는 한 학부모의 온라인 커뮤니티 글이 크게 화제가 됐죠.

사탐 런은 특정 조건에 있는 소수의 학생에게 도움이 되는 전략입니다. 모든 이과생에게 해당하는 것이 아니지요. 특히 이과 (최)상위권 학생들은 지정과목 때문에 사탐 런이 불가능합니다. 이 같은 문제점들이 교육의 형평성과 학생들의 전인적인 성장을 저해할 수 있기에, 개선하기 위해 대입제도 전반에 대한 개편이 요구됐어요. 그 결과

2028 대입 개편안이 나온 것이지요.

수험생은 본인의 진로 목표와 학습 성향에 맞추어 전략적으로 시험 준비를 해야 합니다. 특히 국어, 수학, 탐구 영역에서의 선택과목은 진학하고자 하는 대학과 전공을 염두에 두고 신중하게 결정해야 하죠. EBS 교재 및 강의를 충분히 활용해 학습 전략을 세워야 하고요. 탐구 영역에서는 최대 두 과목까지 선택 가능하므로, 자신 있는 과목을 선택하는 것이 유리합니다.

학생부종합 전형을 주의하라

2013년 9월 23일 확정 발표된 '대입 전형 간소화 및 대입제도 발전 방안'에 의해 2015년부터는 대입이 학교별 여섯 개로 제한된 전형체계로 치러졌습니다. 입학사정관 전형을 학생부 전형으로 포함하고, 특기자 전형 규모는 축소했죠. 쉽게 말하자면, 핵심 전형 요소 위주로 표준화한 대입 전형을 치릅니다. 구체적으로 살펴볼까요?

수시 모집은 학생부교과 전형·학생부종합 전형·논술 위주 전형·실기 위주 전형 이렇게 네 가지 유형으로 표준화하며, 정시 모집은 수능 위주 전형과 실기 위주 전형 두 가지 유형으로 표준화했습니다. 몇 년에 걸쳐 표준화한 대입제도는 다음 표와 같습니다.

| 표준 대입 전형 체계 |

모집 시기	전형 유형 및 주요 전형 요소		핵심 전형 요소
수시 (6회)	학생부 위주*	(학생부교과)교과 중심	내신 성적+(최저 등급/면접) 내신 성적+서류 정성평가
		(학생부종합)교과, 비교과	내신 성적+교과 연계활동, 면접+(최저 등급)
	논술 위주	논술 등	논술+최저 등급/논술 성적
	실기/실적 위주**	실기 등	어학, 수학, 과학, 예체능, SW특기자(특기 등 증빙 자료 활용 가능)
정시 (3회)	수능 위주	수능 등	수능 성적
	실기/실적 위주	실기 등	예체능 특기자(특기 등 증빙 자료 활용 가능)

* 학생부 위주 전형 유형은 학생부를 주된 전형 요소로 하는 전형으로 다음과 같이 구분됨
학생부교과 전형: 학생부 교과 성적을 중심으로 평가하는 전형
학생부종합 전형: 입학사정관 등이 참여해 학생부를 중심으로 학생을 종합평가하는 전형
** 실기/실적 위주 전형 유형에는 '특기자 전형'이 포함되나, 특기자 전형은 모집 단위별 특성 등 특별한 사유가 있는 경우에 한해 제한적으로 운영해 모집 규모를 축소할 것을 권장하며, 외부 실적보다 학생부 중심의 평가를 권장

2028 대입 개편안에서도 이 같은 전형 유형은 변함없습니다. 다만 개편안에 따른 상황의 변화에 따라 학생부종합 전형에는 몇 가지 고민거리가 있습니다. 한국대학입학사정관협의회 초대 회장을 지낸, 우리나라 학생부종합 전형의 최고 권위자인 임진택 박사(경희대)의 다음 지적은 2028 대입에서도 아주 중요한 의미를 가집니다. 임 박사는 2024년 입학사정관들을 위한 특강에서 학생부종합 전형에서의 전형

자료 간소화에 대해 다음과 같이 총평했습니다.

학생부종합 전형의 전형 자료가 간소화되면서 학생 변별이 어려워졌습니다. 학생부의 상향평준화로 인해 학생 변별이 매우 어려워졌고, 전형 자료가 축소되면서 교과 성적과 이수과목의 영향력이 커졌으며, 다양한 활동이 반영되지 않음에 따라 학생의 개별적인 특성이 잘 드러나지 않는 문제점이 생겼습니다. 특히 자연 계열의 경우, 학문 단위별 이수 권장 과목의 중요성이 커졌으며, 인문사회 계열에서도 교과별 선호 과목이 존재해 학생 간 차이가 발생했습니다. 그리고 전형 자료 축소로 인해 학생부 기록 방식이 변경됐으며, 이에 따라 학교 활동의 위축과 성적 중심 평가로 변질될 수 있다는 점이 우려됩니다.

그럼에도 불구하고 여전히 창의적체험활동은 학생의 관심·적성·진로를 드러내는 중요 요소로 남아 있으며, 이는 학생 간 변별력 유지에 큰 역할을 합니다. 또한, 학교 자율적인 교육과정이 확대되면서 학생의 주도적인 과목 선택과 이수과목 다양화가 나타났으며, 자기소개서가 사라진 대신 학생의 과목 선택이 중요해졌습니다.

봉사활동의 경우 학교마다 차이가 크며, 특히 환경보호, 교통, 급식 등 캠페인 봉사가 많이 늘어났습니다. 독서활동은 독립적인 평가 항목에서 벗어나 사실상 세특(세부 능력 및 특기사항)과 창의적체험활동을 통합해 곳곳에 기록하는 방식으로 변화했습니다. 출결 상태가 좋지 않은 학생들이 늘어나고 있으며, 이는 미인정 결석, 지각, 조퇴 같은 항목에서 전방위적으로 확인됩니다. 코로나19 이후 질병으로 인한 결석도 많아졌으며, 행동 특성 및 종합의견에서도 기록이 일관되지 않는 경우가 많아 문제가 되고 있습니다.

(참고: 학생부종합 전형 서류 평가의 이해, 2024 특강 자료)

여기서 중요한 것은 세부 능력 및 특기사항(이하 세특)의 변별력입니다. 세특 기록에서 대학이 기대하는 것은 학생의 역량과 태도입니다. 교과별로 교과 핵심 역량과 성취 기준에 따라 평가가 달라질 수 있지만, 현재 논쟁 중인 부분은 교사가 주도하는 수업 내용 중심의 기록과 학생 활동 중심 기록 간 차이입니다. 객관적인 사실 중심의 기록은 학생 간 차별이 잘 드러나지 않으며, 자기소개서가 폐지된 환경에서 무미건조한 기록으로 느껴질 수 있습니다. 전형 자료 축소에 따라 대학에서도 수능 최저 학력 기준 적용이나 면접 도입 등의 방법을 강화해야겠지요.

공동 교육과정과 학교 자율적인 교육과정으로 다양한 과목을 이수한 학생들의 과목 선택에도 주목해야 합니다. 선택형 교육과정이 도입된 환경에서 학생의 과목 선택이 평가에 어떻게 반영될지에 대한 고민도 커지고 있습니다. 특히 무전공 모집 활성화에 따라, 대입에서 학생의 과목 선택이 평가 요소로 어떻게 활용될지에 대한 명확한 기준이 필요합니다. 근본적으로 학생부종합 전형과 교과 전형의 차별화도 문제입니다. 교과 내신의 영향력이 커지면서, 학생부종합 전형과 교과 전형 간 차별화 요소가 무엇인지에 대한 논의가 필요합니다. 학생부종합 전형은 학업 탐구 역량과 진로 역량의 균형을 중요시하지만, 교과 전형에서는 성취 수준과 교과 성적이 더욱더 큰 비중을 차지합니다.

정리하자면 전형 자료 간소화와 더불어 학생부종합 전형의 평가 방식에 대한 논의가 활발히 이루어져야 한다고 봅니다. 각 대학은 과목 선택, 성취 수준, 학생 개별 활동을 종합적으로 평가하는 방안을 마련해야 하며, 창의적체험활동과 세부 능력 및 특기사항의 기록 방식이 학생의 특성을 잘 반영하도록 해야 할 것입니다. 2028 대입 개편안 속에서 학생부종합 전형의 고민거리는 많아 보입니다.

대입제도의 근본적인 존재 이유에 답이 있다

한날한시에 실시하는 현행 수능 제도는 객관적이고 단순하다는 장점에도 불구하고, 5지선다형 문제가 다음 세대에 적당하지 않다는 평가를 받고 있죠. 게다가 4차 산업혁명이 진행 중인 오늘날, '2022 개정 교육과정'의 적용과 고교학점제의 본격적인 실시로 대입제도는 꼭 개편해야 하는 상황입니다. 이에 대입의 '본질적인 기능'이라는 근본적인 질문을 던져봅니다. 2028학년도 대입 개편에서 어떤 기능의 회복이 가장 시급한지 알기 위해서 말이죠.

전문가들은 대입제도의 교육적인 기능으로 고교 교육에서 달성해야 할 성취 수준을 제시하고, 고등학교 이하 학교 교육의 내용과 방향 및 방법이 갖는 영향력을 고려해 고등학교 교육의 정상화 방향을 제시하거나 유도해야 한다고 이야기합니다. 대입은 무엇보다도 대학에서 공부할 적격자를 선발하는 역할을 해야 하니까요. 좋은 제도는 수치로 대변되는 성적 중심의 우수 학생만이 아니라, 대학·학과(계열)별로 다양한 능력과 재능을 가진 우수 학생을 선발하는 것입니다. 우리나라가 당면한 학령인구 감소에 따른 대학 미충원 문제 등도 해결해야겠죠. 사회적인 약자를 위해서 고등 교육의 기회를 확충하는 기능도 추가해야 할 것입니다.

대입제도가 무엇보다 추구해야 할 가치는 타당성과 공정성입니다. 타당성이란 대학 적격자 선발의 적절성을 말합니다. 공정성이란 부모 배경 등 외부 요인 없이 공평하고 올바르게 치러지는 대입을 의미합니다. 특히 우리나라에서는 공정성이 중요하게 작용합니다. 가정환경이나 기타 외적인 요인 없이 모두가 노력하면 원하는 것을 얻을 수 있다는 것을 전제로 하니까요. 시험은 사회에서 개개인의 능력을 가장 공정하게 측정하는 방법입니다. 다른 영향력을 최소화하고, 개인의 능력과 노력을 측정하는 데에는 객관화된 시험이 가장 적합하니까요. 이런 공정성을 실현하려면 교육 기회의 형평성과 대학의 자율성도 고려해야겠지요. 지혜가 필요한 부분입니다. 여기에 전형 운영의 투명성과 신뢰성까지 고려해야 하는 부담이 있습니다.

2028학년도의 새로운 대입을 위해 KEDI의 김주아 박사가 열거한 고민들을 알아봅시다. 우선 구조 면에서 수시와 정시가 고민스럽습니다. 대학생활 성과(학업성취도, 학교생활 만족도 및 적응도), 적용(학업 및 사회적인 적용-교우관계 및 교수와의 관계), 대학환경 적용(수업 만족도, 대학생활 만족도), 취업 성과 등을 보면 아래 같은 의문이 듭니다.

- 수시(학생부 중심) 전형과 정시(수능 중심) 전형 중 어떤 것이 더 타당한가?
- 수시(학생부 중심) 전형과 정시(수능 중심) 전형 중 어떤 것이 더 공정한가?
- 수시(학생부 중심) 전형과 정시(수능 중심) 비율은 어느 정도가 적절한가?
- 수시와 정시 통합은 전형의 타당성을 제고하는가?

여기에 수능에 대한 고민도 더해집니다.

- 표준화된 시험을 통한 선발의 공정성, 효율성 강화를 위한 수능의 역할은 무엇인가?
- 고등학교 교육과정 연계를 기반으로 한 고교 교육 정상화에서 수능의 역할은 무엇인가?

현재 수능에는 사회적으로 개선이 요구되는 영역이 있습니다. 모두 해결해야 할 과제입니다. 수능과 교육과정 사이의 괴리도 해결해야 하지요. 수능을 위한 문제풀이식 수업 등 고교 교육과정의 파행적인 운영도 해결해야 합니다. 현재의 수능은 고차원적인 사고 능력 측정에 한계가 있기에 서술형 평가를 도입하자는 목소리가 있습니다. IB(국제 바칼로레아) 교육과정을 도입하자는 사람들이 주장하는 바도 이것이지요.

수능의 영향력 축소와 절대평가 자격고사화가 필요하다는 의견도 있어요. 새로운 대입제도의 구상에는 수능만이 아니라, 내신 평가 제도의 과제도 산적해 있습니다. 우선 '성취평가제의 신뢰성을 어떻게 확보할 것인가?' 하는 문제입니다. 학교마다 다른 고정 분할 점수와 단위학교 산출 분할 점수의 적용도 고민이지요. 이를 대학에서 어떻게 해석할지도 고민스럽고요. 공통과목에서 절대평가와 상대평가(석차 등급 병기)의 공존이 가능할까요? 학생부 정보가 학생들의 전공적합성과 학업성취 수준 평가에 필요한 정보를 제공하는지도 의문입니다. 학생부에 학생들을 평가하는 적절한 맥락 정보가 기재돼 있는지, 블라인드 전형, 고교 프로파일 폐지로 인한 학교 교육과정 개설 현황과 여건 파악의 어려움 등도 해결해야 할 과제입니다.

모든 문제를 해결하면서, 교육과정과도 무리 없이 어울리는 대입 제도를 만들기란 쉽지 않습니다. 공정성 문제만 해도 그렇죠. 2019년 11월 28일, 교육부는 대입제도 공정성 강화 방안을 발표했습니다. 당시 입시 경쟁이 집중된 서울 소재 대학은 학생부종합 전형과 논술 위주 전형을 선호해 수능 등 타 전형에 비해 운영 비중이 높은 상황이었습니다. 학생과 학부모는 학생부종합 전형이 불공정하다고 인식했고, 학생 본인의 역량이나 노력보다는 고교 유형과 부모 능력 등 외부 환경의 영향력이 크다는 인식이 확산됐습니다. 그 결과, 평가에 대한 불신이 발생했죠. 교육부의 실태 조사 결과, 학생부종합 전형의 불공정 요소가 확인됐습니다. 예를 들어 학생부종합 전형 운영 과정에서 고교 프로파일 등으로 출신 고교의 영향력이 발생할 수 있고, 전형 자료가 10분 내외로 평가되는 등 부실 운영 정황이 발견된 거죠. 학생부종합 전형 운영 기반에서 평가 요소, 배점 기준 등 평가 정보가 투명하게 공개되지 않고 입학사정관의 전문성이 확보되지 않는 등 미흡한 점이 있었다는 겁니다. 학생부종합 전형 선발 결과를 보면 과학고〉외고·국제고〉자사고〉일반고 순의 서열화된 고교체제가 나타났으며 소득별, 지역별 격차도 확인됐습니다.

　현재 교육부는 이 같은 문제들을 해결하기 위해 애쓰고 있습니다. 고교 유형에 따른 유불리가 발생하지 않도록 고교의 후광 효과를 차단하고, 어학 등 특기자 전형 등을 점진적으로 폐지하며 고교 서열화를 해소하려 애쓰고 있죠. 일반고의 역량 강화에도 힘쓰고 있고요. 일부 대학에서 서류 평가 시간이 5분 미만인 경우가 전체의 35%라는 점을 파악해 적정한 사정관을 확보하고, 세부 평가 단계에서도 다수 평가로 실시 방침을 정했습니다. 평가기준 등 정보 공개 확대, 면접관 동일 학과 연임 금지, 회피 배제 강화 등의 조치도 취했습니다. 지역 균형 전형을 점진적으로 확대해 지역 간 불균형을 해소하고 기회균형전형을 확대해 저소득층의 실질적인 입학 기회를 보장하기도 했습니다. 이런 노력을 구체적으로 살펴보면 다음과 같습니다.

전형 자료의 공정성 강화를 위해 부모 배경 등 외부 요인을 차단합니다. 학생 개인의 능력이나 성취가 아닌 부모 배경, 사교육 등 외부 요인이 대입에 미치는 영향을 차단하도록 학생부 자기소개서, 교사추천서를 개선합니다(궁극적으로 이 둘은 폐지됐습니다). 정규 교육과정 외 비교과활동의 대입 반영을 폐지한 뒤 학생부 기재 항목을 축소했죠. 자율동아리활동, 독서활동과 수상 경력을 대입에 반영하지 않으면서요. 부모나 사교육의 영향력이 학생부 생성 단계에서부터 개입돼 학생부종합 전형의 공정성을 해친다는 지적이 있었기 때문입니다. 자기소개서는 단계적으로 폐지했는데, 처음(2022학년도)에는 문항 및 글자 수를 축소하고, 2024학년도에는 완전히 폐지했습니다.

사실 저는 학생부종합 전형에서 자기소개서의 폐지는 어불성설이라고 봅니다. 자기소개서가 없으면 수험생의 목소리를 들을 기회가 없으니까요. 자기소개서는 주인공에게 듣는 학생부의 해설판입니다. 영화 주인공의 내면 이야기를 듣는 것과 마찬가지죠. 그런 의미에서 적어도 자기소개서만큼은 다시 채택해야 합니다.

2022학년도에는 교사추천서도 폐지했습니다. 교육부는 학교와 교사의 책무성을 강화해 학생부 등 전형 자료가 공정하게 기록될 수 있도록 교원들의 평가 기록 역량을 강화하고 비위 교원과 학교는 엄정하게 조치합니다. 이를 위해 '수업-평가-기록' 역량 강화를 위한 교원 연수 모듈을 개발하고 연수를 확대하며 고교 교사-입학사정관 간 연계 프로그램을 추진했죠. 학생부 '교과 세부 능력 및 특기사항' 기재를 단계적으로 필수화하고, 기재 표준안을 현장에 보급했습니다.

학생부 비교과 영역의 대입 반영을 축소로 학생부종합 전형의 무력화에 대한 우려가 있었지만, 교육부는 여전히 각 대학이 '정규 교육과정 내 비교과 영역' 및 '교과 세특', '행동특성 및 종합의견'을 종합적으로 검토해 학생 선발에 활용할 수 있다고 주장합니다. 특히 교과 세특은 3년간 총 40여 명의 교과 담당 교사가 해당 학생의 수업 참여도와 성취도를 관찰하고 평가한 '360° 다면 평가 결과'이므로, 전형 자료로 충분히 의미 있다고 설명했습니다.

무엇보다 중요한 조치는 정시 모집 확대 권고입니다. 교육부는 학생부종합 전형과 논술 위주 전형으로 쏠린 서울 소재 16개 대학을 대상으로 2023학년도까지 수능 위주 전형 40% 이상의 완성을 권고했고, 이는 실현됐습니다. 그러면서 미래 사회에 필요한 역량 평가 방식 및 고교학점제 등 교육 정책을 종합적으로 반영한 새로운 수능체계 마련을 예고했지요. 현행 객관식 평가 방식으로는 미래 인재 양성에 한계가 있으며, 4차 산업혁명과 인구절벽 등의 사회 구조 변화에 적극적으로 대응하는 교육 비전과 이를 담아낼 새로운 수능체계가 필요하다는 논리였습니다.

고교학점제가 대입에 적용되는 2028학년도 도입을 목표로, 공정성에 대한 국민들의 눈높이를 충족시키고 미래 사회에 필요한 역량

을 평가하는 새로운 수능체계를 마련하고자 노력한 결실이 2028학
년도 대입제도인 셈입니다.

2028학년도 수능 이렇게 바뀐다

가장 큰 관심사였던 수능 논·서술형 문항은 이번 개편에 포함되지 않
았습니다. 채점이 어렵고, 새로운 사교육 경쟁을 유발할 수도 있다는

| 2028학년도 수능 범위와 평가 방식 |

영역		시험 범위		평가 방식
국어		화법과 언어, 독서와 작문, 문학		상대평가
수학		대수, 미적분 I, 확률과 통계		
영어		영어 I, 영어 II		절대평가
한국사		한국사1, 한국사2		
탐구	사회·과학	사회: 통합사회1, 통합사회2 과학: 통합과학1, 통합과학2		상대평가
	직업	성공적인 직업생활		
제2외국어/한문		[9과목 중 택1] 독일어, 프랑스어, 스페인어, 중국어, 일본어, 러시아어, 아랍어, 베트남어, 한문	※추가 검토안 [10과목 중 택1] -제2외국어/한문: 9과목 -심화수학: 1과목 (미적분 II +기하)	절대평가

| 2028학년도 수능 개편안과 현행 수능 비교 |

구분 영역		출제 범위(선택과목)	
		현행(~2027 수능)	개편안(2028 수능~)
국어		공통+[2과목 중 택1] · 공통과목: 독서, 문학 · 선택과목: 화법과 작문, 언어와 매체 · 공통 75%, 선택 25% 내외	공통(화법과 언어, 독서와 작문, 문학)
수학		공통+[3과목 중 택1] · 공통과목: 수학 I , 수학 II · 선택과목: 확률과 통계, 미적분, 기하 · 공통 75%, 선택 25% 내외	공통(대수, 미적분 I ,확률과 통계)
영어		공통 (영어 I , 영어 II)	공통(영어 I , 영어 II)
한국사(필수)		공통(한국사)	공통(한국사1, 한국사2)
탐구	사회·과학탐구	[17 과목 중 최대 택 2] - 사회(9과목): 생활과 윤리, 윤리와 사상, 한국지리, 세계지리, 동아시아사, 세계사, 경제, 정치와 법, 사회·문화 - 과학(8과목): 물리학 I , 화학 I , 생명과학 I , 지구과학 I , 물리학 II , 화학 II , 생명과학 II , 지구과학 II 17개 과목 중 최대 택 2	- 사회: 공통(통합사회1, 통합사회2) - 과학: 공통(통합과학1, 통합과학2)
탐구	직업탐구	1과목: [5과목 중 택1] 2과목: 공통+[1과목] - 공통: 성공적인 직업생활 - 선택: 농업 기초 기술, 공업 일반, 상업 경제, 수산·해운 산업 기초, 인간 발달	- 직업: 공통(성공적인 직업생활)
제2외국어/한문		[9개 과목 중 택 1] 독일어 I , 프랑스어 I , 스페인어 I , 중국어 I , 일본어 I , 러시아어 I , 아랍어 I , 베트남어 I , 한문 I	[9과목 중 택1] 독일어, 프랑스어, 스페인어, 중국어, 일본어, 러시아어, 아랍어, 베트남어, 한문 ※추가 검토안 [10과목 중 택1] - 제2외국어/한문: 9과목 - 심화수학: 1과목(미적분 II +기하)

우려 때문입니다. 대신 내신 논·서술형 평가를 확대해 학생의 역량과 사고력을 측정합니다. 개편되는 통합형 수능에서 주목할 점은 선택과 목의 폐지입니다. 2028학년도 수능부터 수험생들은 융합적이고 통합적인 역량을 평가하고 과목 선택의 유불리를 해소하기 위해 국어, 수학, 영어, 사회·과학·직업탐구 영역에서 모든 학생이 같은 문제로 시험을 보게 됩니다.

첫 번째 표는 2028학년도 수능의 시험 범위와 평가 방식입니다. 첨단 분야의 인재 양성을 위해 심화수학 영역을 국가교육위원회에서 여러 차례 논의하고 검토(신설 시 절대평가)했으나 교육부에 채택하지 말자고 권고했습니다. 그 결과 심화수학(미적분Ⅱ+기하)이 빠졌군요. 두 번째 표는 현행 수능과 2028 개편안을 비교해놓은 것입니다.

예고한 대로 2024년 9월 26일, 교육부(장관 이주호)와 한국교육 과정평가원(원장 오승걸)은 2028학년도 대학수학능력시험 통합사회·통합과학 예시 문항을 공개했습니다. 이미 2028학년도 수능부터 융합적인 사고와 사회·과학의 중요한 기본 개념을 학습하는 통합사회·통합과학도 출제 범위에 포함시켰지요.

일단 2028학년도 개편 수능의 상징이 될 만한 문제들을 살펴보시죠. 통합사회 예시 문항은 사우디아라비아 지역의 지도와 여행일지를 제시하고, 건조 기후의 영향을 받아 형성된 주거 문화, 이슬람교 창시로 인한 문화 변동과 이슬람 문화의 정체성을 반영한 건축 양식 등

❶ 통합사회 예시 문항

◎ 다음 지도를 보고 물음에 답하시오.
(*아래 지도의 '서울'과 2개의 검은 점은 세트형 문항 중 다른 문항과 관련된 표시임.)

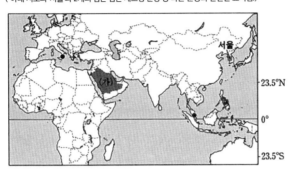

다음은 위 지도의 (가) 국가에 대한 여행 일지이다. 이에 대한 설명으로 옳은 것은?

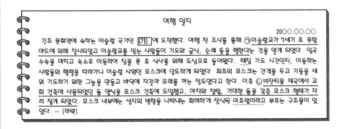

여행 일지

20○○.○○.○○.

건조 문화권에 속하는 이슬람 국가인 [(가)]에 도착했다. 여행 전 조사를 통해 ㉠이슬람교가 7세기 초 무함마드에 의해 창시되었고 이슬람교를 믿는 사람들이 기도와 금식, 순례 등을 행한다는 것을 알게 되었다. 입국 수속을 마치고 숙소로 이동하여 짐을 푼 후 식사를 위해 도심으로 들어왔다. 때마침 기도 시간인지, 이동하는 사람들의 행렬을 따라가니 이슬람 사원인 모스크에 당도하게 되었다. 최초의 모스크는 간격을 두고 기둥을 세워 기도하기 위한 그늘을 만들고 바닥에 자갈과 모래를 까는 정도였다고 한다. 이후 ㉡비잔티움 제국에서 교회 건축에 사용되었던 돔 양식을 모스크 건축에 도입했고, 아치와 첨탑, 거대한 돔 등 갖은 모스크 형태가 자리 잡게 되었다. 모스크 내부에는 성지의 방향을 나타내는 화려하게 장식된 미흐랍이라고 부르는 구조물이 있었다. … (하략)

① (가)의 주민들은 주로 침엽수로 지은 목조 가옥에 거주한다.
② (가)에서는 여름 계절풍이 탁월하고 태풍의 발생이 빈번하다.
③ ㉠은 발견에 의한 문화 변동에 해당한다.
④ ㉡에는 서로 다른 문화 요소가 결합하여 새로운 문화가 형성된 문화 변동이 나타나 있다.
⑤ ㉠과 ㉡ 모두에서 기존 문화의 정체성이 상실되었다.

(출처: 한국교육과정평가원 보도 자료)

에 대한 설명을 찾도록 설계했네요. 해당 문항에는 지리와 사회문화 등 사회 교과 내 두 교과군의 내용이 모두 담겼죠. 구체적으로 '주민들은 주로 침엽수로 지은 목조 가옥에 거주한다'는 선택지 1번과 '여름 계절풍이 탁월하고 태풍의 발생이 빈번하다'는 선택지 2번은 지리와 사회문화 쪽에서도 '문화적인 특성'의 내용을 알아야 풀 수 있습니다. 이슬람교 창시와 이슬람교도의 생활양식 변화 등을 설명한 여행 일지 내용을 '발견에 의한 문화 변동에 해당한다'고 제시한 선택지 3번은 사회문화 중에서도 '문화 변동'과 관련된 내용을 알아야 합니다. 통합사회는 전반적으로 윤리·지리·역사·일반사회가 결합한 형태의 문항으로, 모든 영역에 대한 개념 이해를 묻는 셈입니다.

예시 문항을 살펴보면 여러 영역의 소재를 통합적으로 활용해 문화권의 특징과 생활양식에 관한 개념과 지식, 원리를 파악하는지 평가하고 있음을 알 수 있습니다. 자연환경 및 인문환경이 삶의 방식과 연관됐음을 이해하고, 다양하면서도 복합적인 문화 현상을 통합적인 관점에서 탐구하는지를 평가하는 문항이라고 할 수 있죠.

이어서 통합과학 예시 문항입니다. 디지털 센서로 교실 내 기온, 기압, 절대 습도, 이슬점 측정 등의 탐구활동을 제시한 다음 적절한 결론을 파악해보라는 문항이군요. 이 문항은 빅데이터를 활용한 연구에 특정 영역의 소재를 접목시켜 탐구한 결과를 그래프 등의 자료로 나타내고 해석할 수 있는지 평가하는 문항입니다. 학교에서 배운 지식

| 2028학년도 수능 통합과학 예시 문항 |

❷ 통합과학 예시 문항

다음은 디지털 센서를 활용하여 실시간 기상 데이터를 측정하는 탐구활동이다.

[탐구 과정 및 결과]

(가) 어느 날 오후, 교실 내의 기온, 기압, 절대 습도, 이슬점을 측정하는 디지털 센서를 설치한다.

(나) 디지털 센서와 스마트 기기를 근거리 무선 통신으로 연결한 후, 스마트 기기가 기상 데이터를 30초 간격으로 수신하도록 설정한다.

(다) 스마트 기기에 기록된 <자료 1>의 기상 데이터를 이용하여 <자료 2>와 같이 (㉠)하고, <자료 2>의 경향성을 해석한다.

연번	기온 (°C)	기압 (hPa)	절대 습도 (g/Mm²)	이슬점 (°C)
1	27.7	997.5	11.2	12.8
⋮	⋮	⋮	⋮	⋮
110	26.9	997.5	12.3	14.2
111	27.1	997.5	12.8	14.8
112	27.2	997.5	13.1	15.1
113	27.2	997.5	13.0	15.0
114	27.2	997.5	12.8	14.8
⋮	⋮	⋮	⋮	⋮
200	27.8	997.3	11.3	12.9

<자료 1>

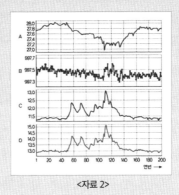

<자료 2>

[결론]

공기 중 단위 부피당 수증기량(절대 습도)이 많을수록 이슬점은 대체로 (㉡)한다.

이에 대한 설명으로 옳은 것만 <보기>에서 있는 대로 고른 것은?

<table>
<tr><td align="center"><보기></td><td align="center"><답지></td></tr>
</table>

ㄱ. '그래프로 변환'은 ㉠에 해당한다.

ㄴ. A~D 중 이슬점 그래프는 C이다.

ㄷ. '상승'은 ㉡에 해당한다.

① ㄱ   ② ㄴ   ③ ㄱ, ㄷ

④ ㄴ, ㄷ   ⑤ ㄱ, ㄴ, ㄷ

(출처: 한국교육과정평가원 보도 자료)

을 과학기술과 관련해 실제 맥락에 적용·탐구하는 능력을 평가하는 문항인 것입니다.

사실 이번 예시 문항은 2022 개정 교육과정의 행동 영역, 내용 요소, 성취 기준에 따라 출제한 것으로 가장 중요한 포인트는 고2와 고3에서 학습할 선택과목의 영향을 받지 않도록 하는 것입니다. 고2, 고3에 자기 적성과 진로에 따라 과목을 선택하는 고교학점제가 시행되는데 학습 위계상 선택하는 과목에 의해 통합사회와 통합과학의 점수가 달라지면 학점제의 취지에 어긋나지요. 어느 정도의 영향은 어쩔 수 없겠지만, 그 영향력이 과하면 절대 안 됩니다.

이번에 공개된 문항들은 어디까지나 예시일 뿐입니다. 난이도와 세부 유형은 조정될 수 있습니다. 문제는 교육 당국의 의도와 관계없이 학부모들이 대체로 교과 내용을 통합이나 융합할 경우 문제가 어려워지리라 인식한다는 점입니다. 그렇게 되면 통합사회와 통합과학에 대한 선행학습 움직임이 늘어나겠죠. 사교육비 부담이 늘 수도 있는 셈입니다. 그 외에 예시 문항들은 관련 기관 홈페이지에 「2028 대입제도 개편안에 따른 통합사회·통합과학 예시 문항 안내」라는 것이 게시됐으니 반드시 읽어보세요.

내신제도 변화에 특히 주목하라

2028 대입 개편에서 고등학교 내신은 절대평가와 상대평가를 혼용합니다. 성취평가제에 5등급제를 병기하는 셈이니 사실상 대학에 내신 이용의 재량권을 준 셈입니다. 과거 석차 백분율과 평어(수·우·미·양·가) 중 하나를 각 대학이 알아서 이용하던 시절 같은 양상을 띨 수도 있겠네요. 1997학년도부터 일정 기간 평어뿐 아니라 과목별 석차를 함께 표기했고, 이를 대학에서 자율적으로 활용했거든요.

2011년 12월 13일에는 '중등학교 학사관리 선진화 방안'이 발표됨에 따라 학업성취 수준을 평가하는 성취평가제가 도입됐습니다. 성취평가제는 '학생이 무엇을 어느 정도 성취했는가'라는 평가의 본래적인 의미를 강조하는 평가제도입니다. 교육과정에 근거해 개발된 교과별 성취 기준을 바탕으로 학생들이 학습으로 도달한 성취 정도에 따라 성취 수준을 구분(학생의 학업성취 수준을 평가하고 'A-B-C-D-E'로 성취도를 부여)하죠. 학교는 다양한 교수·학습 활동으로 이에 부합하는 평가를 실시하고, 학생의 목표 도달 정도를 확인합니다. '누가 잘했는지'가 아니라, '학생이 무엇을 어느 정도 성취했는지'를 중요하게 생각하는 평가 방식이죠.

성취 기준은 각 교과목에서 학생들이 학습으로 성취해야 할 지식, 기능, 태도의 능력과 특성을 진술한 것으로, 성취평가제의 기본 개념입니다. 이는 교수·학습과 평가의 실질적인 근거로 교사가 무엇을 가르치고 평가해야 하는지, 학생이 무엇을 공부하고 성취해야 하는지에 관한 실질적인 지침이기도 합니다.

2022 개정 교육과정과 고교학점제 등과 궤를 같이해 개편된 이번 수능은 내신 성적 처리 방침과도 연관돼 큰 변화를 가져올 것입니다. 2028학년도 대입을 치르는 2025학년도 고등학교 1학년부터 내신 성적은 상대평가와 절대평가를 혼용하니까요. 즉, 예체능 과목을 제외한 전 과목(공통과목, 일반 선택, 진로 선택, 융합 선택)에서 상대평가 5등급과 성취평가제(A- B- C- D- E)를 병기합니다. 단, 국가교육위원회 의결 내용을 존중해 여행지리, 과학의 역사와 문화 등 사회·과학 교과의 융합 선택과목은 상대평가 석차 등급을 기재하지 않습니다.

상대평가 격인 등급제는 2015 개정 교육과정에서 시행한 평가에 따라 교과, 과목, 단위 수, 원점수/과목평균(표준편차), 성취도(수강자 수), 석차등급을 산출합니다. 등급은 일정한 비율에 의해 구분되고, 등급별 비율은 학업 성적 관리 지침에 의해 정해지죠. 그런데 기존에는 9등급제였던 것을, 일부를 제외한 전 과목 5등급제로 바꾸는 것입니다. 이번 방침으로 기존 상대평가 9등급에 비해 공통과목 내신의 변별력은 다소 약해지겠지만, 선택과목의 변별력은 다소 강화될 것입니다. 학부모들 입장에서는 현재보다 내신 성적의 변별력이 떨어졌다고 느낄 가능성도 있지만요. 9등급에서 5등급으로 범위가 넓어지니까요.

적극적인 내신 반영 조치는 교육과정의 정상화와 기초 학력 확인을 위해 반드시 필요합니다. 더불어 수행평가, 과정 중심 평가로 수업의 개선 효과도 기대할 수 있죠. 사실 전 세계적으로 '9등급+학년별 평가 방식'은 찾아보기 어렵습니다. '5등급제+논·서술평가'가 대세죠. 그러니 교실을 황폐화시키는 고교 내신 9등급제 폐지 후 5등급제를 도입하면 기존의 고1 '내신 전쟁', 과잉 선행학습 유발을 막을 수 있다는 주장이 있습니다. 학생 간 경쟁을 완화하고 협력학습을 유도한다는 것이지요.

물론 반대 의견도 적지 않습니다. 학생부교과 성적의 객관성에 대한 의문과 비판은 해묵은 과제거든요. 비평준화 우수고·자사고·특목고 학생들의 불리함도 무시할 수 없고요. 현실적으로 학교의 수준 차이가 존재하는데, 이를 반영하지 못하는 점과 관련된 공정성 문제도 야기될 수 있죠. 학교 간 공정성·객관성·신뢰성 확보도 어렵습니다. 성취평가제 실시에 따른 성적 부풀리기 현상이 초래될 가능성도 있고요. 그렇게 된다면 자퇴생이 급증하겠죠.

　대입의 안정적인 운영을 담보하고 학부모와 수험생 적응이 쉽도록, 또한 변별력에 있어 수능의 대입 선발 기능과 국가시험의 효율성이 유지될 수 있도록, 이번 개편에서는 수능의 변화를 최소한으로 도모했습니다. 그럼에도 수험생 입장에서는 학생부(교과/종합), 논술, 수능 등 다양한 입학 기회를 가질 수 있다는 장점이 있죠.

초중등 학생들이 대입 개편에 대비하려면

이번 개편에서 가장 눈에 띄는 점은 계열 구분 없이 시험 범위를 정했다는 점입니다. 융·복합 인재 양성 차원에서 문·이과 구분을 없앤 2022 개정 교육과정 취지에 부합하도록 말이죠. 고로, 이번 개편은 고등학교 진학 선택에 영향을 줄 가능성이 큽니다. 다시 말해 내신 5등급제 실시로 특목고와 자사고 열풍이 불 수 있습니다.

　중학생 학부모의 가장 큰 고민은 '어떤 고등학교를 선택해야 우리 아이에게 유리한가?'일 것입니다. 학생부 위주 전형이 대세로 떠오르던 시절에는 일반고로 진학해 내신을 잘 받는 게 득이라고 여겨졌죠. 학생부종합 전형과 학생부교과 전형에서 내신 성적의 위력이 매우 컸으니까요. 이에 내신을 신경 쓰는 수험생들은 대부분 일반고로 진학했습니다. 그러나 내신제도가 9등급에서 5등급으로 개편되면 이 같은 경향이 달라질 수도 있습니다. 숫자 변화를 크게 느끼는 학부모와 학생들은 내신의 변별력이 축소됐다고 볼 수도 있기 때문입니다. 이에 따라 고등학교 선택 시 특목고나 자사고로 진학하려는 학생과 학부모가 많아질 것으로 짐작됩니다.

당초 교육부가 고1은 상대평가 9등급, 고2와 고3은 성취평가제로 발표했죠? 이때 고1의 비중이 다소 줄었다고 체감된다면, 과거에 비해 전반적으로 내신의 영향력이 줄어들었다고 느낄 가능성이 높다는 뜻입니다. 정시 모집이 늘고 수능의 영향력이 강화되면서 '그래도 면학 분위기가 중요하지 않느냐'는 의견이 이미 대두된 상황이기도 합니다. 이에 일반고 진학의 경우에도 학습 분위기가 좋지만 내신 받기에 어려운 고등학교와, 학습 분위기는 안 좋지만 내신 받기 좋은 고등학교 사이에서 고민하는 학부모가 많았죠.

이제 고1~3 모두 성취평가제와 5등급 상대평가로 성적이 결정되니 과거에 비해 내신 성적의 위상이 떨어질 가능성은 분명히 있습니다. 지역적으로도 그동안 내신에서 불리하던 강남 같은 학군지에 있는 학교들이 수혜를 보게 될 가능성이 크겠네요. 고로 수업 분위기가 좋고 수능 대비가 잘되는 자사고나 특목고 진학이 나쁘지 않은 선택일 수 있습니다. 이 같은 고민의 연장선에서 자사고나 특목고에 대한 지원율도 증가할 가능성이 높지요. 자사고나 특목고 진학이 과거처럼 불리하지 않으니까요. 이것이 이번 개편이 고교 진학에 미치는 영향입니다.

다만 과목별 이해관계가 엇갈리면서 일부 과목에서 반발이 예상됩니다. 이번 수능의 범위 설정에 대해 큰 반발이 없는 국어나 영어와 달리 심화수학이나 종래 과학탐구 I(물리학 외 3과목)·II(역학과 에너지 외 7과목) 범위에 해당하는 과목이 제외된 점에 대해서는 관계자들의 반발이 있습니다. 특히 과학계의 반발 가능성이 우려됩니다. 이공계 모집 단위에서는 학력 저하 비판도 있을 수 있고요. 공통과목 위주 시험이므로 학생들의 학습 부담은 감소하겠지만, 수학 때문에 대체로 이과생들에게 유리하다는 사실도 무시할 수 없겠죠. 그래도 공통 학업 능력 시험을 위해 출제 범위를 동일하게 설정했으므로 그동안 있었던 계열별 유불리 논쟁은 사라지리라 예상됩니다.

마지막으로, '2022 개정 교육과정'에 따라 2028학년도부터 고교학점제가 실시됩니다. 문제는 고교학점제를 근간으로 하는 교육과정 운영에 파행이 올 가능성이 있다는 것입니다. 탐구 영역의 경우, 수능 범위가 고1 과정인 통합사회, 통합과학이므로 고2, 고3에 통합사회, 통합과학을 반복학습할 가능성이 있습니다. 이에 대한 대비가 필요합니다.

교육과정 운영에 파행이 없다면 수능에서 공통 학업 능력을 측정하고, 학생부에서 학생의 소질과 적성에 따라 심화학습한 과목을 다양하게 반영할 수 있어 고교학점제에 부합하는 것으로 보입니다. 공통과목과 일반 선택과복은 수능으로, 진로 선택과 융합 선택은 내신으로 평가가 가능하므로 고교학점제 취지에 부합할 것입니다. 고3 수업이 제대로 운영되면 학생의 미래 진로에 따라 선택한 계열의 과목을 집중적으로 학습해 대학 진학 후에도 전공 이수에 도움이 되겠네요.

이외에 이번 개편으로 나타날 수 있는 현상들을 예상해보면 수능이 공통과목 위주로 실시되기 때문에 대학에서는 선발의 자율권 보장을 요구할 가능성이 큽니다. 즉, 대학은 대학별 고사를 요구할 가능성이 매우 큽니다. 또한 문·이과가 분리되지 않는 시험의 범위가 공통과목만이 아니라, 선택과목인 일반 선택까지 확대됨으로써 2022 개정 교육과정의 취지를 잘 지켰는가 하는 논란이 발생할 수도 있습니다. 즉, 수능 범위가 공통과목을 넘어 일반 선택과목까지 필수가 됨으로써 2022 개정 교육과정의 선택과목 취지에서 다소 벗어난다는 비판은 어쩔 수 없을 것 같습니다.

지역별 유불리를 살펴보면 이번 개편으로 가장 수혜를 보는 곳은 대치동 등 소위 학군지입니다. 내신의 위력이 다소 줄어든다고 생각하기 때문에 사교육 등 여러 학습을 위한 환경이 구축된 중계동, 평촌, 목동, 분당 등 학군지의 매력도는 오를 것으로 보입니다.

대입 개편안에 따라 대학들도 고민이 많을 것입니다. 전형안을 어떻게 설계해야 우수한 신입생들이 올까 머리가 아프겠죠. 대학들은 전형안을 만드는 과정에서 앞의 항목들을 고민할 것입니다. 이외에

| **대학에서 실시 가능한 내용** |

수시 모집 수능 최저 학력 기준의 강화
정시 모집에서 내신 성적의 반영
수시 모집과 정시 모집에서 대학별 고사(논술, 면접) 추가 실시
수시 모집에서 기존 면접 시험의 난이도 상향 조정
수시 모집 면접에서 기본 소양 면접을 제시문 활용 면접으로 변경
수시 모집 학생부 위주 전형에서 정성평가 반영
수시 모집에서 모집 단위별 전공 연계 과목 설정(자격 요건 혹은 평가 요소)

고교나 다른 부분에서 가능성을 모아 보면 다음과 같습니다. ▲고교에서 수능 과목을 배우는 고1, 고2 비중이 확대될 가능성, ▲고교에서 선택과목 선택의 고민거리 등장 가능성, ▲고교에서 교육과정 편성을 편법으로 할 가능성, ▲고교에서 1등급을 못 받으면 자퇴할 가능성, ▲고교에서 내신으로 승부했던 지방 학생들이 불리할 가능성, ▲고교에서 종래의 문제풀이 수업이 성행할 가능성, ▲평가원에서 수학 난이도를 상향 조정할 가능성, ▲평가원에서 출제 자료가 빈약한 통합사회와 통합과학을 융합형으로 낼 경우 탐구 부담이 높아질 가능성. 그러므로 새로운 대입제도의 성패 전망은 고교학점제가 어느 정도 시행되고 대학들의 전형 계획이 윤곽을 보이는 2026년은 돼야 어느 정도 드러날 것입니다.

어떤 고등학교에 진학해야 유리할까?

2028 대입 개편안이 발표되자 학부모들은 개편안 자체보다도 '그렇다면 고등학교는 어디로'에 더욱더 초점을 맞췄습니다. 아마 학부모들로부터 제가 받은 질문의 90%는 이것이었을 겁니다. 원하는 대학에 가려면 고교 선택부터 잘해야 하지 않느냐고요. 그다음으로는 선행학습 여부도 많이 물어봅니다. 선행학습이야 능력이 되는 아이에게는 시켜도 되고, 능력이 안 되는 아이라면 복습에 더욱더 심혈을 기울이면 되니 간단합니다. 고교의 선택은 좀 어렵습니다. 마치 소금장수 아들과 우산장수 아들을 둔 어머니의 심정이랄까요. 양손에 떡을 쥘 수 없다는 속담이 떠오르기도 합니다. 이에 조심스럽게 제 생각을 이야기해보려 합니다. 두 자녀의 고교 진학 경험을 참고했다는 점도 미리 밝혀둡니다.

큰애는 외고 열풍이 불던 시절 기숙사가 있는 외고 영어과를 졸업했고, 작은애는 전국 단위 자사고에 응시했다가 낙방해 비평준화 지역 우수고(공립고)를 졸업했습니다. 큰애는 수시 모집 논술 전형으로 합격해 복수전공으로 사학史學과 미디어커뮤니케이션을 공부했습니다. 작은애는 수시 모집 학생부교과 전형·특기자 전형·학생부종합 전형으로 각각 다른 대학에 합격했고요. 이후 최종 등록한 대학의 자유전공학부에서 경영학과 인류학을 공부했습니다. 이 같은 경험이 앞으로 할 이야기의 바탕이 됩니다.

고등학교 진학은 학생의 학업 성향, 목표, 그리고 개인적인 가치에 맞추어 신중하게 이루어져야 합니다. 특목고, 자사고, 또는 일반고 중 어느 학교를 선택할지 결정하는 것은 학생의 미래를 위한 중요한 첫걸음입니다. 각 학교의 장단점과 학생의 특성에 맞는 선택이 필요하며, 아래 요소들을 깊이 있게 고려하는 것이 좋습니다.

첫째, 자녀의 학업 성향과 학습 스타일을 고려해야 합니다. 어떤 방식으로 학습할 때 성과가 나는지를 우선적으로 고려해야 하죠. 만약 경쟁 속에서 더욱더 좋은 성과를 내는 학생이라면 특목고나 자사고가 적합할 수 있습니다. 이 학교들은 심화된 교과과정과 다양한 비교과활동으로 우수한 학생들 사이 선의의 경쟁을 유도하니까요. 그러나 학업 부담이 적은 자유로운 분위기에서 자기 리듬에 맞춰 학습하는 학생이라면, 일반고가 맞을 가능성이 높습니다.

특목고와 자사고의 장점은 심화된 교과목과 비교과활동으로 학생이 전공적합성과 자기 역량을 최대한 발휘할 수 있다는 점입니다. 반면, 일반고는 상대적으로 학업 경쟁이 덜 치열하고 학생이 스스로 선택과 집중으로 자율적으로 학습하는 환경을 제공합니다. 따라서 자녀가 어떤 학습 스타일을 선호하는지에 따라 학교를 선택하는 것이 바람직합니다.

둘째는 대학 진학 목표와 연계된 선택입니다. 대입을 염두에 두고 있다면, 목표로 하는 대학이나 전공에 따라 학교 선택이 달라질 수 있습니다. 특목고나 자사고는 일반적으로 명문대 진학에 유리하다는 인식이 강하죠. 이 같은 학교들은 대입 준비를 체계적으로 돕는 다양한 프로그램을 제공합니다. 과학고나 외고는 각각 이공계나 외국어 계열의 진학에 유리하며, 대학 진학 시 우수한 성과를 낼 수 있는 환경을 조성합니다. 반면, 일반고는 상대적으로 다양한 진로 선택이 가능하며, 학생이 원하는 분야로의 진로를 충분히 탐색하는 기회를 제공합니다. 학생부종합 전형을 준비하는 경우에는 일반고에서도 비교과활동에 적극적으로 참여해 성과를 내는 것이 중요하고요. 학생의 진로 목표와 대입 준비 상황에 따라 신중이 고등학교를 선택해야 합니다.

셋째, 비교과활동과 학생부 관리 상황입니다. 최근 입시에서 중요한 요소로 자리 잡은 비교과활동과 학생부 관리를 고려하는 것도 매우 중요합니다. 특목고나 자사고는 다양한 탐구 프로그램, 연구활동, 토론 수업, 해외 연수 등으로 학생의 비교과 능력을 발휘할 기회를 제공합니다. 이러한 활동들은 학생부종합 전형을 준비에 큰 도움이 됩니다. 이러한 프로그램들이 반드시 특목고나 자사고에서만 가능한 것은 아닙니다. 일반고에서도 학생이 적극적으로 주도적인 활동하며 학생부를 알차게 채운다면 충분히 좋은 성과를 낼 수 있습니다. 따라서 학생이 스스로 자기주도적으로 활동할 의지가 있는지 판단하는 것이 중요합니다. 자기주도 학습과 다양한 활동으로 학생부를 관리하는 학교가 적합합니다.

넷째, 학교의 교육환경과 시설입니다. 학교의 교육환경과 시설 역시 고등학교 선택의 중요 요소입니다. 특목고와 자사고는 우수한 교육환경과 비교과 프로그램, 심화된 교과과정을 제공하는 경향이 있습니다. 이러한 환경은 학생들이 높은 학습 성과를 내는 데 유리하지만, 학업 경쟁이 심한 분위기에서 지나치게 스트레스를 받는 학생에게는 적합하지 않습니다. 반면, 일반고는 보다 자유롭고 균형 잡힌 학습 환경을 제공해 학생들이 자기 주도적으로 학습하는 시간을 충분히 확보해줍니다.

학교 시설이나 교사와의 관계도 학교 선택에 중요한 역할을 할 수 있죠. 가까운 거리의 학교를 선택하면 학생의 일상 리듬을 유지에 유리하니까요. 부모와 자녀가 함께 학교의 교육환경을 직접 확인해보는 것도 좋습니다.

다섯째는 학교 위치와 통학 거리입니다. 매일 통학해야 하는 거리와 교통수단을 고려해야 합니다. 통학 시간이 길어질 경우, 학생의 생활 리듬에 지장을 줄 수 있으니까요. 그럼 당연히 학업에 집중할 시간도 줄어들 위험이 있죠. 학교가 가정에서 너무 멀지 않으며, 통학 경로가 안전하고 편리한지 확인해보는 것이 좋습니다.

마지막으로 기타 고려사항입니다. 고등학교를 선택할 때는 학업

외에도 고려해야 하는 요소들이 있습니다. 동아리활동, 체육 및 예술 활동, 국제 교류 프로그램 등의 다양한 활동 기회도 학교 선택의 중요한 부분이 될 수 있죠. 자녀가 어떤 활동으로 성장하고 싶어 하는지 알아보고, 학교가 그러한 기회를 제공하는지 확인하는 것도 선택의 좋은 기준이 될 것입니다.

고등학교 선택은 단순히 학교의 명성이나 입시 결과에만 의존하는 것이 아니라, 학생 본인의 학습 성향, 진로 목표, 그리고 전반적인 학교 환경을 종합적으로 고려해야 합니다. 만약 고교 진학 예정인 자녀가 있다면, 충분한 상의 후 자녀에게 가장 적합한 학교를 선택하시기 바랍니다.

고교학점제

●

"가장 즐겁게 배울 수 있는
과목을 찾이라"

고교학점제가 도대체 뭐길래?

2023년 당시 중3은 교육계의 관심을 한 몸에 받았습니다. 09년생에게 고교학점제·2022 개정 교육과정·2028 대입 개편이 한꺼번에 적용되기 때문이지요. 이 중 2028 대입 개편과 2022 개정 교육과정은 정부의 안내가 자세했지만, 고교학점제는 여전히 안갯속입니다. 지금까지 한 번도 시행한 적 없는 교실의 변화이기 때문에 각종 '카더라'가 쏟아지는 상황이에요. 학생과 학부모들의 혼란도 여전히 크고요.

선생님들의 상황도 크게 다르지 않습니다. 2025학년도 고교학점제 전면 시행을 앞두고, 교육 현장에 맞춘 실질적인 지원이 적어 부담을 느끼는 교사들의 고등학교 근무 기피 현상까지 나타날 정도죠. 고교학점제를 앞두고 연구학교를 실시한 경기도교육청에서 도내 고등학교 교사 1,023명을 대상으로 '고교학점제 전면 시행에 따른 실태조사'를 한 결과 응답자의 82%가 업무량과 곤란도가 증가했다고 밝혔어요.

업무량 증가 이유에 대해서는 다과목 지도로 인한 수업 준비 증가(26%), 학생 평가에 대한 부담 증가(20%), 교과 선택 및 과목 상담(14%) 등이 꼽혔습니다. 심지어 중학교로의 이동을 원한 교사가 77%에 달했다고 해요. 많은 과목을 지도해야 한다는 부담과 시수 불균형, 출제와 평가관리, 성적 이의제기 등을 이유로요.

그럼 지난해에 이어, 이제 시행을 코앞에 둔 고교학점제의 대비책을 알아볼까요? 고교학점제는 기존과 달리 학점을 이수해야 고등학교를 졸업하는 제도입니다. 마치 대학생이 수강신청 후 학점을 이수해야 졸업 가능한 것과 비슷하죠. 고등학생도 직접 수업을 신청해서 듣는 방식은 획기적인 변화입니다. 1학점은 50분 수업을 16회 수강하는 것이고요. 이를 기준으로 3년간 192학점을 이수하면 고등학교를 졸업하게 됩니다. 그동안 단계적으로 적용하다가 2025년에 드디어 전국의 모든 고등학교에서 전면 시행됩니다.

고교학점제의 목표와 방향성은 책, 학교, 학생의 이미지를 단순

| 고교학점제 BI |

화한 BI에 모두 담겨 있습니다. 학교(네모)의 중심에 있는 학생(가운데 사람 형상)이 선택과목(작은 점)으로 자기 학업을 설계하는 것을 의미하죠. 핵심은 학생에게 과목 선택권을 주는 것입니다. 진로에 따라 학생 스스로 원하는 과목을 선택해 듣는 것이 이 제도의 핵심입니다. 기존에는 학생의 성취 등급에 상관없이 과목을 이수할 수 있었지만, 고교학점제가 시행되면 해당 과목에서 학생이 목표한 성취 수준에 충분히 도달했다고 판단하는 경우에만 이수할 수 있도록 인정합니다. 고교학점제가 시행되면 고등학교 수업이 다음과 같은 방식으로 이뤄지겠죠.

학교에서 다양한 과목의 개설(예정)을 알리면, 학생들은 자신의 학업 설계 결과와 수요 조사를 반영해서 과목을 확정합니다. 개설과목 중 원하는 과목을 선택해 수강신청을 하고, 개인 시간표에 따라 수업에 참여하지요. 참여율을 높이기 위해 결과 중심이 아닌 과정 중심의 평가가 이뤄집니다. 교사는 석차보다 학생이 성취 기준에 어느 정도 도달했는가를 평가함으로써 학생의 과목 이수 여부를 결정합니다.

수업이 끝나고 이수 기준에 도달하면 학점을 취득합니다. 지금까지는 수업 시간에 딴짓하거나 답안지를 모두 1번으로 찍어도 교과 이수와는 상관없었죠. 하지만 앞으로는 두 가지 조건을 달성해야 이수로 인정받습니다. 첫째, 해당 과목 이수에 필요한 기준을 충족해야 합니다. 기준이 과목 출석률 3분의 2 이상이어야 하고, 학업성취율도 40% 이상이어야 합니다. 둘째, 학업성취율이 40%에 미치지 못하는

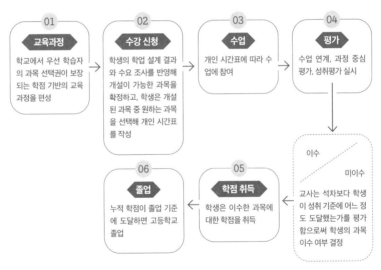

| 고교학점제 수업 프로세스 |

01 **교육과정**
학교에서 우선 학습자의 과목 선택권이 보장되는 학점 기반의 교육과정을 편성

02 **수강 신청**
학생의 학업 설계 결과와 수요 조사를 반영해 개설이 가능한 과목을 확정하고, 학생은 개설된 과목 중 원하는 과목을 선택해 개인 시간표를 작성

03 **수업**
개인 시간표에 따라 수업에 참여

04 **평가**
수업 연계, 과정 중심 평가, 성취평가 실시

이수 / 미이수
교사는 석차보다 학생이 성취 기준에 어느 정도 도달했는가를 평가함으로써 학생의 과목 이수 여부 결정

05 **학점 취득**
학생은 이수한 과목에 대한 학점을 취득

06 **졸업**
누적 학점이 졸업 기준에 도달하면 고등학교 졸업

| 학생의 진로 진학에 따른 맞춤형 과목 선택 절차 |

구분	주체	내용	시기
학교 교육과정 편성	학교	· 교과협의회를 통한 학기별 개설 과목(위계 등 검토) · 학교교육과정위원회에서 학교 교육과정 운영 방침 검토 및 교과별 교육과정 총괄	입학 전
진로 목표에 대한 이해	학생 · 학교	· 진로적성검사, 진로 계획서 작성 · 대학 진학 등 진로 희망에 대한 상담 · 진로와 관련된 대학이나 학과 확인	1학년 5월
학교 교육과정 편성 분석	학생	· 학기별 필수 이수과목 확인 · 학기별 개설 과목 알림을 통한 과목 위계, 학기당 이수 단위 등 이수 조건 확인 · 학교 교육과정 운영 방침 등 확인	1학년 6월
이수 희망 과목 사전조사	학생	· 진로별 주요 선택과목, 연관 선택과목 등에 대한 안내 참여 · 과목 선택을 위한 집중적인 진로, 진학 상담 · 과목 개설을 위한 기초 수요 조사 참여	1학년 7월
수강 신청	학생 · 학교	· 진로에 따른 선택과목 확정 · 과목 개설 시기에 따른 과목 이수 시기 결정 · 선택한 진로에 따른 과목 수강 시청 · 필수 이수과목 누락 여부 확인	1학년 9월
학기 단위 교육과정 편성	학교	· 학교 여건에 따른 선택과목 최종 확정 · 수강 신청에 따른 과목 편성 조정 폐강 과목안내 · 분반, 이동 수업 등을 고려한 시간표 작성 · 다음 학년도 이수과목의 교과서 신청 · 학교에서 개설되지 않는 과목에 대한 학교 밖 수강 기회 안내	1학년 10~11월

학생들은 미이수자로 분류 보충 수업을 들어야 합니다.* 대학의 수강 신청제와 고교학점제의 가장 다른 점이죠. 과목을 이수하지 못한 경우, 고교학점제는 재수강을 허용하지 않습니다. 다음 학기에 다시 들을 수 없죠. 학점 취득에 실패했다면 학기 말이나 방학에 보충 수업을 들어야 해요. 낙제 학생 걸러내기가 아니라, 공교육의 질 높이기가 고교학점제의 취지이기 때문에 유급제는 하지 않고 보충 수업으로 졸업은 가능하도록 합니다.

고교학점제의 취지가 적성과 진로에 맞는 과목 선택이라고 해도 학생들이 모든 과목을 마음대로 들을 수는 없습니다. 졸업하려면 세 가지를 충족해야 하기 때문이죠.

첫째, 과목군별 필수 이수과목을 들어야 합니다. 특정 과목을 아주 좋아해서 많이 듣거나 너무 싫어해서 안 듣는 일을 막기 위해서요.

둘째, 192학점을 채워야 졸업이 가능합니다. 고교학점제에서 졸업을 위해 이수해야 하는 학점은 총 192학점입니다. 기존에 이수해야 했던 204단위에서 330시간 감축된 것이에요. 따라서 공강 시간이나 방학이 늘어날 예정입니다.

셋째, 국어·수학·영어군의 주요 교과 학점의 총합이 81점을 넘

---

* 최소 성취 수준 보장제. 과목에서 요구하는 최소 성취 수준에 도달할 수 있도록 학생 성장을 지원하는 교육활동.

| 고등학교 과목별 이수 학점 |

교과(군)	공통 과목	필수 이수 학점	자율 이수 학점
국어	공통국어1, 공통국어2	8	학생의 적성과 진로를 고려해 편성
수학	공통수학1, 공통수학2	8	
영어	공통영어1, 공통영어2	8	
사회(역사/도덕 포함)	한국사1, 한국사2	6	
	통합사회1, 통합사회2	8	
과학	통합과학1, 통합과학2 과학탐구실험1, 과학탐구실험2	10	
체육		10	
예술		10	
기술·가정/정보/제2외국어/한문/교양		16	
소계		**84**	**90**
창의적체험활동		18(288시간)	
총 이수 학점		**192**	

어서는 안 됩니다. 국어·수학·영어·통합사회는 8학점, 통합과학은 필수로 10학점을 이수해야 합니다. 입시에 유리하다는 이유로 국어·수학·영어 교과만 많이 수강하는 일을 방지하고, 다양한 교과를 균형적으로 배우도록 하기 위해서입니다.

늘 주어진 시간표대로 수업을 듣던 학생들에게 고교학점제는 낯설 수 있습니다. 심지어 중학교는 자유학기제라고 해서 평가에서 자유로운 기간도 있죠. 앞으로는 이 시기를 적극적으로 활용해 학생 본인에게 맞는 과목을 수강하려 노력해야 합니다.

| 고등학교 학사 운영 체제의 변화 |

	2021	2022	2023~2024	2025
수업량 기준	단위		학점	학점
1학점 수업량	50분 17(16+1)회		50분 17(16+1)회	50분 16회
총 이수 학점 (이수 시간)	204단위 (2,890시간)		192학점 (2,720시간)	192학점 (2,560시간)
교과 · 창체 비중	교과 180 창체24		교과 174 창체18	교과 174 창체18

고교학점제에서의 고등학교 1~3학년 시간표

고교학점제가 도입되면 수업이 어떻게 바뀔까요? 다음은 예시로 만들어본 1학년 학급 시간표입니다. 1학년 때는 선택과목이 없기 때문에 학급의 모든 학생이 같은 시간표대로 수업을 듣습니다. 창의적체험활동도 과목 수업과 마찬가지로 이수 학점에 포함돼 자율활동, 동아리활동, 봉사활동, 진로활동 등을 할 수 있죠. 사실상 1학년은 큰 변화가 없는 셈입니다. 기초소양을 위해 1학년 때는 공통국어 1·2, 공통

| 1학년 시간표 예시 |

	월	화	수	목	금
1	공통국어	공통수학	공통영어	진로와직업	통합사회
2	음악	통합과학	한국사	공통영어	공통수학
3	통합사회	공통수학	공통국어	통합과학	공통국어
4	공통영어	음악	체육	공통국어	통합과학
5	통합과학	한국사	공통수학	미술	창의적체험활동
6	과학탐구 실험	공통영어	통합과학	통합사회	
7		창의적체험활동	창의적체험활동	창의적체험활동	

수학 1·2, 공통영어 1·2, 통합사회 1·2, 통합과학 1·2, 한국사 1·2, 과학탐구실험 1·2 등 공통과목을 들어야 하니까요.

고2 때부터는 적성과 진로에 따라 각자 수업 시간표가 달라집니다. 고2 때부터 과목 선택을 하기 때문이죠. 2학년 학생의 시간표도 예시로 구성해봤습니다. 만약 학교 지정과목이 있다면 그 과목은 학급 친구들과 함께 듣고, 아닌 과목은 개설되는 교실을 찾아가서 듣게 되겠네요. 현재도 2학년과 3학년 학생들이 선택과목 시간에 이동하지만 앞으로는 이런 과목이 더욱더 많아질 것이란 이야기입니다. 학생별로 수업 시간이 다르기 때문에, 앞으로는 반의 개념도 점차 달라질 거예요. 선택과목을 같이 들은 친구들과 더 많이 교류하게 될 테니까

| 2학년 시간표 예시 |

	월	화	수	목	금
1	독서와 작문	대수	미적분 I	세계사	영어 I
2	대수	영어 I	생명과학	화법과언어	지구과학
3	생명과학	세계사	스포츠문화	지구과학	공강
4	문학	독서와작문	미술감상과비평	영어 독해와 작문	스포츠문화
5	생태와 환경	일본어회화	공강	대수	미술감상과비평
6	정보	사회와 문화	창의적체험활동	물리학	창의적체험활동
7	창의적체험활동	체육		기술/가정	

요. 공강도 다 각자 다르겠죠. 시험의 분위기도 지금과 달라집니다. 중간고사나 기말고사 때 시험 보는 과목 수도 학생마다 달라질 거예요. 지필평가 없이 수행평가 100%로 치르는 과목도 있을 테니까요.

3학년도 2학년과 마찬가지로 자기 적성과 진로에 맞춰 선택한 수업을 듣게 됩니다. 대부분 선택과목을 듣게 되겠죠. 주의할 점은 선택과목 간 위계를 고려해 수업을 신청해야 한다는 점입니다. '위계'란 어떤 과목을 이수하기 위해 먼저 들어야 하는 과목이 있는 경우, 이들 과목의 순서를 말합니다. 즉, I · II로 구분된 과목은 I을 먼저 이수한 다음 II를 이수해야겠죠? 만약 2015 개정 교육과정을 기준으로 한다면 자연 계열을 희망하는 학생은 물리학 I, 화학 I, 생명과학 I, 지구과학Ⅰ 과목 중 필요한 과목을 선택 이수하고, 3학년 과정에서 전공과 관련된 과학교과Ⅱ 수준의 두세 과목을 이수하면 됩니다. 단, 수학교과의 경우는 '수학Ⅰ'을 먼저 배우고 '수학Ⅱ'를 배워도 되고, '수학Ⅰ'과 '수학Ⅱ'를 병행해서 배워도 됩니다.

그럼 어떤 과목을 선택할 수 있는지 알아볼까요? 현재 고등학교 교과목은 공통과목과 일반 선택과목, 진로 선택과목으로 이뤄져 있습니다. 이를 2~3학년 때 선택하도록 합니다. 일반 선택과목은 교과별 학문의 기본적인 이해를 위한 과목들로 구성돼 있고, 진로 선택과목은 교과융합학습, 진로안내학습, 교과별 심화학습, 실생활 체험학습 등의 과목으로 구성돼 있습니다. 이 중 세 과목 이상을 이수해야 하지요. 고교학점제에 맞춰 새롭게 적용된 2022 개정 교육과정은 학생들의 선택권을 확대하고 심화학습을 할 수 있도록 융합 선택과목도 신설했습니다.

| 2022 개정 교육과정 고등학교 보통 교과(일반 고등학교, 특수 목적 고등학교) |

교과 (군)	필수 이수 학점	공통 과목	선택과목		
			일반 선택	진로 선택	융합 선택
국어	8	공통국어1 공통국어2	화법과 언어, 독서와 작문, 문학	주제 탐구 독서, 문학과 영상, 직무 의사소통	독서 토론과 글쓰기, 매체 의사소통, 언어생활 탐구

교과 (군)	필수 이수 학점	공통 과목	선택과목		
			일반 선택	진로 선택	융합 선택
수학	8	공통수학1 공통수학2 기본수학1 기본수학2	대수, 미적분 I , 확률과 통계	기하, 미적분 II , 경제 수학, 인공지능 수학, 직무 수학	수학과 문화, 실용 통계, 수학과제 탐구
영어	8	공통영어1 공통영어2 기본영어1 기본영어2	영어 I , 영어 II , 영어 독해와 작문	영미 문학 읽기, 영어 발표와 토론, 심화영어, 심화 영어 독해와 작문, 직무 영어	실생활 영어 회화, 미디어 영어, 세계 문화와 영어
사회 (역사/ 도덕 포 함)	6	한국사1 한국사2	세계시민과 지리, 세계사, 사회와 문화, 현대사회와 윤리	한국지리 탐구, 도시의 미래 탐구, 동아시아 역사 기행, 정치, 법과 사회, 경제, 윤리와 사상, 인문학과 윤리, 국제 관계의 이해	여행지리, 역사로 탐구하는 현대 세계, 사회문제 탐구, 금융과 경제생활, 윤리문제 탐구, 기후 변화와 지속 가능한 세계
	8	통합사회1 통합사회2			
과학	10	통합과학1 통합과학2 과학 탐구실험1 과학 탐구실험2	물리학, 화학, 생명과학, 지구과학	역학과 에너지, 전자기와 양자, 물질과 에너지, 화학 반응의 세계, 세포와 물질대사, 생물의 유전, 지구시스템과학, 행성우주과학	과학의 역사와 문화, 기후 변화와 환경 생태, 융합과학 탐구
기술·가 정/정보	16		기술·가정	로봇과 공학세계, 생활과학 탐구	창의 공학 설계, 지식 재산 일반, 생애 설계와 자립, 아동발달과 부모

교과 (군)	필수 이수 학점	공통 과목	선택과목		
			일반 선택	진로 선택	융합 선택
기술·가 정/정보	16		정보	인공지능 기초, 데이터 과학	소프트웨어와 생활
제2외 국어/ 한문			독일어, 프랑스어, 스페인어, 중국어, 일본어, 러시아어, 아랍어, 베트남어	독일어 회화, 프랑스어 회화, 스페인어 회화, 중국어 회화, 일본어 회화, 러시아어 회화, 아랍어 회화, 베트남어 회화,	독일어권 문화, 프랑스어권 문화, 스페인어권 문화, 중국 문화, 일본 문화, 러시아 문화, 아랍 문화, 베트남 문화
				심화 독일어, 심화 프랑 스어, 심화 스페인어, 심 화 중국어, 심화 일본어, 심화 러시아어, 심화 아 랍어, 심화 베트남어	
			한문	한문 고전 읽기	언어생활과 한자
교양			진로와 직업, 생태와 환경	인간과 철학, 논리와 사고, 인간과 심리, 교육의 이해, 삶과 종교, 보건	인간과 경제활동, 논술
체육	10		체육 1, 체육2	운동과 건강, 스포츠 문 화, 스포츠 과학	스포츠 생활1, 스포츠 생활2
예술	10		음악, 미술, 연극	음악 연주와 창작, 음악 감상과 비평, 미술 창작, 미술 감상과 비평	음악과 미디어, 미술과 매체
소계	84		필수 이수 학점: 84 / 자율 이수 학점: 90 / 창의적체험활동: 18 → 총 이수 학점: 192		

| 특수 목적 고등학교(산업 수요 맞춤형 고등학교 제외) 선택과목 |

계열	교과 (군)	선택과목	
		진로선택	융합선택
과학 계열	수학	전문 수학, 이산 수학, 고급 기하, 고급 대수, 고급 미적분	
	과학	고급 물리학, 고급 화학, 고급 생명과학, 고급 지구과학, 과학 과제 연구	물리학 실험 화학 실험 생명과학 실험 지구과학 실험
	정보	정보과학	
체육 계열	체육	스포츠 개론, 육상, 체조, 수상 스포츠, 기초 체육 전공 실기, 심화 체육 전공 실기, 고급 체육 전공 실기, 스포츠 경기 체력, 스포츠 경기 기술, 스포츠 경기 분석	스포츠 교육 스포츠 생리의학 스포츠 행정 및 경영
예술 계열	예술	음악 이론, 음악사, 시창 · 청음, 음악 전공 실기, 합창 · 합주, 음악 공연 실습, 미술 이론, 드로잉, 미술사, 미술 전공 실기, 조형 탐구, 무용의 이해, 무용과 몸, 무용 기초 실기, 무용 전공 실기, 안무, 무용 제작 실습, 무용 감상과 비평, 문예 창작의 이해, 문장론, 문학 감상과 비평, 시 창작, 소설 창작, 극 창작, 연극과 몸, 연극과 말, 연기, 무대 미술과 기술, 연극 제작 실습, 연극 감상과 비평, 영화의 이해, 촬영 · 조명, 편집 · 사운드, 영화 제작 실습, 영화 감상과 비평, 사진의 이해, 사진 촬영, 사진 표현 기법, 영상 제작의 이해, 사진 감상과 비평	음악과 문화 미술 매체 탐구 미술과 사회 무용과 매체 문학과 매체 연극과 삶 영화와 삶 사진과 삶

계열	교과 (군)	선택과목	
		진로선택	융합선택
외국어·국제계열	영어	심화 영어 회화 I , 심화 영어 회화 II, 심화 영어 I , 심화 영어 II, 심화 영어 독해 I , 심화 영어 독해 II, 심화 영어 작문 I , 심화 영어 작문 II	
	사회 (역사/ 도덕 포함)	국제 정치, 국제 경제, 국제법, 지역 이해, 한국 사회의 이해, 비교 문화, 세계 문제와 미래 사회, 국제 관계와 국제기구, 현대 세계의 변화, 사회 탐구 방법, 사회과제 연구	
	제2 외국어	전공기초 독일어, 독일어 회화 I , 독일어 회화 II, 독일어 독해와 작문 I , 독일어 독해와 작문 II, 심화 독일어 * 전공 기초 프랑스어, 프랑스어 회화 I , 프랑스어 회화 II, 프랑스어 독해와 작문 I , 프랑스어 독해와 작문 II, 심화 프랑스어 * 전공기초 스페인어, 스페인어 회화 I , 스페인어 회화 II, 스페인어 독해와 작문 I , 스페인어 독해와 작문 II, 심화 스페인어 * 전공기초 중국어, 중국어 회화 I , 중국어 회화 II, 중국어 독해와 작문 I , 중국어 독해와 작문 II, 심화 중국어 * 전공기초 일본어, 일본어 회화 I , 일본어 회화 II, 일본어 독해와 작문 I , 일본어 독해와 작문 II, 심화 일본어 * 전공기초 러시아어, 러시아어 회화 I , 러시아어 회화 II, 러시아어 독해와 작문 I , 러시아어 독해와 작문 II, 심화 러시아어 * 전공기초 아랍어, 아랍어 회화 I , 아랍어 회화 II, 아랍어 독해와 작문 I , 아랍어 독해와 작문 II, 심화 아랍어 * 전공기초 베트남어, 베트남어 회화 I , 베트남어 회화 II, 베트남어 독해와 작문 I , 베트남어 독해와 작문 II, 심화 베트남어 *	독일어권 문화 * 프랑스어권 문화 * 스페인어권 문화 * 중국 문화 * 일본 문화 * 러시아 문화 * 아랍 문화 * 베트남 문화 *

우왕좌왕 혼란스러운 고교학점제 도입 현실

현재 학교는 얼마나 준비가 돼 있을까요? 올해 지자체마다 고교학점제 관련 교사 대상 연수가 열렸습니다. 그럼에도 학교 현장은 여전히 혼란스러운 상황입니다. 일단 과목 개설이 이전과 달라졌고, 선택과목이 많아졌기 때문이지요. 시간표 만들기도 만만치 않습니다. 고교 설명회를 앞두고 학생과 학부모에게 교과 개설 현황이나 교육과정 편제표를 알리기 위해 동분서주하는 곳도 많지요.

지역에서는 공동 교육과정 운영으로 인해 분주했습니다. 온라인 학교(일명 온학교)를 만들어야 하니까요. 온라인 학교란 고등학교에서 개설이 어려운 소인수 선택과목, 심화과목 등을 정규 일과 시간 내 온라인 공동 교육과정으로 개설·운영함으로써 다양한 과목 선택권을 보장하는 학교를 말하죠. 경제를 가르칠 교사가 없다면, 담당자가 온학교에 수요일 2교시 경제 과목 개설을 신청하는 식입니다. 개설이 승인되면 수요일 2교시 경제 수강자들은 한 공간에 모여 실시간 온라인으로 수업을 듣게 되겠죠. 또한 본인이 듣고 싶은 과목이 학교에 개설되지 않은 경우, 방과 후 시간과 토요일 오전 시간에 각 교육청에서 운영하는 공동 교육과정으로 그 과목을 수강할 수도 있어요. 오프라인으로 운영되는 기존의 학교 수업처럼 중간에 그만둘 수 없고, 학생부에 이수 결과가 기록됩니다.

| 전남 공동 교육과정 안내 |

전남 공동 교육과정 안내

• 공동 교육과정이란?
희망 학생이 적거나 교사 수급이 어려운 소인수 선택과목, 학생의 진로 희망과 적성을 고려한 선택과목에 대한 선택권과 학습권 보장을 위해 다른 학교와 협력하여 개설·운영하는 정규 교육과정

온라인 공동 교육과정

• 거점 학교에서 과목을 개설하고 전남의 고등학생이 온라인으로 수강하는 공동 교육과정
* 2025학년도 온라인 공동교육과정은 (가칭)전남온라인학교(2025.3.1. 개교예정)에서 지원

오프라인 공동교육과정

• 인근학교와 연합하여 과목을 개설하고 오프라인(직접대면)으로 수강하는 공동 교육과정

꿈키움 캠퍼스 고교-대학 연계

• 단위학교에서 개설이 어려운 소인수 선택과목 및 전문 교과를 고교-대학이 연계하여 개설·운영 하는 공동 교육과정

(출처: 전라남도교육청 「전남 고교학점제 미리보기」 책자)

위의 내용은 전라남도교육청에서 만든 고교학점제 워크북에 반영된 내용입니다. 이렇게 선택이 많아졌다는 것을 어떻게 생각해야 할

까요? 많은 아이가 자기 흥미를 잘 모르는 상황에서, 고교학점제는 현실을 모르는 교육과정이라는 비판이 나옵니다. "꿈꾸는 시간을 충분히 가져야 할 아이들에게 진로 조기 결정을 강요한다"는 말이 나오기도 하고요. 전공자율선택제가 적용된 상황에서 대학 가서 전공을 정하는 길이 열려 있는데 고교학점제를 도입하는 것은 엇박자 아니냐는 말도 나옵니다. 2028 대입 개편으로 내신 성적에 절대평가와 상대평가를 둘 다 병기하게 됐는데, 상대평가를 살리면 결국 학생들이 입시에 유리한 과목을 택하거나 점수를 못 받을 것 같은 과목을 피하지 않겠느냐는 것이죠. 타당한 지적입니다. 애초 고교학점제를 논의할 당시에는 절대평가를 염두에 두었죠. 그럼에도 불구하고 학생들에게 그동안 없었던 과목선택권이 부여된 것은 큰 의미가 있습니다. 이를 계기로 자기 진로와 적성을 생각해보고, 현명하게 과목 선택까지 한다면 입시는 물론이고 인생 전체를 놓고 도움이 되리라 확신합니다.

적성에 맞는 진로를 찾으려 노력하는 것이 핵심

요즘 교수님이나 대학 입학처 담당자를 만나면 푸념이 큽니다. 학생들이 전공에 대해 큰 생각 없이 점수 맞춰서 들어오다 보니 열의가 없다는 점을 하나같이 지적합니다. 또한 전공을 위해 반드시 이수해야 하는 과목을 들어본 적이 없어서 대학에서 가르쳐야 하는 상황에 대한 사회적 비용도 크고요. 최근 인터뷰한 이광렬 고려대 화학과 교수는 "화학과를 지원했는데도 고등학교에서 기초화학 과목을 이수하지 않은 학생이 많다"며 안타까워했습니다.

이 같은 고민이 큰 상황이기에 대학에서는 고교학점제를 통한 과목 선택을 살펴볼 가능성이 큽니다. 서울대, 고려대, 연세대, 한양대 등 주요 상위권 대학은 정시에서 수능 성적과 더불어 학생부를 반영하거나 2026년부터 할 예정이지요. 해당 과에 지원하는 학생의 교과 이수 현황을 살펴서 대학 진학 후 강의 수준을 따라가지 못해 중도 이탈하는 학생을 줄이겠단 의미죠. 이것은 몇 년간 감지된 흐름입니다.

일반고를 다니고 경영학과를 지망한 두 학생의 내신 평균이 A는 1.4, B는 1.6이라고 해봅시다. 만약 학생부의 다른 항목들에서 평가 점수가 비슷하고 위에서 제시된 조건, 즉 A학생은 전공 관련 필수 과목을 이수하지 않았고 B 학생은 과목을 이수했다면 어떤 학생이 선발될까요? 일반적인 교과 전형이라면 성적이 높은 A가 선발됩니다. 그러나 학생부종합 전형이라면 B가 합격할 확률이 더 높습니다. 1.4등급 학생과 1.6등급 학생의 지적 수준이나 학업 역량 차이는 현실적으로 크지 않기 때문이죠. 대학에서는 전공에 대한 적응력을 바탕으로 중도에 이탈하지 않을 학생을 원하기 때문에 고교학점제 시대에서는 대입의 관문으로 과목 선택을 살펴볼 것입니다.

학생부 간소화 때문에 앞으로 학생부 활동에서는 경쟁력을 갖추기 어렵습니다. 이에 과목 선택은 앞으로 갈수록 중요해질 것입니다. 다만 이런 오해는 하지 말아야 합니다. 학생부종합 전형에서는 성적이 부족해도 과목 선택만 잘하면 된다는 오해 말이죠. 성적이 비슷할 때 과목 선택이 중요한 변수가 될 것이란 이야기지, 과목만 전공 관련으로 선택한다고 모든 것이 커버되지는 않습니다.

요즘 대입 교과 전형에서 학생부종합 전형 요소를 도입하는 대학들이 많아진다는 점도 살펴봐야 합니다. 예전에는 과목 선택을 묻지도 따지지도 않고 기계적으로 3학년 때까지의 성적을 계산해 순위를 매겨서 학생을 선발했지만, 최근에는 교과 전형이 달라지고 있습니다. 예를 들어 내신 성적 80%에 과목 선택 상황, 세부 능력 및 특기사항 내용 등을 정성평가해서 20% 반영하겠다는 식이죠. 대표적인 대학으로 건국대, 경희대, 동국대를 꼽을 수 있겠네요. 고교학점제가 도입되면 이런 대학은 더 늘어날 거예요.

대학이 구체적으로 고교학점제를 적용할지는 2026년 상반기에 발표할 대학 입학 전형 시행 계획으로나 알 수 있겠지만, 미리미리 대비하는 자세가 필요합니다. 2023학년도 서울대 정시, 2024학년도 고려대 정시, 2026학년도 연세대 정시에서부터 학교 내신 성적을 반영하고 있으니까요. 따라서 상위권이라면 더욱더 과감하게 대학에서 권한 권장과목을 선택할 필요가 있습니다. 중하위권 학생은 자기 진

| 전공 계열별 권장 과목 |

계열	교과(군)	선택과목			관련학과
		일반선택	진로선택	융합선택	
인문	국어, 수학, 영어	독서와 작문, 문학 화법과 언어 확률과 통계 영어Ⅰ, 영어Ⅱ 영어 독해와 작문	주제 탐구 독서 문학과 영상 영미 문학 읽기 영어 발표와 토론	독서토론과 글쓰기 매체 의사소통 수학과 문화 수학과제 탐구 미디어 영어 세계 문화와 영어	철학과 사학과 고고학과 콘텐츠학과 인류학과
	사회, 과학	세계시민과 지리 세계사 사회와 문화 현대사회와 윤리	한국지리 탐구 동아시아 역사 기행 법과 사회 윤리와 사상 인문학과 윤리	역사로 탐구하는 현대 세계 윤리문제 탐구	
	기술·가정 / 정보 제2외국어, 한문, 교양	제2외국어 과목 한문		소프트웨어와 생활 제2외국어 문화 과목 논술	
사회	국어, 수학, 영어	독서와 작문, 문학 화법과 언어 확률과 통계 영어Ⅰ, 영어Ⅱ 영어 독해와 작문	주제 탐구 독서 문학과 영상 영미 문학 읽기 영어발표와 토론	독서토론과 글쓰기 매체 의사소통 실용 통계	사회학과사회 복지학과 광고홍보학과 사회, 과학 언론정보학과
	사회, 과학	세계시민과 지리 세계사 사회와 문화 현대사회와 윤리	도시의 미래 탐구 정치 법과 사회 윤리와 사상	사회문제 탐구 윤리문제 탐구 기후변화와 지속 가능한 세계	
	기술·가정 / 정보 제2외국어, 한문, 교양	정보, 제2외국어 과목	데이터과학	제2외국어 문화과목	

상경	국어, 수학, 영어	독서와 작문, 문학 화법과 언어 대수, 미적분 I 확률과 통계 영어 I, 영어 II 영어 독해와 작문	미적분 II 기하 경제수학 영어발표와 토론	독서토론과 글쓰기 실용 통계 수학 과제 탐구 실생활 영어 회화 세계 문화와 영어	경영학과 경제학과 금융보험학과 무역·유통학과 회계학과 관광학과
	사회, 과학	세계시민과 지리 세계사 사회와 문화 현대사회와 윤리	동아시아 역사 기행 법과 사회, 경제 윤리와 사상 국제 관계의 이해	여행지리 사회문제 탐구 금융과 경제생활	
	기술·가정 / 정보 제2외국어, 한문, 교양	정보, 제2외국어 과목	인공지능 기초 데이터과학	제2외국어 문화 과목	
자연 과학	국어, 수학, 영어	독서와 작문, 문학 대수, 미적분 I 확률과 통계 영어 I, 영어 II 영어 독해와 작문	기하 미적분 II 인공지능 수학	수학과제 탐구 수학과 문화 실용 통계	대기과학과 물리학과 생명과학과 수학과 지질학과 천문학과 통계학과 화학과
	사회, 과학	물리학 화학 생명과학 지구과학	역학과 에너지 전자기와 양자 물질과 에너지 화학 반응의 세계 세포와 물질대사 생물의 유전 지구시스템과학 행성우주과학	과학의 역사와 문화 융합과학 탐구	
	기술·가정 / 정보 제2외국어, 한문, 교양	정보			

계열	교과	선택 과목			관련 학과
의학 / 약학	국어, 수학, 영어	독서와 작문, 문학 대수, 미적분Ⅰ 확률과 통계 영어Ⅰ, 영어Ⅱ 영어 독해와 작문	주제 탐구 독서	독서토론과 글쓰기 수학과제 탐구	의예과 치의예과 한의예과 약학과 수의학과
	사회, 과학	현대사회와 윤리 화학 생명과학	법과 사회 물질과 에너지 화학 반응의 세계 세포와 물질대사 생물의 유전	윤리문제 탐구	
	기술·가정 / 정보 제2외국어, 한문, 교양	정보	인공지능 기초		
간호 / 보건	국어, 수학, 영어	독서와 작문, 문학 화법과 언어 대수, 미적분Ⅰ 확률과 통계 영어Ⅰ, 영어Ⅱ 영어 독해와 작문	주제 탐구 독서	독서 토론과 글쓰기 실용 통계 실생활 영어 회화	간호학과 물리치료학과 응급구조학과 임상병리학과 재활치료학과 치기공학과 치위생학과
	사회, 과학	현대사회와 윤리 화학 생명과학	법과 사회 물질과 에너지 화학 반응의 세계 세포와 물질대사 생물의 유전	윤리문제 탐구	
	기술·가정 / 정보 제2외국어, 한문, 교양	정보			
기계 / 전자	국어, 수학, 영어	독서와 작문, 문학 화법과 언어 대수, 미적분Ⅰ 확률과 통계 영어Ⅰ, 영어Ⅱ 영어 독해와 작문	기하 미적분Ⅱ 인공지능 수학	수학과제 탐구 수학과 문화 실용 통계	기계공학과 자동차공학과 전기공학과 전자공학과 사회, 과학 항공공학과

기계 / 전자	사회, 과학	물리학 화학 생명과학 지구과학	역학과 에너지 전자기와 양자 물질과 에너지 화학 반응의 세계 지구시스템과학		
	기술·가정 / 정보 제2외국어, 한문, 교양	정보	인공지능 기초		
정보 / 컴퓨터	국어, 수학, 영어	독서와 작문, 문학 화법과 언어 대수, 미적분 I 확률과 통계 영어 I , 영어 II 영어 독해와 작문	기하 미적분 II 인공지능 수학	수학과제 탐구	빅데이터학과 AI학과 SW학과 융합학과 인공지능학과 정보보안학과 통신공학과 컴퓨터공학과
	사회, 과학	물리학 화학 생명과학	전자기와 양자 물질과 에너지	융합과학 탐구	
	기술·가정 / 정보 제2외국어, 한문, 교양	정보	인공지능 기초 데이터 과학	소프트웨어와 생활	
교육	국어, 수학, 영어	독서와 작문, 문학 화법과 언어 대수, 미적분 I 확률과 통계 영어 I , 영어 II 영어 독해와 작문	주제 탐구 독서 기하 미적분 II 영어 발표와 토론	독서 토론과 글쓰기 실용 통계 미디어 영어	국어교육과 영어교육과 제2외국어교육과 사회교육과 수학교육과 과학교육과 교육학과 초등교육과 유아교육과

교육	사회, 과학	세계시민과 지리 세계사 사회와 문화 현대사회와 윤리 물리학 화학 생명과학 지구과학	정치, 법과 사회, 경제 윤리와 사상 역학과 에너지 전자기와 양자 물질과 에너지 화학 반응의 세계 세포와 물질대사 생물의 유전 지구시스템 과학	사회문제 탐구 융합과학 탐구	
	기술·가정 / 정보 제2외국어, 한문, 교양	제2외국어 과목	인공지능 기초 데이터 과학	제2외국어 문화 과목	
체육	국어, 수학, 영어	독서와 작문, 문학 대수, 미적분 I 확률과 통계 영어 I , 영어 II 영어 독해와 작문		매체 의사소통 실용 통계 실생활 영어 회화	체육학과 스포츠과학과
	사회, 과학	사회와 문화 현대사회와 윤리 물리학 생명과학	경제 역학과 에너지 화학 반응의 세계 세포와 물질대사 생물의 유전		
	기술·가정 / 정보 제2외국어, 한문, 교양	정보	데이터 과학		
예술	국어, 수학, 영어	독서와 작문, 문학 대수 확률과 통계 영어 I , 영어 II	주제 탐구 독서 문학과 영상	독서 토론과 글쓰기 매체 의사소통 실용 통계 실생활 영어 회화 미디어 영어	음악과 작곡과 회화과 사회,과학 시 각디자인학과

예술	사회, 과학	세계사 사회와 문화 현대사회와 윤리	법과 사회 인문학과 윤리 윤리와 사상	기후변화와 환경생태	
	기술·가정 / 정보 제2외국어, 한문, 교양	제2외국어 과목	생활과학 탐구 데이터 과학		

(출처: 전라남도교육청 「전남 고교학점제 미리보기」 책자)

로에 도움이 된다면 배우고 싶은 것을 듣는 게 좋아요. 전공별 권장과 목은 앞의 표와 같습니다.

적성과 흥미에 따라 선택한 과목을 배우는 만큼, 고교학점제에 대비하려면 초중등 때부터 진로에 관심을 가져야 합니다. 그간 우리 나라 교육은 개개인의 적성과는 거리가 멀었지만, 앞으로는 고교 교 육과정이든 대입에서든 반드시 진로 탐색 시도를 확인할 테니까요. 진로가 언제든 바뀔 수 있다는 사실을 염두에 두고, 고정화시키지는 말되 적어도 중학교 때부터는 계열을 파악해두세요. 가장 좋은 방법 은 고용노동부의 고용정보시스템인 '워크넷'과 교육부가 제공하는 진 로 정보시스템인 '커리어넷'을 활용하는 것입니다.

워크넷(현 고용24)에 들어가면 우리나라 대표 학과인 인문, 사회, 교육, 공학, 의·약학, 예체능 계열에 관한 정보를 자세히 얻을 수 있습 니다. 특정 전공 학과에서는 무엇을 배우는지 알 수 있기에 대략적인 방향 설정에 도움이 될 거예요. 진로활동, 직업 정보 등 챕터별로 유익한 정보가 많은 커리어넷은 진로 컨설팅 전문가들도 자주 활용합니다. 직업 적성부터 진로 성숙도, 직업 흥미 검사, 가치관 등 무료 검사들도 받을 수 있지요. 중요한 것은 일회성이 아닌 정기적인 검사로 자녀의 누적된 관심사를 확인해야 한다는 것입니다. 자녀가 유아이거나 초등학교 저학년이라면 '주니어용 커리어넷'도 활용할 수 있습니다.

시중에서 판매하는 학과 카드도 도움이 됩니다. 학과 카드는 대학 학과와 연계 직업, 전망 등을 정리한 것이죠. 아이와 함께 학과 카드를 살펴보면서 맨 왼쪽에는 지금 상태에서 관심 가는 학과, 가운데는 싫지도 좋지도 않은 학과, 맨 오른쪽에는 싫은 학과로 분류해보세요. 맨 왼쪽의 학과 중 1~3순위 셋을 골라 정보를 수집하면서 관심사를 좁혀가는 게 포인트입니다. 이런 과정을 3~4개월에 한 번씩 해보면 좋아요. 청소년기에 변화의 과정을 잘 기록해두면, 자녀 관심사의 방향도 알 수 있습니다.

현재 진로를 정하지 못한 09년생이라면, 고등학교 입학 후 진로 전담 교사의 도움을 받아보세요. 진로 전담 교사란 중·고등학교의 진로교과 담당 교사로, 진로 상담뿐 아니라 학교 진로교육과 행사를 주관하는 역할을 합니다. 다양한 학생의 상담 이력을 바탕으로 도움을 줄 거예요.

내가 듣고 싶은 과목이 있는 학교를 찾는 것도 전략

고교학점제로 인해 학교 교육과정이 더욱 중요해졌습니다. 지원하려는 고등학교 교육과정을 살펴보려면 '학교알리미' 사이트에 지망 고등학교를 입력한 다음, '학교 교육과정 편성·운영 및 평가에 관한 사항'을 검색해보세요. '신입생 3개년 교육과정 편제표' 또는 '전 학년 교육과정 편제표'를 찾아서 듣고자 하는 과목이 있는지도 살펴보고요. 고등학교 진학 전에 설명회에 가보는 것도 좋겠지요.

고등학교 진학 시, 학부모들은 흔히 '내신 따기 쉬운 학교' 또는 '학업 분위기가 좋은 학교'로만 나눠서 생각합니다. 기준은 주로 주변 평판이지요. 그러지 말고 학교 정보가 담긴 학교알리미를 활용해보세요. 과목별 평균과 표준편차, 성취도 분포 비율로 학교의 시험 난이도와 학생 수준을 예상해볼 수 있습니다. 일반적으로 평균이 높으면서 표준편차가 작다면 학업 수준이 높다고 볼 수 있죠. 평균은 높지만 표준편차가 크다면 시험은 상대적으로 쉬운 편이나 공부하는 학생과 그렇지 않은 학생이 섞여 있다고 볼 수 있고요. 평균은 낮지만 표준편차가 작다면 시험 난이도가 높을 가능성이 커요. 평균도 낮고 표준편차도 크다면 전반적인 학업 수준이 낮을 가능성이 있지요.

9등급에서 5등급으로 바뀌며 내신의 변별력이 약해지면 무조건 특목고 진학이 이득 아니냐고 생각하기 쉽지만, 간과해서는 안 되는 점이 있습니다. 2015 개정 교육과정에서는 진로 선택과목이 ABC 등급의 절대평가로 반영됐으나, 앞으로는 모든 선택과목에 5등급으로 적용된다는 점입니다. 상대평가로 등급이 매겨지는 과목이 많아졌기에 단순한 생각은 금물입니다. 잘하거나 좋아하는 과목이 많이 개설된 고등학교에 전략적으로 진학하는 것이 좋아요. 상대적으로 외국어 시수가 많은 외고의 경우에는 외국어를 잘하는 학생에게 유리하겠죠? 물론 5등급제여도 상대평가가 유지되기에 좋아하는 과목을 선택하고, 좋은 평가를 유지해야만 우수한 성적을 받을 수 있겠지만요.

앞으로는 일반고에서도 학교마다 개설된 과목이 달라질 것입니다. 고교 진학 시 이 부분을 반드시 확인하세요. 이런 노력이 성적만큼이나 중요하다는 점을 잊어서는 안 됩니다.

디지털 문해력

●

"AI 디지털교과서 도입,
더욱 중요해진 디지털 시대의 읽기 능력"

디지털에도 문해력이 필요할까?

언젠가부터 독해력讀解力 대신 문해력文解力이란 말이 쓰이기 시작했습니다. 두 단어의 뜻이 크게 다른 것도 아닌데 말이에요. 둘 다 '문장을 이해하는 능력'을 가리키잖아요. 그런데도 요즘에는 문해력을 독해력의 상위 개념으로 이야기하는 경우가 많죠. 어쨌든 국어에서 '문해력'이란 글을 읽고 쓰는 능력을 가리킵니다. 문자 그대로 하면 '문장을 해독하는 능력', 즉 읽고 쓴 내용을 활용하는 능력을 의미하죠. 제대로 된 문해력을 갖추려면 핵심 요소인 읽기와 쓰기가 둘 다 가능해야 합

니다. 읽은 내용을 머릿속으로 분석하고 평가해서 자기 의견을 이야기하는 비판적 사고 능력도 갖추고 있어야 하고요. 읽기와 쓰기, 비판적 사고, 의사소통 등의 핵심 능력을 갖추지 못했다면 문해력이란 어불성설입니다.

전통적으로 문해력이란 주로 인쇄매체, 즉 문자와 관련이 있었어요. 하지만 최근에는 '문해력'이란 단어 앞에 '디지털'이 붙는 경우가 흔해졌지요. '디지털에 대한 이해력'이 중요해졌기 때문이에요. 요즘에는 문장보다 오히려 디지털의 문해력을 더 중요하게 여기는 것 같기도 합니다. 디지털이 우리 주변을 둘러싼 환경이니까요. 그렇다면 디지털 문해력이란 도대체 무엇일까요? 단순하게 보자면 디지털 기기 사용으로 접한 콘텐츠를 이해하고 활용하는 능력이라 할 수 있겠네요. 좀 더 깊이 들여다보면 디지털 정보를 비판적으로 분석하고 윤리적으로 활용하는 종합적인 역량을 의미할 테고요. 즉, 디지털 문해력이란 정보 처리 및 의사소통 능력까지 포함하는 넓은 개념이지요. 현대 사회에서 이미 필수가 된, 21세기 인재상에 요구되는 능력이기도 하고요. 특히 교육과 직업 세계에서 그 중요성이 점점 커지고 있지요. 그렇다면 디지털 문해력의 구성 요소는 무엇일까요?

첫째, 디지털 기기의 사용 능력입니다. 컴퓨터나 스마트폰, 태블릿 PC 등의 기기를 얼마나 효과적으로 사용할 수 있나요? 기기의 소프트웨어나 앱 사용에 능숙하다면 디지털 문해력의 기본 요소는 갖춘 셈입니다.

둘째, 정보 탐색 능력입니다. 무한한 정보의 바다인 인터넷에서 필요한 정보를 찾고, 유용하게 사용할 줄 안다면 정보 탐색 능력을 갖추었다고 볼 수 있을 것입니다. 여기에는 정보에 대한 평가 능력도 포함되지요. 필요한 정보를 찾아냈더라도, 그것이 신뢰할 만하지 않다면 최종적으로는 도움이 되지 않을 테니까요.

셋째, 디지털 안전과 보안입니다. 최근 온라인상에서 개인정보 유출이나 해킹, 딥페이크* 등 여러 문제점이 생기고 있습니다. 이처럼 문제가 많은 온라인 환경 속에서 디지털 문화에 나쁜 영향을 받고 있지는 않나요? 다행히 심리적으로는 디지털 문화를 건강하게 즐기고 있다 해도, 보안이 위협당하면 문제 발생 위험이 높아지죠. 그러니 이런 부분에 신경을 써야 합니다.

넷째, 창의적 활용 능력입니다. 다양한 디지털 도구로 콘텐츠를 만들고 이용하는 능력을 기르는 것이지요. 즉 콘텐츠 제작과 활용 능력입니다.

다섯째, 미디어 문해력입니다. 미디어에서 제공하는 여러 정보를 비판적으로 해석하고, 그 내용의 신뢰성을 평가하고 분석해서 스스로 이용하는 능력을 말하죠.

---

* 딥러닝Deep Learning과 페이크Fake의 합성어로, 딥러닝 기술을 사용하는 인간 이미지 합성 기술.

디지털 문해력이란 단순히 컴퓨터나 스마트폰 같은 기기의 사용 능력을 이야기하는 게 아니에요. 디지털 환경 속에서 스스로 정보를 찾고 분석하고 변환하고 소통시키고 평가하는 능력을 모두 포함하는 것이죠. 앞으로는 디지털 문해력이 더욱더 중요해질 거예요. 이미 일상생활에서도 디지털 기기를 제대로 활용하는 능력이 필수잖아요? 매일 마주치는 수많은 정보를 효과적으로 활용하고, 거짓 정보에 속지 않기 위해 디지털 문해력은 아주 중요합니다.

우리 아이에게 디지털 문해력이 있을까?

디지털 문해력을 판단하는 체크리스트는 다양한 기술적·비판적·소통 능력 평가 문항들로 구성됩니다. 이를 바탕으로 디지털 문해력의 여러 요소를 평가할 수 있는 체크리스트를 만들었어요. 테스트 결과 최소한 여덟 개 이상은 '예'라고 답변할 수 있어야 디지털 문해력이 있다고 볼 수 있어요. 점검 결과 디지털 문해력이 없다면? 어떻게 향상시킬 수 있을지 방법을 알아봅시다.

우선은 디지털 도구의 활용 연습이 필요합니다. 컴퓨터나 스마트폰, 태블릿 PC 등 다양한 디지털 기기로 새로운 소프트웨어나 애플리케이션을 이용해보세요. 효과적인 검색을 위해 어떤 키워드를 입력하

| 디지털 문해력 판단 체크리스트 |

항목	내용	예/아니요
기본적인 디지털 기술	컴퓨터나 스마트폰에서 파일을 저장하고 열 수 있다	예 / 아니요
	이메일을 작성하고 첨부파일을 보낼 수 있다	예 / 아니요
	안전한 비밀번호를 생성하고 관리할 수 있다	예 / 아니요
	새로운 소프트웨어나 애플리케이션을 설치할 수 있다	예 / 아니요
온라인 소통 및 협업 능력	이메일, 메신저, 화상 회의 도구를 통해 원활하게 소통할 수 있다	예 / 아니요
	온라인 문서 편집 도구(예: Google Docs, Office 365)를 사용할 수 있다	예 / 아니요
	온라인 플랫폼을 통해 팀 프로젝트에 기여할 수 있다	예 / 아니요
정보 검색 및 분석 능력	인터넷에서 필요한 정보를 효율적으로 검색할 수 있다	예 / 아니요
	검색한 정보의 출처와 신뢰성을 평가할 수 있다	예 / 아니요
	온라인에서 유용한 학습 자원(예: 강의, 튜토리얼)을 찾고 활용할 수 있다	예 / 아니요
디지털 안전 및 윤리	개인정보 보호와 보안을 위해 필요한 설정을 할 수 있다	예 / 아니요
	의심스러운 링크나 이메일을 피할 수 있다	예 / 아니요
	저작권과 관련된 법적 문제를 이해하고 준수할 수 있다	예 / 아니요
디지털 비판적 사고	온라인 정보의 신뢰성을 비판적으로 분석할 수 있다	예 / 아니요
	소셜 미디어에서 발생하는 정보의 편향성을 인식할 수 있다	예 / 아니요
	디지털 기술의 사회적, 문화적 영향을 이해할 수 있다	예 / 아니요

*8개 이하 '미흡', 8-10 '보통', 11-14 '우수', 15-16 '매우 우수'

고, 무슨 검색엔진을 사용할지도 고려할 수 있어야죠. 인공지능 챗봇에 프롬프트를 입력하는 것도 마찬가지랍니다. 정보의 신뢰성을 검증하는 능력을 길러야 합니다.

온라인에서 찾은 정보는 반드시 출처를 확인하고, 믿을 만한지 습관적으로 고민해야 합니다. 디지털 콘텐츠를 무조건 믿어서는 안 되거든요. 한 번쯤 의심의 눈으로 분석하고, 내용의 목적을 파악해야 합니다. 그래야만 가짜 뉴스와 편협한 정보를 구별할 수 있으니까요. 이때 비판적 사고가 필요하죠.

마지막으로 디지털 안전 및 사이버 윤리에 대한 인식을 확보해야 해요. 최근 개인정보 유출 사고가 빈번한 탓에 사이버 보안 등의 측면에서 허술한 경우가 종종 있습니다. 그러니 우리는 각종 비밀번호를 더 안전하게 만든다거나 하는 등의 조치가 필요합니다. 이러한 방법들을 동원하면 얼마든지 디지털 문해력을 향상시킬 수 있습니다.

디지털 문해력의 중요성은 모두가 인정할 테지만, 이 같은 사회 분위기를 바라보는 부모의 마음은 솔직히 편치 않습니다. 게임이나 소셜미디어, 유튜브 동영상 등에 몰입하며 일상생활에 지장을 받는 아이들이 점점 많아지고 있으니까요. 아이들이 스마트폰이나 태블릿 PC, 컴퓨터에 과의존하게 될까 우려할 수밖에 없죠. 코로나 이후 만난 부모들의 가장 큰 고민도 자녀의 스마트폰 사용이었어요. 스마트폰에 과의존하는 아이들이 늘고 있으니까요.

스마트폰 과의존 수치는 전체 연령 중 10대가 가장 높습니다. 과학기술정보통신부의 「스마트폰 과의존 실태조사」에 따르면, 2023년 기준 10대가 40.1%, 20대가 33%, 만 3~9세가 25%로 뒤를 이었죠. 2024년 청소년 미디어 이용습관 진단조사 결과에 따르면, 인터넷과 스마트폰 사용 절제가 힘들어 일상에 지장을 받는 청소년이 2024년 현재 정확히 22만 1,209명으로 집계됐습니다. 전체 조사 인원 대비 과의존 학생 비율은 17.7%에 달했지요. 과의존 위험군이란 인터넷·스마트폰 의존도가 일상생활에 어려움을 초래할 만큼 높아 전문기관 도움이 필요한 위험 사용자군과, 사용 시간이 늘고 자기조절이 어려워져 주의가 필요한 주의 사용자군을 말합니다. 학교급별로는 중학

| 스마트폰 과의존 위험군 비율 |

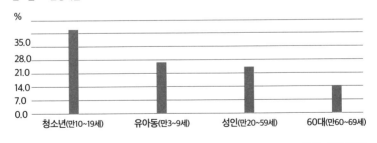

(출처: KOSIS, 2023.)

생(8만 9,812명)이 가장 많았습니다. 고등학생(7만 3,136명), 초등학생(5만 8,081명) 순으로 과의존 위험군 규모가 컸어요.

　청소년들이 스마트폰에 빠지는 이유에는 학업 스트레스도 한몫할 것입니다. 연세대 사회복지학과 김재엽 교수 연구팀에 따르면, 전국 중고교생 1,000명을 대상으로 한 설문 조사 결과 10명 중 여덟 명이상이 학업 스트레스를 경험하고 있었죠. 다른 활동에 비해 스마트폰 이용이 훨씬 많다고 응답한 경우는 832명(85.1%)에 이르렀고요. 스마트폰 사용으로 인한 문제적 결과를 보이는 청소년이 69.9%(684명), 사용에 대한 조절 실패를 경험한 청소년은 550명(56.2%)이었습니다. 주된 용도는 SNS 활동 35.5%, 유튜브 등 영상 시청 34.0%, 메신저 12.5%, 게임 10.9%순이었어요.

　스마트폰 중독 수준인 청소년은 남자 40.3%, 여자 46.3%로 청소년 두 명 중 한 명은 스마트폰 과의존 상태인 것으로 나타났어요. 이 같은 청소년들은 또래 부적응도 경험하는 것처럼 보였습니다. 지난 1년간 전체 555명(55.9%)이 친구 관계에 어려움을 겪은 것으로 나타났고 외로움을 느끼고 있다고 답했으니까요. 학업 스트레스가 친구 관계에 영향을 미치고, 외로워지니 스마트폰 의존이 높아지는 경로인 것입니다. 연구 결과 '청소년의 하루 일과를 보면 수업이나 숙제 같은 학업에 쏟는 시간이 과도하고 그 외에 시간을 스마트폰 같은 매체를 통해 노는 시간으로 사용'하고 있음이 드러난 셈이죠.

스마트폰 과의존 집단은 그렇지 않은 집단보다 잠들기도 힘들어했어요. 참고로, 미국수면재단이 권장하는 적정 수면시간은 중학생 8~10시간, 고등학생 7~9시간이지만 해당 연구에서 우리나라의 중학생은 평균 7.4시간, 고등학생은 평균 6.3시간 잠자는 것으로 밝혀졌지요. 우리나라 청소년의 수면 시간은 매우 부족한 셈입니다. 반면 스마트폰 사용 시간은 중학생은 4.8시간, 고등학생은 5시간 정도로 나타났어요. 미국 청소년의 평균 4시간 16분보다 훨씬 높지요?

2024년 상반기에 출간돼 우리나라에서도 큰 인기를 끈 사회심리학자 조너선 하이트의 『불안 세대』를 읽어보셨나요? 하이트는 책에서 1996년 이후에 태어난 이른바 'Z세대'를 '불안세대'라 칭하며, 불안의 원인을 스마트폰으로 단정합니다. 스마트폰이 10대 청소년들을 사회로부터 유리시켜 사회규범에 익숙해질 시간을 빼앗고, 수면 시간을 줄여 정서적으로 예민하고 불안하며 나약한 존재로 성장하게 만든다고 하면서요. 과거에는 10대 때 놀이를 통해 상호작용과 어른으로 살아가는 데 필요한 기술을 배웠는데, 스마트폰 때문에 놀이가 사라지면서 사회적·인지적·정서적 손상을 입었다는 거예요.

이 책에서는 어른보다 어린이에게 스마트폰 몰입이 특히 위험한 까닭이 아동의 뇌 회로가 변경되기 쉬운 탓이라고 합니다. 인간의 뇌에서 보상을 추구하는 부분은 일찍 발달하는 반면, 자기 통제나 유혹에 저항할 때 필요한 전두피질은 20대 중반이 돼야 완전히 발달하니다. 사춘기 직전에는 매우 취약하지요. 책은 이런 상황을 타개하기 위해 16세 미만의 아이들이 SNS를 사용하지 못하도록 제한하고, 계정 생성 시 신분증 등으로 연령을 확인하자고 주장합니다. 아울러 수업 시간 스마트폰 금지는 실효성이 없으니 아예 학교에서 스마트폰 사용을 금지하자고 제안합니다.

현실성은 둘째치고라도, 이 책의 주장에 부모들이 공감했던 데는 스마트폰 사용 때문에 자녀와 갈등을 겪는 가정이 많은 탓일 것입니다. 방에 틀어박힌 채 스마트폰이란 세계에 빠진 아이들을 바라보는 부모의 마음은 얼마나 답답할까요.

현재는 스마트폰 없이 하루도 살기 어려울 것 같지만, 사실 이 기계가 우리 삶에 들어온 것은 사실 그리 오래되지 않았습니다. 아이폰이 처음 출시된 것은 2007년이었으니까요. 우리나라에는 2009년 11월 아이폰 3GS가 출시됐고요. 10년 전까지 세 명 중 한 명에게는 스마트폰이 없었어요. 그런데 15년도 채 지나지 않은 지금, 스마트폰은 무서운 속도로 아이들을 점령했습니다. 이에 이전에는 상상도 못하던 일들이 벌어지고 있지요. 학교 수업 중 스마트폰을 보는 아이들, SNS에서 새로운 캐릭터로 자신을 만들어나가는 아이들, 같은 반 친구보다 SNS 친구와 더 가까운 아이들……. 이런 문제들로 인해 부모의 고민이 커지고 있는 상황에서 정부가 AI 디지털교과서라는 폭탄을 던졌지요.

AI 디지털교과서의 등장

디지털교과서 이야기는 꽤 오래전에 시작됐지만, 특히 이번 정부에서 교육의 디지털 전환을 목표로 삼아 적극적으로 디지털교과서를 강조하는 느낌입니다. AI 디지털교과서를 3대 교육 개혁 과제인 디지털 교육 혁신의 일환으로 삼을 만큼 내세우고 있으니까요. 디지털교과서 정책을 통해 미래 사회에 필요한 역량을 갖춘 인재를 양성하고, 교육의 질을 높이는 것을 목표로 말입니다. 당장 2025년부터 초3, 4와 중1, 고등학교의 수학, 영어, 정보 교과서에 우선 도입할 예정이지요.

AI 디지털교과서는 대시보드를 통한 학생별 학습 현황, 학업성취도, 흥미 영역 데이터 분석 맞춤 학습을 내세우고 있어요(자세한 내용은 2023년 출간된 『우리 아이 미래를 바꿀 대한민국 교육 키워드7』 '챗GPT 교육' 참고). 디지털교과서의 도입으로 정부가 기대하는 부분은 이렇습니다. 우선 4차 산업혁명 시대에 접어들면서 빠르게 변화하는 사회에 적응하고, 창의적인 문제 해결 능력을 키울 수 있다는 것입니다. 디지털교과서로 최신 지식과 기술 습득을 도와 학생들이 미래에 필요한 역량을 키울 수 있도록 지원한다는 것이죠. 또한 맞춤형 학습으로 학습자의 개별 학습 수준과 속도에 맞춰 내용을 조정하고 효율성을 극대화할 수 있다고 주장합니다. 텍스트뿐 아니라, 영상, 음성, 3D 모델 등 멀티미디어 콘텐츠 등 다양한 학습 자료를 제공해 깊이 있는 학습을 돕고 학생들의 흥미까지 불러일으킬 수 있다는 것이지요. 마지막으로 교육 격차 해소를 목표로, 소외 지역 학생들도 디지털교과서를 통해 양질의 교육을 받도록 해서 교육의 형평성을 높이고, 모든 학생에게 동등한 교육 기회를 제공할 수 있다고 강조합니다.

교육부는 "AI 디지털교과서로 소통과 학습의 영역에서 모든 학생에게 맞춤형 교육 비전을 실현할 수 있다"고 주장합니다. 디지털교과서에서 한 발 더 나아간 AI 디지털교과서가 학습 데이터를 분석해 개별 학생에게 적합한 학습 경로를 제시할 수 있다는 것입니다. 더불어 AI 디지털교과서에는 자신만의 속도로 학습할 수 있게 도와주는 AI 튜터 기능이 탑재돼 있어 학습에 어려움을 겪는 학생에게 실시간으로 문제 해결 과정을 안내하며 도움을 줌으로써 자기 주도 학습 능력을 키워줄 수 있다고도 주장하지요. 그러나 교육부의 장밋빛 전망과 달리 교육현장은 우려가 큽니다. 2024년 말 국회에서는 AI디지털 교과서의 법적 지위를 '교과서'가 아닌 '교육자료'로 규정한 초중등교육법 개정안을 통과시켰는데, 정부는 그에 대해 국회에 재의 요구를 했지요. 2025년 2월 교육부는 AI 디지털 교과서를 의무 선택이 아니라 자율적으로 각 학교의 선택에 맡긴다는 방침을 정해 각 학교에 전달한 바도 있습니다. 한편으로 아직도 학교 현장에는 2025년 도입 예정임에도 2024년 10월 현재까지 보안을 이유로 정확한 형태가 공개되지 않았거든요. 심지어 AI 디지털교과서로 수업해야 하는 교사들에게도 아직 공개되지 않았습니다. 게다가 아직도 학교 현장에는 무선 인터넷망(wifi) 같은 기본 하드웨어조차 미비합니다.

부모의 걱정은 더욱더 큽니다. 학부모들은 이미 서울시교육청의 디벗 오용 사례를 체감했으니까요. 디벗은 '디지털Digital+벗'의 줄임말로, 코로나 시기 온라인 학습 플랫폼 구축 목적으로 중학생부터 교육용 스마트 기기를 1인 1기기 보급한 정책입니다. 기기를 받은 학생 중 많은 수가 방어벽을 뚫고 학교에서나 집에서 유튜브, 게임 등 학업과 무관 하게 사용했고요. 급기야 지난 5월에는 '교육부의 2025 AI 디지털교과서 도입 유보에 관한 청원'이 국민동의청원 시스템에 제출되기도 했죠. 30일 이내 5만 명 이상의 동의를 얻어, 결국 6월 교육위원회에 회부됐습니다. 청원인의 주장은 이렇습니다.

"학부모들은 '안 그래도 과도한 스마트 기기 사용 시간이 걱정인데 어째서 교과서까지 디지털로 만드는지 모르겠다'며 반대 입장을 표하고 있다. 디지털교과서의 원활한 이용에 필요한 장비 등 환경도 갖추지 못한 상태에서 반강제적으로 사용하게 한다면 수업이 제대로 이뤄질 리 없다. 이는 충분히 예견할 수 있는 일이다. 객관적, 과학적으로 디지털교과서가 서면 교과서보다 효과적인지 검증 과정을 거친 후 해당 정책에 대해 다시 논할 것을 요구한다."

많은 학부모가 초등 시기의 디지털교과서 도입에 반대합니다. 연필 사용으로 소근육을 발달시켜야 할 이른 나이부터 태블릿에 익숙해지는 것이 걱정스럽기 때문이지요. 시력 저하 및 문해력 저하도 걱정되고요. 학부모와 교사의 걱정을 알고 있는 17개 시·도 교육감들도 설왕설래하며 절반 이상은 도입에 신중해야 한다는 의견이에요. 4년간 총 5조 원에 이른다는, 막대한 예산도 반대 의견에 힘을 더합니다. 디지털 과몰입과 막대한 예산에 대한 우려에 정부는 "2025년 도입은 이미 검인정 체제까지 통과한 상황이라 변경할 수 없지만, 2026년부터 다른 주요 교과의 도입에는 속도 조절을 하겠다"고 밝힌 상황입니다.

AI 디지털교과서에 대한 논란은 이제 시작입니다. 실물이 학교 현장에 도입되면 사용 과정에서 수많은 의견이 나오겠죠. 예상치 못한 일이 발생할 수도 있고요. 그러니 부모는 AI 디지털교과서 도입 여부와 상관없이, 스마트폰 사용을 지도하며 자녀가 디지털 문해력을 기를 수 있도록 노력해야 합니다.

우리 아이의 디지털 문해력 기르기

가정에서는 어떻게 자녀의 디지털 문해력을 길러줄 수 있을까요? 먼저 부모가 자식의 본보기가 되는 것은 매우 중요합니다. 부모가 스마트폰을 어떻게 이용하는지를 아이들에게 보여줌으로써 올바른 사용 방법의 모범이 돼줘야 해요. 그리고 디지털 기기를 통해서 아이들이 즐거운 경험을 할 수 있도록 도와줘서 디지털 기기에 대한 긍정적 인식을 심어줘야 합니다. 동시에 기기 사용 시간을 정해주는 것이 좋습니다. 디지털 기기의 과도한 사용에는 문제가 있으니까요. 디지털 기기 사용 능력은 하루아침에 길러지지 않으니까 꾸준한 노력과 관심으로 키워나가야겠죠. 만약 자녀가 초등학생이라면 아래와 같은 방법으로 디지털 문해력을 키울 수 있을 것입니다.

① 아이가 어떤 콘텐츠를 보는지, 어떤 게임을 하는지 관심을 가지고 함께 해보세요.
② 콘텐츠에 대한 질문을 던지고, 아이의 생각을 들어보세요.
③ 온라인에서 만난 사람들에 대해 이야기하고, 안전한 온라인 활동에 대해 함께 생각해보세요.
④ 코딩 교육, 로봇 만들기, 영상 편집 등 다양한 디지털 도구를 활용해 활동함으로써 창의력과 문제 해결 능력을 키워주세요.
⑤ 온라인 학습 플랫폼, 교육용 애플리케이션 등을 활용해 학습에 대한 흥미를 높여주세요.
⑥ 뉴스 기사나 광고 등을 함께 보며 정보의 출처·목적·신뢰성을 평가하는 방법을 알려주세요.
⑦ 가짜 뉴스를 구별하는 방법을 가르치고 정보를 비교 · 분석하는 능력을 키워주세요.
⑧ 개인정보 보호, 저작권, 사이버 폭력 등 디지털 윤리에 대한 중요성을 알려주고, 올바른 행동을 할 수 있도록 지도해주세요.
⑨ 온라인에서 만나는 사람들을 함부로 믿지 않도록 교육하고, 사이버 폭력에 대한 대처 방법을 알려주세요.

⑩ 비밀번호 설정, 개인정보 보호, 스팸 메일 차단 등 기본적인 보안 수칙을 가르쳐주세요.

⑪ 온라인에서 모르는 사람과의 만남을 피하고, 위험한 상황에 처한다면 어떻게 대처해야 하는지 알려주세요.

경각심을 일으키기 위해 뉴스에 나온 딥페이크 관련 내용을 보여 준다든지, 진짜와 가짜 뉴스 비교로 차이점을 알게 한다든지, 섣불리 채팅에 접속하지 않도록 주의를 준다든지 하는 식으로 꾸준히 노력해야 해요. 독서 교육에 전·중·후 활동이 있는 것처럼 디지털 문해력 교육도 배경 지식과 함께 비판적 사고력을 키워줘야 하지요. 온라인에서 거론되는 다양한 주제에 대한 토론(밥상머리 교육이라면 더욱 좋겠지요?)으로 의사소통 능력과 논리적 사고력도 향상시켜주는 것도 좋아요.

현대 사회의 필수 역량이 된 디지털 문해력

디지털 문해력과 에듀테크, AI 디지털교과서는 상호 보완적이며 필수적인 관계입니다. 특히 디지털 문해력은 급변하는 디지털 시대에 개인의 성장과 사회 발전의 필수 역량으로 자리매김하고 있지요. 이에 따라 디지털 문해력을 바라보는 시각과 바람직한 태도에 대해 이야기해보려 합니다.

첫째, 디지털 문해력을 향상시키려면 지속적인 학습이 필요합니다. 끊임없이 새로운 기술과 도구가 등장하고 있잖아요. 고로 디지털 문해력은 꾸준히 계발해야 하는 평생 학습의 과정이지요. 개인은 이러한 변화에 능동적으로 대처하고, 새로운 기술을 배우며 디지털 환경에 적응하는 자세를 가져야 합니다.

둘째, 디지털 정보에 대한 비판적 사고와 분석 능력을 갖춰야 합니다. 디지털 속의 정보는 방대하며, 그중에는 가짜 뉴스나 편향된 정보도 포함될 수 있습니다. 그러니 정보의 출처와 목적, 신뢰성을 꼼꼼히 따져보고 비판적으로 분석하는 능력을 길러야 합니다. 이 같은 비판적 사고를 통해 디지털 공간에서 올바른 판단을 내리고, 더 나은 결정을 할 수 있으니까요. 정보의 홍수 속에서 진실을 분별하는 능력은 디지털 시민의 필수 덕목입니다. 지속적인 학습과 창의적 문제 해결 능력도 디지털 문해력 향상에 큰 역할을 한다는 것을 유념하시고요.

셋째, 윤리적 사용 태도를 지녀야 합니다. 디지털 기기 사용 시에는 개인정보 보호, 저작권 준수, 디지털 에티켓 등 윤리적 문제를 항상 염두에 두어야 하지요. 사이버 괴롭힘, 허위 정보 유포, 개인정보 침해 같은 문제들을 예방하기 위해 책임감 있는 디지털 시민의 역할을 다해야 한다는 뜻입니다. 건강한 디지털 문화를 만들어가기 위해서는 개인의 윤리를 넘어서는 사회적인 책임도 필요하지만, 일단은 개개인이 디지털 시민으로서의 책임감을 잊지 말아야겠죠. 디지털에는 모든 행동이 기록되고, 다른 사람들에게 영향을 미치니까요. 따라서 디지털 공간에서 발생하는 문제에 책임감을 가지고, 건전한 디지털 문화를 만들어나가기 위해 노력해야 합니다. 타인을 존중하고, 공정하고 책임 있게 행동함으로써 디지털 사회의 일원으로서 올바른 역할을 수행해야 한다는 이야기입니다.

넷째, 기술의 긍정적인 측면과 부정적인 측면을 균형 있게 이해해야 합니다. 디지털 기술은 정보를 쉽게 공유하고 학습하는 편리함을 제공하지만, 디지털 중독·사이버 폭력·개인정보 유출 같은 부정적인 측면도 무시해서는 안 됩니다. 따라서 우리는 이러한 긍정적인 면과 부정적인 면을 균형 있게 파악하고, 기술의 부작용을 최소화하기 위해 노력해야 합니다.

다섯째, 디지털 격차 해소를 위해 노력해야 합니다. 모든 사람에게 디지털 문해력을 키울 수 있는 균등한 기회를 제공해야 하며, 경제적·지역적 환경으로 인해 누구도 소외되지 않도록 디지털 격차를 줄이는 데 기여해야 하지요. 디지털 기술을 사용하는 환경을 만들고, 기술을 배우고 활용할 수 있도록 사회 전체가 함께 노력해야 합니다. 즉, 국민들의 디지털 문해력을 높이려면 교육 시스템부터 변화해야 합니다. 학교에서는 학생들이 디지털 도구를 활용해 창의적 문제 해결 능력을 키우고, 비판적 사고를 함양할 수 있도록 디지털 문해력 교육을 강화해야 하거든요. 다양한 온라인 교육 프로그램이나 워크숍 등으로 개인적으로도 디지털 문해력을 향상시키기 위해 지속적으로 노력해야 해요. 나이나 직업에 관계없이, 평생 학습의 자세를 유지해야 합니다.

마지막으로, 디지털 도구를 활용한 창의적인 문제 해결 능력을 키워야 합니다. 앞으로 점점 더 디지털 도구로 새로운 아이디어를 창출하고, 창의적인 방법으로 문제를 해결하는 능력이 필요해질 테니까요. 그러므로 다양한 디지털 도구에 대한 이해와 창의적 응용 능력을 키워야 합니다. 능동적인 디지털 기기 활용으로 학습과 업무의 문제를 해결하고, 새로운 아이디어를 만들어낼 수 있도록요.

현대 사회에서 필수적으로 요구되는 역량인 디지털 문해력을 갖추기 위해서는 지속적인 학습과 책임감 있는 태도가 필요해요. 디지털 문해력을 통해 긍정적인 영향력을 행사하고, 사회의 발전에 기여하는 건강한 디지털 시민으로 자녀를 성장시켜주세요. 더불어 적극적으로 배우고 성장하는 자세를 유지함으로써 빠르게 변화하는 디지털 시대에서 누릴 수 있는 기술의 혜택을 극대화하고, 디지털 사회의 일원으로서 바람직한 역할을 수행할 수 있게끔 해주세요. 기술을 어떻게 활용하느냐가, 디지털 시대에서는 미래를 결정짓는 중요한 요소 중 하나니까요.

전공자율선택제

•

"아이의 전공을
언제 결정할 것인가"

대학에서 무엇을 배울 것인가?

최근 대학생들의 전공 선택 시기를 알고 계신가요? 입학할 때 아니냐고요? 요즘은 대학교 3, 4학년 때 전공을 확정하는 '학부제'를 적용하는 학교들이 늘어나는 추세입니다. 그럴 수밖에 없는 것이, 교육부가 예산을 무기로 권유(?)하기 때문이죠. 학부제를 적용하는 대학에서는 학과가 아니라, 학부 혹은 단과대 차원으로 신입생을 모집합니다. 학과가 아니라 학부에 입학한 1학년생들은 주로 인문과학·사회과학·자연과학 및 예체능 등 각 계열에 속하는 과목을 균형 있게 편성한 일반교양과 전공기초 과목 중 일부를 수강하지요. 개인의 흥미 혹은 적성을 고려한 전공과목은 상위학년으로 진급하면서 듣기 시작하고요. 참고로 대학(원)생은 고등교육법 19조에 따라 반드시 학칙으로 정해진 하나 이상의 전공을 선택·이수해야 한답니다. 입학 시에는 전공을 확정하지 않았더라도 말입니다.

지금부터 알아보려 하는 전공자율선택제(무전공 선발+모집 단위 광역화)는 학부제와 비슷한 개념이에요. 본격적으로 이야기하기 전에, 먼저 '전공'에 대해 알아볼까요?

'전공專攻, major'이란 대학(원)생이 집중적으로 연구하는 분야를 말합니다. 한국교육개발원에서 발간한 「2022 학과(전공) 분류 자료집」에 따르면, 전공과 유사한 개념으로 쓰이는 단어는 여럿이지요. 학과·학군·학부·전공·과정 등 학제와 학년에 따라 표기되는 명칭은 다르지만요. 2022년 한국교육개발원(KEDI) 교육 통계 데이터베이스를 기준으로 하면, 우리나라에는 전문대학 8,655개, 4년제 대학 1만 5,599개, 대학원 1만 1,839개 등 총 3만 6,093개의 학과가 있다고 합니다.

'계열'이란 전공보다 큰 개념입니다. 주로 인문계, 사회계, 교육계, 공학계, 자연계, 의약계, 예체능계의 7대 계열로 구분하죠. 「2022 학과(전공) 분류 자료집」에 실린 다음 표를 통해 전통적인 계열에 대해 알아봅시다.

| 2022 학과(전공) 분류 자료집의 전통적인 계열 분류 |

계열	내용	대표 중분류
인문	인문 계열은 모든 학문의 근본이 되는 인문학을 교육하고 연구함을 목표로 한다. 인문학은 라틴어의 '후마니타스(humanitas)'라는 말에서 유래됐으며, 이는 인간과 인간 문화에 관심을 갖거나 인간 가치와 인간만이 지닌 자기표현 능력을 바르게 이해하기 위한 과학적인 연구 방법에 관심을 갖는 학문 분야이다.	언어·문학/인문과학(인류 문화 관련 학문, 심리학, 역사학, 종교학, 철학) 등
사회	사회 계열은 사회의 여러 현상을 과학적·체계적으로 연구하는 모든 경험과학에 그 바탕을 두며, 사회학, 정치학, 경제학, 법학 등과 같이 인간생활의 다양한 측면과 관련된 기초학문을 교육 및 연구함으로써 인간 사회의 문제를 진단하고 처방하는 기본적인 소양을 육성하는 데 목표를 두고 있다.	경영, 경제/법률/사업 소득
교육	교육은 앞선 역사에서 축적된 모든 지식과 문화를 후세에게 전달하는 일이며, 인간의 무한한 가능성을 계발하여 새로운 지식과 문화를 창출하는 숭고한 일로 국가와 민족의 미래 운명을 결정하는 중대사이다. 교육 계열은 이러한 중대사에 종사할 교사와 교육 지도자를 양성하고, 교육 일반과 교과교육 원리의 교수 및 연구에 종사할 학자를 배출함을 목표로 하는 계열이다.	초등 교육/중등 교육/교육 일반(교육 철학, 교육사, 교육 행정, 교육 심리, 교육 과정, 교육 사회, 교육 측정 및 평가, 교육 정책, 평생교육, 교사 교육, 교육 연구) 등
공학	공학 계열은 공업 생산기술을 자연과학적인 방법과 성과에 따라서 개발 및 실천하는 응용과학 계열로서, 자연과학이 자연 자체를 대상으로 자연의 법칙을 탐구하는 학문이라면 공학은 주로 기계·장치 또는 가공된 재료 등 인위적인 자연을 대상으로 하고, 역시 자연의 법칙을 탐구하지만 실제로 무엇인가를 생산하는 실천 행동에 그 초점을 맞춘다.	건축/토목·도시/교통·운송/기계·금속/전기·전자/정밀·에너지/소재·재료/컴퓨터·통신/산업/화공/기타

계열	내용	대표 중분류
자연	자연 계열은 자연현상의 기본적인 원리를 탐구하고 새로운 자연법칙을 개발하는 기초과학인 자연과학에 바탕을 두고 있으며, 자연과학은 우주와 물질의 기원으로부터 생명현상까지 다양한 물질세계의 원리를 과학적인 방법으로 탐구하는 학문이라고 볼 수 있다.	농림·수산/생물·화학·환경 영역/생활과학/수학·물리·천문·지리
의약	의약 계열은 인체에 관한 연구와 질병의 예방 및 치료를 연구하는 의학과 사람 또는 동물의 질병을 예방·치료하는 데 사용되는 의약품에 관한 기초 및 응용과학을 다루는 학문으로 정의되는 약학 등을 포함한다.	의료/간호/약학/치료·보건
예체능	예체능 계열은 미적 작품을 형성시키는 인간 창조활동인 예술과 건강한 신체와 운동능력의 육성을 목표로 하는 활동인 체육 등을 포함한다. 인류의 문화는 예술이라는 미의 창작과 표현수단으로 시공을 초월해서 전래되고 발전해왔으며, 바로 이 점에 예술의 가치가 있다고 볼 수 있다. 초기에는 예술의 소재가 음악과 미술 등에 국한됐으나 점차 음악, 미술, 무용, 연극, 영화 및 영상, 가요 및 대중연예, 전통민속놀이 등으로 그 범위가 확대됐다.	디자인/응용예술/무용·체육/미술·조형/연극·영화/음악

왜 무전공 선발인가?

무전공無專攻 선발(모집 단위 광역화)은 이번에 처음 시도하는 제도가 아닙니다. 2009년에도 서울대, 연세대, 고려대, 이화여대, 중앙대 등에 자유전공학부가 있었죠. 자유전공이란 학부생이 전공을 정하지 않고 입학해 전공 탐색 기간을 거친 다음 전공을 결정하는 제도로, 흔히 '자전'이라고 약칭해 부른답니다. 자유전공학부 입학생들이 인기 학과에 몰리는 데다, 많은 수가 로스쿨 입학을 준비하는 탓에 융합학문 양성이라는 취지는 실현하지 못했지만요. 결국 중앙대는 2010학년도부터 자유전공학부를 폐지하고 공공인재학부를 신설했습니다. 다른 대학들도 자유전공학부 운영을 축소 및 중단했고요. 그런데 왜 또다시 무전공 선발일까요?

입시 및 진로 전문가들은 "우리나라에서 문과생이 갈 곳은 없다"고 이야기합니다. 이과 전공을 선택하지 않으면 살아가기가 힘들다는 뜻이죠. 문과를 나오면 취업도 어렵고, 취업하더라도 연봉이 낮은 편인 데다 고용까지 불안하잖아요. 반면, 최근 유행하는 첨단융합학과를 전공하면 취업도 쉽고 소득 면에서도 월등히 나은 삶을 살 수 있죠.

혹시 이원석의 『공부란 무엇인가』라는 책을 아시나요? 이 책에 나오는 한국 학생들의 진로 방향이 화제가 된 적이 있습니다. 문과의 경상 계열 출신은 CEO를 하다가 부도가 나서 치킨 집을 차리거나, 아니면 백수가 돼서 굶어 죽는다는 흐름. 인문 계열 출신은 백수가 됐다가 치킨 집을 차리거나, 작가가 됐다가 치킨 집을 차리거나 아니면 아사餓死한다는 흐름. 이과 자연 계열은 아사, 공학 계열 출신은 과로로 과로사하거나 치킨 집을 차린다는 흐름. 과장된 데다 암울한 내용이지만 어느 정도는 상징성이 있어 보입니다.

| 『공부란 무엇인가』에 나온 한국 학생들의 진로 |

그렇다면 무조건 이과로 진학하라고 조언해야 할까요? 자녀 또는 학생의 적성에 맞지 않아도요? 이 역시 옳다고 수는 없습니다. 취업이나 소득만큼 삶의 의미와 즐거움도 중요하니까요. 게다가 학문, 산업 간 경계가 모호해지는 빅블러Big Blur 시대를 선도할 융합형 인재 양성이 절실한 상황입니다. '블러Blur'란 영단어의 뜻은 '흐릿해지다' 죠? '빅블러 현상'이란 디지털 경제로의 빠른 전환이 기존 산업 및 제품 간 경계를 모호하게 만드는 현상을 가리킵니다.

오늘날 이 같은 현상은 나날이 가속화하고 있죠. 인간과 기계(AI), 제조와 서비스, 생산자와 소비자, 현실과 가상세계 간 경계가 허물지지고 있으니까요. 입학 시 전공이 결정돼 졸업까지 이어지는, 기존의 단선적인 교육체계로는 다양한 학문에 기반한 융합 역량의 함양이 어려운 상황입니다.

언론 보도에 따르면, 우리나라는 경제협력개발기구(OECD) 국가 중에서 대졸자의 직업과 전공이 불일치하는 비율이 가장 높은 수준이라고 해요. 최근의 청년재단 조사에 의하면, 청년 10명 중 세 명은 본인 전공에 만족하지 않는다고 하고요. 경직된 학과 구조와 무관하지 않은 이야기일 것입니다.

미래 사회가 요구하는 융합형 인재를 양성하기 위해서는 교육 혁신으로 하루빨리 학생에게 희망 진로에 부합하는 교육을 제공해야 합니다. 대학이 스스로 체질을 개선함으로써 다양하고 폭넓은 인재를 양성해야 하는 시대가 된 셈입니다. 학생과 사회가 원하는 교육체계로의 전환이 절실히 요구된달까요.

과거에도 이 같은 움직임은 존재했습니다. 2017년 국무회의에서 통과된 '고등교육법 시행 개정령'을 살펴보면, 다학기제 및 유연학기제 도입, 융합전공 등 전공 자율 선택 강화, 집중이수제 및 출석 기준 명확화 등을 중요하게 다루고 있습니다. 이 중 가장 의미 있는 내용은 '융합전공 등 전공 자율 선택 강화'일 거예요. 이전까지는 새로운 전공 개설에 학과 조정 등 하드웨어 개편이 필요했으나, 개정령 이후 기존 학과(부)는 그대로 둔 채 새로운 전공의 설치와 운영이 가능해졌죠.

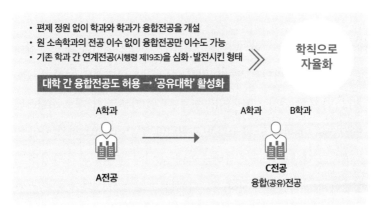

| 융합전공 등 전공 자율 선택 강화 |

- 편제 정원 없이 학과와 학과가 융합전공을 개설
- 원 소속학과의 전공 이수 없이 융합전공만 이수도 가능
- 기존 학과 간 연계전공(시행령 제19조)을 심화·발전시킨 형태 ≫ **학칙으로 자율화**

대학 간 융합전공도 허용 → '공유대학' 활성화

A학과

A전공

→

A학과　　B학과

C전공
융합(공유)전공

기존의 학과(부) 간 연계전공을 심화·발전시킨 형태인 '융합전공'은 동일 학위과정 간 모든 학과(전공) 사이에 개설이 가능합니다. 국내뿐 아니라, 해외 대학과도 함께 개설할 수 있죠. 소속학과(부) 전공 이수 필수제가 폐지되고, 소속학과 전공·연계전공·(국내외 대학 간) 융합전공·학생 설계전공 중에서 선택할 수 있는 전공 선택제가 도입된 거예요. 이에 따라 학생들은 소질과 적성, 새로운 시대의 수요 등을 고려한 전공 선택이 가능해졌죠. 전공 선택의 폭이 확대된 것입니다. 참고 사례는 학과 없이 5년마다 교육과정 폐기 및 신설, 모든 전공이 하나의 틀 안에서 융합 교육, 문제 해결 중심 교육을 하는 미국의 올린 공대였습니다.

대학에 들어간 뒤 전공을 선택한다면?

예산 지원을 무기로 한 권유는 교육부가 정책 시행이나 제도 권장에 가장 유용하게 써먹는 방법입니다. 전공자율선택제도 마찬가지죠. 「2024년 대학 혁신 지원 사업(일반재정지원) 기본 계획」대로 시행하면 돈을 주고, 안 하면 안 주겠다는 것입니다. 간단하지요? 학과 사이 벽을 허물고 학생들의 전공 선택권 확대 등 미래 융합형 인재 양성을 위한 교육과정 혁신을 추진하는 대학에는 교육 혁신 성과가 포함된 자체 성과 관리 실적 등을 점검한 뒤 인센티브를 지급하겠다니 대학들은 시키는 대로 할 수밖에 없죠.

전공자율선택제란 '입학 후 대학의 체계적인 지원 아래 진로를 탐색한 뒤, 자유롭게 전공을 선택하는 제도'입니다. 두 가지 유형이 있는데 유형 1은 '대학 내 모든 전공 자율 선택, 즉 학생의 전공 100% 자율 선택 보장'이고, 유형 2는 '계열 또는 단과대 내 전공 자율 선택, 계열 또는 단과대 안에서 100% 전공 자율 선택 또는 학과 정원의 150% 이상 범위 내 선택 보장'입니다. 교육부 안내 자료(카드 뉴스)에 따르면, 전공자율선택제의 도움을 받을 수 있는 상황은 다음과 같군요.

① 대학 입학 전, 꿈과 전공을 정하지 못한 학생: 열심히 입시 준비를 해왔지만, 아직 나에게 맞는 전공이 무엇인지 모르겠다. 나의 진로와 전공을

탐색할 시간이 필요하다.

⇒ 자유전공학부로 입학해서, 대학에서 꿈을 찾아, 나에게 맞는 전공을 선
택해야겠다.

② 대학 입학 후, 꿈과 전공이 달라 다른 전공을 공부하고 싶은 학생: 전공
을 막상 공부해보니, 나와는 맞지 않는 것 같다. 전과나 복수전공을 하려
니 내 학점으로는 부족하다. 반수를 해야 하나.

⇒ 전공자율선택제 덕에 전과나 복수전공 요건이 완화되었다. 반수할 필요
없이 우리 학교에서 나에게 맞는 다른 전공을 공부하면 되겠다.

③ 꿈을 이루기 위해 무엇을 어떻게 준비해야 할지 모르는 학생: 난 펀드매
니저가 되고 싶은데 어디서부터 어떻게 준비해야 할지, 무슨 수업이 도
움이 될지 모르겠다.

⇒ 전공자율선택제 덕에 현직에 계신 선배님들과 지도교수님이 내 꿈을 이
루기 위해 도움이 되는 강의와 대외활동을 추천해주셨다.

④ 다양한 분야를 공부하며 융합 역량을 키우고 싶은 학생: 난 스마트팜 전
문가가 되기 위해 농업학, 공학, 생물학 등 다양한 분야를 두루 공부하고
싶다.

⇒ 자기설계전공 제도를 통해 내 꿈을 이루기 위해 필요한 다양한 분야를
두루 공부할 수 있겠다. 또한 학교에서 기초소양 수업을 제공해주니 융
합 역량을 키우는 데 큰 도움이 된다.

지금부터 유형 1과 유형 2에 대해 자세히 살펴봅시다.

| 전공자율선택제의 유형 |

유형 1 전공을 정하지 않고 모집(예: 자유전공학부 등) 후, 대학 내 모든 전공(보건의료, 사범 계열 등 제외) 자율 선택

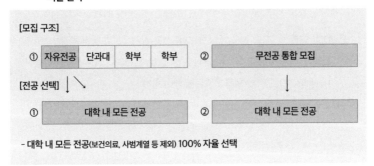

- 대학 내 모든 전공(보건의료, 사범계열 등 제외) 100% 자율 선택

유형 2 계열 또는 단과대 단위 모집 후, 계열 또는 단과대 내 모든 전공 자율 선택 또는 학과별 정원의 150% 이상 범위 내 전공 선택

- 계열·단과대 내 전공·학과를 일부 분리 모집하는 경우도 인정
- 다만, 혁신성·적절성 등에 대해 정성평가에서 반영 가능

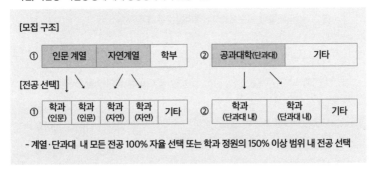

- 계열·단과대 내 모든 전공 100% 자율 선택 또는 학과 정원의 150% 이상 범위 내 전공 선택

입학 시 결정한 전공이 졸업까지 이어지면 요즘 절실하게 요구되는 융합 역량을 키우기 어려울 가능성이 아주 높습니다. 여러분도 학

과별 정원이 유지되는 현 대학체계로는 사회와 산업의 변화에 탄력적으로 대응하기 어려우리라는 생각이 들지 않나요? 그런 의미에서 미래 사회에 필요한 교육을 하려면 전공 위주 교육에서 벗어나야만 합니다. 디지털 대전환이 일어날 미래 사회에 우리 아이들에게 어떤 역량이 필요할지 생각해보세요. 새로운 정보를 응용·활용하는 핵심 역량 및 창의력이 필요하지 않을까요? 결국 전공자율선택제의 확대는 대학의 체계적인 지원 아래 학생이 적성, 흥미에 맞는 전공, 진로를 탐색하고 선택하도록 노와 융합형 인재로 성장할 수 있도록 한다는 목표를 지닌 셈입니다. 학생의 전공 선택권을 확대하면 전공-직업 간 불일치로 인한 사회적 비용도 절감할 수 있을 테지요.

그렇다면 과연 이번 전공자율선택제는 성공적으로 운영될 수 있을까요? 무전공 선발 시 대학이 유의해야 할 사항은 무엇일까요? 일단 학생들의 학문 경험, 전문성 향상, 유연성 및 진로 지원을 고려해

| 전공자율선택제의 단계별 운영 |

입학 단계	재학 단계
·자유전공(무전공) 모집 등 혁신적인 운영을 통한 전공 선택권 확대	·전과, 복수전공 등 재학 중 원하는 교육을 받을 수 있는 제도 확대 ·전공·진로 탐색 및 선택 지원체계 구축 ·성공적인 미래 준비를 위한 맞춤형 교육과정, 비교과활동 등 지원 ·융합형 인재로 성장하기 위한 교육과정 운영, 기초소양 교육 강화

각 제도의 장점을 최대한 활용하고, 단점을 보완하는 지원체계를 마련해야겠죠.

그럼 지금부터 무전공 선발에 대해 자세히 알아봅시다. 전 계열 선택(유형 1)과 인문·사회·자연·공과 등 모집 단위 내 계열 선택(유형 2) 둘 다 장단점이 존재합니다.

유형 1 | 전 계열 선택

· 다양한 학문 경험:
폭넓은 분야의 학문을 경험할 수 있어 다양한 지식과 관점을 습득할 수 있다는 장점이 있습니다. 이를 통해 학문 간 융합이나 창의적인 아이디어 도출도 가능해지겠죠. 다만 지나치게 다양한 선택지로 인해 학생들이 선택과 집중에 어려움을 겪을 수도 있으니 상담 및 지원 시스템으로 학업 계획 수립에 도움을 줄 필요가 있습니다.

· 전문성 부족:
전문성 쌓기에 오랜 시간이 걸릴 수도 있기 때문에 전공 선택 후 심화과목 및 연구 프로젝트 등을 제공함으로써 학생들이 전문성을 향상시킬 수 있도록 해야 합니다.

· 전공 간 유연성:
학업 진행 중 전공 변경 등의 유연성을 가질 수 있다는 장점이 있습니다. 물론 학생별로 진로에 맞춘 학업 방향 재조정이 필요합니다. 다만 전공 변경 시에는 필요한 과목을 빠르게 수강하거나 학습 계획을 조정할 수 있도록 지원해야 합니다.

- 진로 지원:

학생들이 다양한 분야에서 자기 진로를 찾을 수 있도록 산학 협력·인턴십·진로 상담 등의 지원 프로그램을 마련해야 합니다.

유형 2 | 모집 단위 내 계열 선택

- 집중된 학문 경험:

인문·사회·자연·공과 등 특정 계열 내에서 다양한 분야를 경험함으로써 폭넓은 지식을 습득할 수 있다는 장점이 있으나, 범위가 제한된 만큼 학문 간 융합이나 창의적인 아이디어 도출을 위해서 다양한 분야를 경험하도록 교차 학문 경험을 장려할 필요가 있습니다.

- 전문성 향상:

특정 계열 내에서 전공을 선택하므로 해당 분야에서 전문성을 쌓기 쉽고, 심화된 연구와 실무 경험을 쌓을 수도 있습니다. 해당 분야의 심화과목과 연구 프로젝트 제공 등으로 학생들이 전문성을 더욱 향상시킬 수 있도록 지원해야 합니다.

- 유연성 부족:

모집 단위 내 계열 선택으로 인해 다른 분야로의 전공 변경이 어려울 수도 있습니다. 진로 재조정이 가능하도록 유연한 교과과정을 마련하고, 전공 변경 시 필요한 지원을 제공해야 합니다.

- 경쟁과 지원:

모집 단위 내 경쟁이 심화될 수도 있으니 학생들의 불안 해소를 위해 전공 상담·멘토링 프로그램 등의 지원체계를 강화해야 합니다.

전공자율선택제와 대학 입시

전공자율선택제가 시행되면 새로운 모집 단위 덕에 정원이 늘어나 경쟁률이 낮아짐으로써 대입이 좀 쉬워질까요? 그렇지는 않습니다. 2025학년도의 의학 계열 첨단학과 증원은 순수하게 정원을 늘려주는 '순증純增'이었으나, 전공자율선택제(무전공 입학) 아래 모집 단위의 광역화는 다른 과의 정원을 앗아오는 거니까요. 즉, 무전공 선발 인원의 확대는 다른 학과 모집 인원의 축소를 의미합니다.

무전공 선발은 대입 경쟁률과 합격 커트라인에 다양한 양상을 불러올 수 있습니다. 아직 2025년 입시가 진행 중이므로 단언할 수 없지만, 특정 전공에 구애받지 않고 지원 가능한 폭넓은 선택권 덕에 지원자 수가 늘어나 전체적인 경쟁률과 합격 커트라인이 높아지리라 예상됩니다. 대신 인기 전공과 비인기 전공 사이 기존 경쟁률과 합격 커트라인 차이는 축소될 가능성이 높겠지요. 즉, 입학 시점에서의 학과별 합격 점수 차이가 감소할 수 있습니다. 특정 학과에 대한 초기 경쟁이 줄어들 가능성도 높은 셈입니다. 이 경우, 입학 후의 전공 선택 단계에서의 경쟁이 심화될 위험이 있겠지요? 이 같은 상황에 대비해 대학은 학생들의 지원체계를 강화하고, 전공 선택과 심화학습을 효과적으로 지원하는 시스템을 마련해야 합니다.

사실 무전공 선발을 하면 모집 단위가 커질 수밖에 없습니다. 기본적으로 수험생 선발 기준이 대단위이기 때문입니다. 모집 단위 광역화로 지원 범위를 넓히고, 학과 간 경계 없이 다양한 분야에 접근할 수 있게 도와주려는 의도 때문입니다. 모집 단위 광역화에 따라 모집 정원이 늘어나면 입시 결과에도 영향을 미칠 수도 있죠. 꼬리가 늘어져서 합격 커트라인이 하락할 수도 있으니까요. 이 제도의 도입 전후로 경쟁률과 합격 점수에 어떤 변화가 있었는지 알아볼까요?

광역화 이전에는 학과별로 모집 인원을 따로 정하고, 수험생들이 특정 학과에만 지원했습니다. 인기 학과와 비인기 학과의 경쟁률이 굉장히 차이가 났죠. 예를 들어 의학·법학·경영 등 인기 학과는 항상 경쟁률이 높았고, 상대적으로 인문학·예술학과 등은 경쟁률이 낮았습니다. 경쟁률이 다르니 합격 점수 차이도 클 수밖에 없었지요. 이에 따라 인기 학과의 합격 점수는 높고, 비인기 학과는 낮았습니다. 예를 들어, 같은 대학이라도 의학과·법학과 등의 합격 점수는 상위 1% 이내에 들어야 했으나 일부 인문학과나 예술학과의 합격 점수는 상대적으로 낮았습니다.

반면, 광역화 이후로는 모집 단위가 광범위한 계열(인문, 사회, 자연, 공과 등)로 묶여 해당 계열 내에서 다양한 학과에 지원이 가능해졌습니다. 인기 학과에 몰리던 지원자가 분산되고, 비인기 학과의 경쟁률이 상승하는 효과가 나타날 수도 있겠지요. 광역화로 인한 경쟁률 변화에 따라 합격 점수도 조정됐습니다. 인기 학과와 비인기 학과 간 차이가 줄어들어 계열 내에서는 전체적으로 합격 커트라인이 비슷해진 거예요. 사회 계열 광역화를 예로 들어볼까요? 광역화 이후 인기 학과인 경영학과와 비인기 학과인 경제학과 간 합격 커트라인 차이가 눈에 띄게 줄어들었습니다.

모집 단위 광역화는 경쟁률과 합격 점수에 분명한 변화가 가져옵니다. 이전에는 학과별 경쟁률과 합격 커트라인의 차이가 컸지만, 이후에는 계열 내 경쟁률과 합격 커트라인이 조정되고 균형이 맞춰졌죠. 그러나 교육부가 돈을 무기로 아무리 정책을 밀어붙이더라도, 대학에 따라서는 전공자율선택제를 아예 안 하거나 유형 1, 유형 2 중 하나만 채택하기도 합니다. 그렇다면 이것들이 대입에 어떻게 적용되는지 본격적으로 알아볼까요?

둘 다 기존 대입과 마찬가지로 수시 전형(교과·학종·논술)과 정시 전형(수능 위주)으로 선발합니다. 수능 위주인 정시 전형의 선발 인원이 가장 많은데, 많은 대학이 모집 단위를 정시 다군에 배치했습니다. 수시 전형을 보면 상위권 대학들은 종합 전형, 중위권 대학들은 교과 전형의 선발 인원이 많지요. 종합 전형에서는 기존 학생부종합 평가 요소 중 진로 역량보다는 다른 평가 요소를 적용할 것으로 보입니다. 실제로 어떻게 진행되는지 2025학년도 일부 대학의 전공자율선택제 운영 현황을 자세히 살펴봅시다. 수도권과 지역 주요 사립대, 국공립 등을 골고루 알아보겠습니다.

| 2025학년도 일부 대학의 전공자율선택제 운영 현황 |

대학명	대학 구분	학과 명칭(모집 단위 명칭)	주/야간	정원 내 모집 인원	유형 구분
경희대	본교	자율전공학부	주간	165	유형 1
		자유전공학부		241	
계명대	본교	자율전공학부	주간	220	유형 1
고려대	본교	학부대학	주간	36	유형 1
		자유전공학부		95	
		공과대학		65	유형 2
국민대	본교	자유전공	주간	300	유형 1
		미래융합전공		528	
		법학부		77	유형 2
		경영학부		116	
		자동차융합대학		75	
		건축학부		44	
인하대	본교	자유전공융합학부	주간	270	유형 1
		공학융합학부		131	유형 2
		자연과학융합학부		40	
		경영융합학부		44	
		사회과학융합학부		41	
		인문융합학부		33	
		전기전자공학부		189	
		영미유럽인문융합학부		60	
중앙대	본교	인문대학	주간	36	유형 2
		사회과학대학		25	
중앙대	제2캠퍼스	경영경제 대학	주간	52	유형 2
		공과대학		31	
		자연과학대학		30	
		창의ICT공과대학		150	
		생명공학대학		65	

대학명	대학 구분	학과 명칭(모집 단위 명칭)	주/야간	정원 내 모집 인원	유형 구분
한국외대	제1캠퍼스	자유전공학부(서울)	주간	100	유형 1
		영어대학		37	유형 2
		핵심외국어 계열		54	
		특수외국어(유럽 지역) 계열		24	
		특수외국어(인도·아세안 지역) 계열		24	
		특수외국어(중동 지역) 계열		21	
		중국학대학		21	
		일본학대학		16	
		사회과학대학		31	
		상경대학		26	
	제2캠퍼스	자유전공학부(글로벌)	주간	224	유형 1
		인문대학		21	유형 2
		국가전략언어 계열		52	
		경상대학		19	
		자연과학대학		48	
		공과 계열		67	
		Culture & Technology 융합대학		30	
		AI융합대학		20	
강원대	본교	자유전공학부(인문 계열)	주간	39	유형 1
		자유전공학부(자연 계열)		38	
		경영대학 무전공학과		38	유형 2
		농업생명과학대학 무전공학과		26	
	제2캠퍼스	자유전공학부(인문 계열)	주간	33	유형 1
강원대	제2캠퍼스	자유전공학부(자연 계열)	주간	33	유형 1
		공학대학 무전공학과		60	유형 2

대학명	대학 구분	학과 명칭(모집 단위 명칭)	주/야간	정원 내 모집 인원	유형 구분
경북대	본교	자율전공학부	주간	326	유형 1
		인문대학 자율학부		14	유형 2
		사회과학대학 자율학부		12	
		자연과학대학 자율학부		29	
		경상대학 자율학부		30	
		공과대학 자율학부		31	
		IT대학 자율학부		22	
		IT첨단자율학부		48	
		농업생명과학대학 자율학부		28	
		첨단기술융합대학 자율학부 (로봇모빌리티우주공학 계열)		118	
		첨단기술융합대학 자율학부 (의생명공학혁신신약 계열)		67	
		공학첨단자율학부		37	
	제2캠퍼스	자율미래인재학부	주간	48	유형 1
서울과학 기술대	본교	ST자유전공학부	주간	203	유형 1
		자유전공학부(공과대학)		73	유형 2
		자유전공학부(정보통신 대학)		35	
		자유전공학부 (에너지바이오 대학)		24	
		자유전공학부(인문사회 대학)		12	
		자유전공학부 (기술경영융합대학)		14	
		자유전공학부(미래융합대학)		72	
		자유전공학부(창의융합대학)		69	
전남대	본교	자율전공학부(4년)	주간	50	유형 1
		자율전공학부(1년)		59	
		경영학부		200	유형 2
		기계공학부		134	
		신소재공학부		69	

대학명	대학 구분	학과 명칭(모집 단위 명칭)	주/야간	정원 내 모집 인원	유형 구분
전남대	본교	전자컴퓨터공학부	주간	201	유형 2
	제2캠퍼스	창의융합학부	주간	56	유형 1
		공학 계열		214	유형 2
		해양수산광역		119	유형 2
서울대	본교	학부대학 자유전공학부	주간	124	유형 1
		학부대학 광역		36	
		인문 계열		132	유형 2
		공과대학 광역		36	
		첨단융합학부		218	

(출처: 대학 어디가)

　　대부분 유형 1과 유형 2를 다 시행하는 데 비해 중앙대는 유형 2만, 경희대와 계명대는 유형 1만 실시하는군요. 단순히 예산을 지원받기 위해서만이 아니라, 교육 여건과 그간의 신입생 선발 프로세스 방침에 따라 학교가 직접 선택한 결과겠지요. 선발 인원도 경북대 사회과학대학 자율학부는 유형 2로 12명을 뽑지만, 국민대는 유형 1로 미래융합전공생 528명을 뽑습니다. 이처럼 각 대학의 운영 방식은 천차만별입니다.

　　그렇다면 대입제도의 관점에서 유형 1과 유형 2의 어떤 점에, 어떻게 주목할 수 있을까요? 수험생의 조건에 따라 유형 1과 유형 2 중 어디로 지원하는 것이 유리할까요?

| 유리한 조건에 따른 유형 1과 유형 2의 선택 |

유리한 조건	유형 1 (자유·자율 전공)	유형 2 (계열 내 전공 선택)
다양한 분야에 관심이 많고, 적성과 흥미에 맞는 전공을 찾고 싶은 경우	다양한 분야에 관심 많은 학생에게 유리	불리
미래 사회 변화에 유연하게 대응하고 싶은 경우	융합적인 사고와 다양한 경험을 중요시하는 학생에게 유리	불리
상대적으로 학업 성적이 높지만 특정 분야에 대한 경쟁력이 부족한 경우	성적이 높은 학생에게 유리	불리
전공 선택의 폭	넓음	좁음
다양한 학문적인 관심사 탐색	유리	불리
경쟁률	높을 수 있음	낮을 수 있음
이과생 쏠림 현상	예상됨	완화 가능
특정 분야에 대한 전문성 쌓기	불리	유리
안정적인 학업 환경	불리	유리
지원율	높음	낮을 수 있음
합격 가능성	낮을 수 있음	높을 수 있음
전공 선택의 불안감	있을 수 있음	줄일 수 있음

이런 조건을 성적대로 나누는 것은 의미 없는 짓일 수도 있지만, 일단 성적대별로 나누어서 생각해보겠습니다. 다음 표가 정량적인 등급이 아님을 유의하면서 살펴주세요.

| 성적대별로 본 유형 1과 유형 2의 선택 |

등급대	유형 1 (자유 · 자율 전공)	유형 2 (계열 내 전공 선택)
상위 등급	• 다양한 분야에 관심이 많고 자기 적성과 흥미에 맞는 전공을 찾고 싶은 학생 • 융합적인 사고와 다양한 경험을 쌓고 싶은 학생 • 높은 학업 성적을 가지고 있지만 특정 분야에 대한 경쟁력이 부족한 학생 • 전공 선택의 폭이 넓고 다양한 학문적인 관심사를 탐색하고 싶은 학생 • 경쟁률이 높을 수 있으므로 충분한 준비 필요	• 특정 분야에 대한 전문성을 쌓고 싶은 학생 • 안정적인 학업 환경을 선호하는 학생 • 경쟁이 덜 치열할 것으로 예상되는 학생 • 이과생 쏠림 현상에 대한 우려가 있는 학생 • 합격 가능성을 높이고 싶은 학생
중간 등급	• 미래 사회 변화에 유연하게 대응하고 싶은 학생 • 다양한 분야에 대한 경험을 쌓고 싶은 학생 • 높은 선호도로 인해 경쟁률이 높을 수 있음 • 합격 가능성이 낮을 수 있으므로 신중한 판단 필요	• 특정 계열 또는 단과대 내에서 전공을 선택하여 전문성을 키우고자 하는 학생 • 안정적이고 덜 치열한 환경을 원할 시 • 지원율이 낮아 합격 가능성이 높을 수 있음 • 특정 분야의 전문성을 키우고자 하는 학생에게 유리
중하위 등급	• 전공 선택의 폭을 넓게 가져가고 싶은 학생 • 다양한 학문적인 관심사를 탐색하고 싶은 학생 • 경쟁률이 높을 수 있으므로 충분한 준비와 전략 필요 • 선호도가 높아 이과생 쏠림 예상	• 안정적이고 확실한 전공 선택을 원할 때 • 경쟁률이 낮아 합격 가능성이 높을 수 있음 • 특정 계열 내에서 명확한 전공 목표가 있는 학생에게 유리 • 전공 선택의 폭이 제한되지만 전문성 확보 가능
하위 등급	• 경쟁률이 높아 합격 가능성이 낮을 수 있음 • 다양한 학문적인 관심사를 탐색하고 싶은 학생 • 충분한 준비와 전략 필요 • 이과생 쏠림 현상 대비 필요	• 경쟁률이 낮고 안정적인 학업 환경을 선호하는 학생 • 특정 계열 내에서 명확한 전공 목표가 있는 학생에게 유리 • 지원자 수가 적어 합격 가능성이 높음 • 전공 선택의 폭이 제한되지만 심층적인 학습 가능

2025학년도 대입 수시 모집의 경우, 무전공 선발 모집 단위의 학과 경쟁률은 높은 편입니다. 유형 1 자유전공학부는 다수 경쟁률 상위권에 위치해 있네요. 한양대(서울) 한양인터칼리지학부(자연)는 학생부종합(추천형) 전형에서 51.4 : 1로 전형 내 Top 1의 경쟁률을 보였으며, 논술 전형에서는 164.34 : 1로 상위권에 위치했지요. 경희대(서울) 자율전공학부는 논술우수자 전형에서 111.13 : 1의 경쟁률로 상위권, 아주대 자유전공학부(인문)는 논술우수자 전형에서 103.8 : 1로 Top 3에 위치했습니다. 상명대(서울) 자유전공(이공 계열)도 논술 전형에서 99 : 1로 Top 1에 위치하는 등 무전공 학과 유형 1 경쟁률은 각 대학별 전형 내에서 중상위권 이상의 순위를 보였습니다.

자유전공학부를 이미 운영하고 있던 대학들의 지원자도 크게 증가했군요. 경희대(서울) 자율전공학부는 네오르네상스 전형에서 32.83 : 1(전년도 15.89 : 1)로, 고려대(서울) 자유전공학부는 학업우수 전형에서 19.5 : 1(작년 9 : 1)로, 서울대 자유전공학부는 일반 전형에서 11.42 : 1(전년도 8.85 : 1)로 상승했습니다.

무전공 선발, 무엇이 좋고 무엇을 조심해야 할까

교육부에서 권장하는 무전공 선발은 학생들이 대학에 입학한 뒤 일정

기간 진로를 탐색하면서 자율적으로 전공을 결정하는 방식입니다. 무전공 선발에는 아래 같은 이점이 있습니다.

- **교육의 유연성과 자율성 확보:**
학생들은 본인이 원하는 전공을 선택할 수 있고, 대학은 시대와 기술 변화에 따라 새로운 전공을 도입하거나 여러 학문을 융합한 전공을 개발할 수 있습니다. 1학년 때는 관심 있는 과목의 수업을 듣거나 다양한 과목의 수업을 듣고, 2학년 때는 전공을 선택하는 방식으로 자율성을 보장합니다.

- **진로 선택 기회 제공:**
학생들에게 자신이 원하는 진로를 선택할 기회가 주어집니다. 전공 선택에 대한 압박이 줄어들고, 학생들은 다양한 분야를 탐색하며 자기 관심사와 능력을 발견할 수 있습니다.

- **융합형 인재 양성:**
무전공 선발을 통해 융합형 인재를 양성할 수 있습니다. 학문 간 경계를 허물고 다양한 지식과 기술을 결합하는 인재를 양성할 수 있습니다.

단점도 명확합니다. 현실적으로 대학의 브랜드 중시 현상 때문에 가보고 싶은 학과보다 상위권 대학이 우선시됨으로써 몇몇 대학의 경쟁률이 치솟을 가능성이 높죠. 전공 선택이 지연되면 특정 분야의 전문성 부족 등의 문제가 발생할 수도 있고요. 비인기 학과의 몰락도 예상되는군요. 그렇게 된다면 비인기 학과 교수들이 반발하겠군요. 반발을 잠재우려면 전략적인 접근이 필요합니다. 제일 좋은 방안은 변화의 이유, 대학과 학생을 위한 혜택, 새로운 시스템에 긍정적으로 기여하는 방법 등을 놓고 교수진과 토론 후에 결론짓는 것이겠지만, 소위 '밥그릇' 문제가 걸려 있기 때문에 쉽지 않을 것입니다. 이를 해결하기 위해 다음 같은 방안들을 고려해볼 수 있습니다.

근본적으로 학과 자체의 중요성을 강조해야 합니다. 비인기 학과의 중요성과 가치를 강조하는 캠페인으로 해당 학과가 사회·산업·학문에 미치는 영향과 가치를 알리고, 추가 재정 지원과 인프라 개선으로 교수진의 연구 및 교육활동을 강화해야 합니다. 지원자들의 관심을 끌 만한 최신 주제와 기술이 포함되도록 현대적인 요구에 맞춰 커리큘럼을 개정하는 일은 기본입니다. 이를 통해 학과의 발전과 학생들의 지원 유도를 촉진하는 것입니다. 학과의 실용성이 높아지면 학생들이 관심을 보일 테고, 해당 학과에 대한 학생들의 수요도 증가해 교수진의 반발이 줄어들 테니까요.

인턴십·현장 학습·연구 협력 등 관련 산업계와의 협력 강화로 학생들에게 실무 경험과 진로 발전의 기회를 제공하는 것도 도움이 되겠죠. 이로써 해당 분야의 중요성을 부각하고, 교수진이 학과 발전에 더욱더 적극적으로 참여하도록 유도합니다. 졸업생 네트워크 활성화와 대학 차원에서의 홍보활동 강화도 필요합니다. 해당 분야 졸업생들의 진출 사례를 알리고, 학과의 사회적인 가치와 잠재력을 부각

시키기 위해서요. 더불어 정기적으로 학과 교수진의 의견을 수렴해 그들의 피드백을 반영한 지원 및 개선 방안을 마련해야 합니다. 이를 통해 교수진이 대학의 방향과 비전에 참여하도록 하고, 반발을 줄일 수 있습니다.

최후의 방안은 전공 예약제입니다. 모집 단위 광역화의 보완책으로, 기초학문 분야 및 소위 비인기 학문 분야의 육성 및 보호를 위해 정원의 일정 비율 이내에서 미리 전공 선택자를 선발하는 제도를 말하지요. 전공 영역 간 불균형 문제를 최소화하기 위해서요. 전공 예약 신입생들은 반드시 예약된 전공을 선택해야 합니다. 전공 선택권 박탈의 문제는 복수전공 및 전과-전학제 허용으로 보완할 수 있죠.

성공적인 무전공 선발 정착을 위해

무전공 선발의 궁극적인 목적은 다양한 학문 분야 간 융합 촉진을 통해 창의적인 아이디어와 혁신을 유도하는 것입니다. 이에 다양한 교양과목 수강으로 여러 분야를 경험한 다음 학생 본인의 적성과 흥미에 맞는 전공을 선택할 수 있게끔 유연한 교육과정을 제공하지요. 지금부터 다른 나라의 대학을 통해 무전공 선발의 장단점을 알아봅시다. 전 세계적으로 많은 대학이 무전공 선발을 시행하고 있으니까요.

먼저, 오하이오 주립대학Ohio State University는 학제 간 융합을 통한 다양한 관심 분야 결합으로 학생들의 혁신적인 사고를 돕습니다. 학생들은 전공 학습과 함께 실질적인 경험을 돕는 멘토십 및 인턴십 등 다양한 자원과 지원 시스템을 제공받고요. 미국 스탠퍼드 대학도 첫 2년 동안 교양과목을 포함해 다양한 과목을 수강한 뒤에 전공을 확정할 수 있어요. UC 버클리도 무전공 입학제를 통해 다양한 과목을 수강한 학생들이 2년 차에 전공을 선택하도록 합니다. 캐나다 브리티시컬럼비아 대학University of British Columbia, UBC과 영국 요크세인트존 대학York St John University은 무전공 선발 및 모집 단위 광역화 성공이 지역의 지원 시스템과 연관돼 있다는 점을 알려주지요.

중국 베이징 대학北京大學을 세계적인 일류 대학으로 만들기 위해 2001년에 설립한 단과대학 위안페이元培 학원의 성과도 놀랍습니다. 이 학교에서는 다양한 과목을 수강한 후 적성에 맞는 진로를 정할 수 있습니다. 기초학문을 폭넓게 배우고, 글쓰기와 비판적인 사고 능력을 강조하는 자유전공제도를 주축으로 한 교육 혁신이 궤도에 오른 셈입니다. 학제 간 교과과정을 제공하는 모집 단위가 많은 영국의 옥스퍼드 대학에서도 일부 과목에서는 광범위한 분야를 수강할 수 있습니다. 여러 시각으로 문제를 분석·해결하는 능력을 기를 수 있죠. 학제 간 교과과정으로 통합된 다양한 지식과 기술도 학생들의 능력 향상에 도움을 주고요. 하지만 문제점도 있습니다.

첫째, 교과과정의 광역화로 학생들이 혼란스러워할 수도 있습니다. 그렇게 되면 필요한 과목 선택에 어려움이 생기겠지요. 학제 간 학습 탓에 특정 분야의 깊이 있는 학문적 탐구가 부족할 수 있다는 평가도 존재합니다. 영국 케임브리지 대학University of Cambridge이나 맨체스터 대학University of Manchester, 미국 케이스 웨스턴 리저브 대학Case Western Reserve University도 마찬가지입니다.

둘째, 특정 학과로 학생들이 쏠리는 현상이 발생합니다. 일본의 도쿄 대학東京大學, 교토 대학京都大学, 리츠메이칸 대학立命館大学, 와세다 대학早稲田大學, 오사카 대학大阪大学 등에서 나타난 양상이지요. 이렇게 되면 자연스럽게 비인기 학과의 전문성은 떨어질 수밖에 없습니다.

그렇다고 지레 겁먹을 필요는 없겠죠. 우리나라에 성공 사례가 있으니까요. 2009년 자유전공학부를 도입한 서울대의 이야기입니다. 서울대는 자유전공학부 학생들이 2학년 이후 자유롭게 전공을 결정할 수 있도록 다양한 학문 분야 간 융합을 촉진하는 커리큘럼을 제공했습니다. 학생들이 여러 시각에서 문제를 분석하고 해결하는 능력을 키울 수 있도록요. 충분한 지원체계로 전공 선택 시 학생들이 자기 적성과 흥미에 맞는 전공을 선택할 수 있도록 도왔습니다. 전공 선택 후에도 유연한 교과과정으로 자기 진로에 맞춰 학업을 설계하도록 배려했지요. 필요에 따라 전공 변경이나 교과과정의 유연한 조율이 가능하도록 함으로써, 진로 계획의 유연성을 제공했습니다. 전공 선택 후에는 심화과목과 연구 프로젝트를 통해 해당 분야의 전문성을 쌓을 기회를 제공했고요.

서울대 자유전공학부는 여전히 무전공 선발을 성공적으로 운영 중입니다. 다른 대학들도 이 같은 체계를 참고함으로써 무전공 선발의 성공 사례를 이어갈 수 있겠죠.

무전공 선발과 학생부종합 전형이 부딪히지 않을까?

현재의 수시 모집에는 다양한 경험이 도움이 됩니다. 그렇다면 일찍이 적성을 파악한 뒤에 진로와 선택과목을 정하고 관련 활동을 한 결과물을 바탕으로 대학에 진학하는 학생부종합 전형과 무전공 선발과의 관계는 어찌 될까요? 얼마 전까지 학생부종합 전형의 평가 요소로는 2017년 여섯 개 대학에서 정리한 '학업 역량, 전공적합성, 인성, 발전 가능성' 등 네 가지 영역이 가장 널리 사용됐습니다. 하지만 2022학년도 문·이과 통합 선발, 학교생활기록부 기재사항 축소 등 변화가 생겼죠. 새로운 평가 방법이 필요해지자 경희대 임진택 박사를 비롯한 다섯 대학사정관들이 「NEW 학생부종합 전형 공통 평가 요소 및 항목 개선 연구」를 새롭게 실시했습니다. 그 결과 2023학년도부터는 학생부종합 전형 평가 요소를 '학업 역량', '진로 역량', '공동체 역

| 학생부종합 전형 공통 평가 요소 및 평가 항목 |

학업 역량   대학 교육을 충실히 이수하는 데 필요한 수학 능력

❶ 학업성취도
고교 교육과정에서 이수한 교과의 성취수준이나 학업 잘전의 정도
❷ 학업 태도
학업을 수행하고 학습해나가려는 의지와 노력
❸ 탐구력
지적 호기심을 바탕으로 사물과 현상에 대해 탐구하고, 문제를 해결하려는 노력

공동체 역량   공동체의 일원으로서 갖춰야 할 바람직한 사고와 행동

❶ 협업과 소통 능력
공동체의 목표를 달성하기 위해 협력하며, 구성원들과 합리적인 의사소통을 할 수 있는 능력
❷ 나눔과 배려
상대방을 존중하고 이해하여 원만한 관계를 형성하며, 타인을 위하여 기꺼이 나누어주고자 하는 태도와 행동
❸ 성실성과 규칙준수
책임감을 바탕으로 자신의 의무를 다하고, 공동체의 기본 윤리와 원칙을 준수하는 태도
❹ 리더십
공동체의 목표 달성을 위해 구성원들의 상호 작용을 이끌어가는 능력

진로 역량   자신의 진로와 전고(계열)에 관한 탐색 노력과 준비 정도

❶ 전공(계열) 관련 교과이수 노력
고교 교육과정에서 전공(계열)에 필요한 과목을 선택하여 이수한 정도
❷ 전공(계열) 관련 교과성취도
고교 교육과정에서 전공(계열)에 필요한 과목을 수강하고 취득한 학업성취 수준
❸ 진로 탐색활동과 경험
자신의 진로를 탐색하는 과정에서 이루어진 활동이나 경영 및 노력 정도

량'의 세 가지로 변경했지요.

　'2021년 고교 교육 기여 대학 지원사업'의 일환으로 만들어진 이 자료 내용 중 학업 역량은 대학 교육을 충실히 이수하는 데 필요한 수학 능력을 뜻합니다. 주로 교과 성취 수준, 학업 발전 정도, 학업 의지와 노력 등을 평가합니다. 진로 역량은 진로와 전공(계열)에 관한 탐색 노력과 준비 정도를 가리키지요. 이수과목, 진로 관련 활동 등의 연관성을 평가합니다. 공동체 역량은 공동체의 일원으로서 갖춰야 할 바람직한 사고와 행동을 뜻합니다. 주로 태도, 타인과의 소통 능력 등을 평가합니다.

　학생부종합 전형으로 무전공 선발하는 대학에서는 진로 역량보다 다른 평가 요소를 적용할 가능성이 높습니다. 특히 서류 평가에서는 기존 학생부 종합 전형의 평가 요소 중 하나인 진로 역량을 다르게 평가합니다. 예를 들어 건국대는 진로 역량 대신 성장 역량을, 경희대는 진로 역량 대신 자기주도 역량을 평가합니다.

　이렇게 살펴보면 고등학교 때 이미 적성을 파악해서 선택과목도 진로에 맞게 선택 이수하는 학생부종합 전형과 전공자율선택제는 잘 안 맞는 것처럼 보입니다. 그렇지만 진로 역량 외에도 여러 전형요소를 통해 충분히 학생을 선발할 수 있잖아요? 2025학년도 경희대 수시 모집 선발과 관련된 다음 표를 통해 차이를 알아봅시다.

| 경희대 자율·자유전공학부 선발 전형과 반영 비율 |

모집 단위		전형	선발 인원	반영 비율
수시	자율전공학부 (서울)	학생부교과 지역균형 (재학생만 응시 가능)	49명	학생부 교과 및 비교과(출결·봉사) 70%+ 교과 종합 평가 30%
	자유전공학부 (국제)		187명	*최저 기준_국·수·영탐(과/사) 중 2개 영역 등급 합 5 이내, 한국사 5이내(탐구 2과목 평균등급 반영. 소수점 자리 버림 없이 그대로 반영)
	자율전공학부 (서울)	학생부종합 네오르네상스	18명	1단계: 학생부 서류 평가 10%(3배수 내외) 2단계: 1단계 성적 70%+면접 30%
		논술우수자	8명	논술 100% 사회 계열과 마찬가지로 수리 논술 포함_ 사회·경제에 관한 도표, 통계 자료 등이 포함된 제시문을 해석하거나 논제를 수학 적 개념과 풀이 방법을 이용한 논술 유형 으로 출제
정시	자율전공학부 (서울)	수능 위주	88명	국어 30%+수학 30%, 탐구 25%, 영어 15%, 한국사 감점 적용
	자유전공학부 (국제)		54명	국어 20%, 수학 35%, 탐구 30%, 영어 15%, 한국사 감점 적용(자연 계열 반영 비율 적 용. 단, 과탐 가산점 미적용)

위의 표가 자율전공학부(자유전공학부) 내에서 수시와 정시의 비교라면, 다음은 일반학과와 자유전공학부를 비교한 표입니다. 서류 평가 요소에 차이가 보이지요?

| 경희대 일반학과 vs. 자유·자율전공학부 서류 평가 요소 비교 |

구분	평가 요소	평가 항목	일반학과 (학부)	자유·자율 전공학부
교과 전형: 정성평가	학업 역량 _ 대학 교육을 충실히 이수하는 데 필요한 수학 능력	학업성취도	50%	30%
		학업 태도		40%
		탐구력		30%
	학업 역량 _ 자신의 진로와 전공(계열)에 관한 탐색 노력과 준비 정도	자율전공학부(서울)	50%	미반영
종합 전형: 평가 요소	학업 역량	학업성취도/학업 태도/탐구력	40%	40%
	진로 역량	전공(계열) 관련 교과이수 노력/전공(계열) 관련 교과성취도/ 진로 탐색활동과 경험	40%	미반영
	자기주도 역량	자기주도 교과이수 노력/ 자기주도 관련 교과성취도/ 자기주도 진로 탐색활동과 경험	미반영	40%
	공동체 역량	협업과 소통 능력/나눔과 배려/성실성과 규칙 준수/리더십	20%	20%

전공자율선택제에 대처하는 자세

무전공 선발 확대로 교육환경, 학생들의 선택권, 대학의 운영 방식 등에 다양한 변화가 나타날 수 있습니다.

1. 학생들의 선택권 확대

학생들의 선택권 확대는 융합형 인재 양성에 도움이 됩니다. 입학 직후 다양한 분야의 수업을 듣고 난 뒤, 2학년 때 적성에 맞춰 진로를 정할 수 있으니까요.

2. 전공 간 융합 및 유연성

전공 간 경계를 허무는 융합형 인재 양성에 기여할 수 있습니다. 다양한 분야의 수업을 수강하고, 본인 관심사와 능력에 따라 전공을 선택할 수 있으니까요. 학생들은 이를 통해 융합적인 지식과 기술을 결합하는 능력을 키울 수 있겠지요.

3. 대학 운영 방식 변화

학과 편중 예방과 학생들의 다양한 요구 반영을 위해 대학은 운영 방식을 조정해야 합니다. 학생 상담, 지원 프로그램, 교육과정 개편 등이 필요할 수 있습니다.

4. 진로 탐색 기회 제공

자기 관심사와 능력을 탐색한 뒤 진로를 선택하게 함으로써 미래에 대한 목표를 더욱 명확하게 설정할 수 있도록 도와줍니다.

5. 대학 간 경쟁력 변화

무전공 선발 확대로 대학 간 서열이 더욱 공고해지거나 인기 학과와 비인기 학과의 차이가 커질 위험이 있습니다.

대학들은 무엇에 유념해야 할까요?

| 전공자율선택제 시행 시 유념해야 할 사항 |

주제	내용
선발 유형 선택	• 유형 1은 전공을 정하지 않고 모든 전공을 자율 선택하는 방식 • 유형 2는 계열 또는 단과대 단위로 전공을 선택하는 방식
전공 선택 자율성 보장	• 무전공 선발로 학생들의 전공 선택권을 최대한 보장 • 2학년 때 학생들의 전공 선택이 100% 자율이 될 수 있도록 해야 함
학과 편중 현상 예방	• 특정 학과로 학생들이 쏠리는 현상을 방지해야 함 • 다양한 지원 프로그램을 도입과 학생 상담 강화 필요
교육과정 개편	• 무전공 선발로 학과/전공 운영 방식 개선 • 학생들의 수요와 진로를 반영하여 학사 구조를 개편 • 교육과정을 개발하고 운영
대학 간 서열 고려	• 대학 간 서열이 더욱 공고해질 수 있음 • 학생들이 입학을 결정할 때 고려할 요소 중 하나일 수 있음

무전공 선발 시, 대학들이 유념해야 할 주요 내용을 조금 더 구체적으로 살펴볼까요? 이렇게 보니 참으로 어려운 과제처럼 보입니다.

· 다양한 교과과정 제공

다양한 분야의 경험이 가능하도록 여러 교과과정을 균형 있게 제공해야 합니다. 과학·인문학·사회과학·예술 등 광범위한 분야에서 기초 교과과정을 구성해 폭넓은 학문적 경험이 가능하도록 해야 합니다.

· 전공 선택 지원

2년 차 또는 3년 차의 전공 선택 시 충분한 지원체계를 마련해야 합니다. 학생들이 자기 적성과 흥미에 따라 전공을 선택할 수 있도록 상담 서비스·세미나·설명회 등의 지원 프로그램을 마련하고, 각 전공 분야의 교수들과의 멘토링 프로그램을 제공해야 하지요.

· 학문 간 융합 촉진

학생들이 다양한 학문 분야에서 얻은 지식을 융합할 수 있도록 학제 간 협력과 융합 연구 촉진이 가능한 교과과정을 마련해야 합니다. 융합 또는 복수 전공 프로그램 제공으로 다양한 분야의 교수들과 협력함으로써 학문 간 연구가 가능하도록 장려해야 합니다.

· 학문적인 깊이 확보

해당 분야에서 깊이 있는 연구를 할 시간이 부족해지는 일을 방지하기 위해 2학년 또는 3학년에 전공을 선택한 후 빠르게 심화과목을 수강할 수 있는 지원체계를 마련해야 합니다. 가속화된 교과과정 또는 연구 프로젝트 제공 등으로 학생들의 전문성을 높일 수 있도록 해야 합니다.

· 유연한 교과과정

전공 선택 후에도 필요에 따라 변경이 가능하도록 유연한 교과과정을 제공해야 합니다. 이를 통해 학생들은 다양한 분야를 경험한 후 진로에 맞춰 학업을 설계할 수 있습니다. 특정 연구 분야를 결정하기 전에 여러 전공의 입문과정을 수강할 수 있는 프로그램을 개설합니다. 여기에는 단기 프로젝트, 워크샵 또는 세미나 등이 포함될 수 있습니다.

• 산학 협력 및 진로 지원
학생들이 전공을 선택한 후, 해당 분야에서 경력을 쌓고 진로를 찾을 수 있도록 산학 협력 및 진로 지원 프로그램을 마련해야 합니다. 기업과의 협력, 인턴십, 현장 학습 등의 기회를 제공해 학생들이 실무 경험을 쌓고 진로를 발전시킬 수 있도록 돕습니다.

• 학업 방향의 조율
학업 방향을 잡지 못하는 일을 방지할 수 있도록 주기적으로 학업 진척도 평가와 조언이 제공되는 시스템을 마련해야 합니다.

• 학생들의 만족도 조사
무전공 선발제도의 효과를 평가하고 개선하기 위해 학생들의 만족도와 피드백을 정기적으로 수집해야 합니다. 이를 통해 제도의 장단점을 파악하고, 학생들의 요구에 맞는 개선안을 마련할 수 있습니다.

• 인프라 및 학습 자원
학생들이 도서관, 실험실, 온라인 플랫폼 같은 다양한 학습 자원에 접근하여 다양한 연구 분야를 탐색할 수 있도록 보장합니다.

대학에서는 다양한 과목을 배울 수 있으므로 학습의 유연성도 중요합니다. 이제는 전공에 집중하는 것보다 다양한 진로 탐색과정이 더욱더 중요한 시대니까요. 학생들 역시 다양한 전공 탐색에 대한 적극적인 의지가 필요하겠지요. 새로운 지식이나 방법론에 빠르게 적응하려면 논리적인 사고와 문제 해결 능력도 필요할 테고요.

학생 스스로 자기 자신이 가장 흥미를 느끼는 분야가 무엇이며, 어떤 일을 할 때 가장 즐거운지 깊이 고민해야 합니다. 지속적으로 내면을 탐색하고, 각종 활동(동아리활동, 봉사활동, 인턴십 등)을 해보는 일이 도움이 될 거예요. 본인의 강점과 약점을 객관적으로 파악하면 진로 선택에 유용하게 활용할 수 있으니까요. 그 기저에는 학생이 추구하는 가치는 무엇이며 어떤 삶을 살고 싶은지에 대해 명확하게 확립된 가치관이 깔려 있어야겠죠.

수능 이원화

•

"언젠가 찾아올 논·서술형 입시를
어떻게 대비해야 할까"

수능을 이틀에 나누어 두 번 본다고?

2024년 늦은 여름, 국가교육위원회에서 큰 뉴스가 나왔습니다. '수능을 이틀씩 나누어서 4일간 두 번 본다, 수능을 Ⅰ·Ⅱ로 나누고 Ⅱ에는 논·서술형 문제를 포함시킨다, 학생부 교과 성적을 위한 평가문항의 출제와 채점은 외부기관이 맡는다' 등등. 2023년 10월의 언론 인터뷰(《한국일보》 2023. 10. 16.)에서는 이주호 교육부 장관이 2026년에 2031학년도 대입 개편안을 발표할 수도 있다는 이야기를 했습니다. 아직 2028학년도 대입 개편안도 시행되지 않았는데 말입니다. 이에

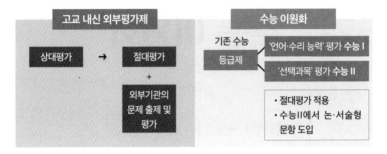

| 고교 내신 외부평가제와 수능 이원화 |

고교 내신 외부평가제

상대평가 → 절대평가 + 외부기관의 문제 출제 및 평가

수능 이원화

기존 수능 등급제 → '언어·수리 능력' 평가 수능 l / '선택과목' 평가 수능 ll

• 절대평가 적용
• 수능ll에서 논·서술형 문항 도입

수능 이원화라는 키워드에서 국가교육위원회와 내신 외부평가를 같이 다루지 않을 수 없습니다.

우리나라에는 대통령 직속 국가교육위원회(이하 국교위, 위원장 이배용)가 있습니다. 국교위는 2021년 7월 1일 국회에서 국교위 설치 및 운영에 관한 법률 제정안이 통과됨에 따라 2022년 7월 21일 대통령 직속으로 설치된 대한민국의 교육 정책 관련 합의제 행정기관(행정위원회)입니다. 이 기관에서는 10년마다 법률(제10조 제1항 제1호)에 따른 국가 교육 발전 계획을 수립해야 하지요. 첫 번째 계획안은 2026~2035년의 10년간 발전 계획안입니다. 그런데 이를 둘러싸고 벌써부터 말이 많습니다. 국교위 내부 갈등부터 비공개 회의까지 말이지요.

2024년 8월 19일과 9월 20일, SBS의 손기준 기자는 단독으로 깜짝 놀랄 만한 뉴스를 보도했습니다. 특히 9월 20일 자 "'수능 나흘 실시" 개편안 초안을 보니…… 사회적인 합의 필수'라는 뉴스가 나가자 국교위를 비롯해 교육계가 발칵 뒤집혔죠. 이 보도 내용을 간추리면 다음과 같습니다.

대통령 직속 국교위가 논의 중인 '국가 교육 발전 계획' 초안이 공개됐습니다. 이 초안에는 수능을 연 2회로 확대하고, 회당 이틀씩 총 나흘간 시험을 치르도록 해 수험생의 부담을 줄이겠다는 방안이 포함돼 있습니다. 이른바 '진로형 수능'은 '기초 수학 능력 검사(수능 I)'와 '교과별 학업성취도 평가(수능 II)'로 나뉘며, 수능 II에는 서술형과 논술형 문항이 포함될 예정입니다. 이 같은 변화는 종합적인 사고력과 문제 해결 능력을 평가하겠다는 취지입니다.

대입 전형에서도 큰 변화가 예고됐습니다. 기존 사회통합과 지역균형 선발 전형을 통합하고, 정원 외 자율선발 방식으로만 운영하겠다는 내용이 포함됐으며, 지방 의대의 지역인재 의무 선발제도 폐지도 검토 중입니다. 현재 지방 의대는 최대 정원의 40% 이상을 지역 출신 인재로 의무 선발하고 있으며, 올해 의대 입시에서만 1,913명을 선발합니다. 그러나 개편안이 시행될 경우, 이러한 의무 선발 비율이 없어져 지방 의료 인력 확보에 어려움이 생길 것이라는 우려도 제기되고 있습니다.

고교 내신 성적을 외부기관이 평가하도록 하는 방안도 논의 중입니다. 이는 평가의 공정성과 신뢰성을 높일 수 있다는 긍정적인 의견이 있는 반면, 고교 서열화를 심화시킬 수 있다는 부정적인 의견도 있습니다. AI 디지털교과서 도입 역시 초안에 포함됐으며, '에듀테크 산업 활성화'와 '교육의 산업 종속화'라는 찬반 논쟁이 있습니다. 이처럼 다양한 변화가 논의되고 있지만, 각 방안에 대한 반대 의견이 초안에 충분히 반영되지 않았다는 비판도 제기되고 있습니다. 국교위는 내년 3월 최종 계획을 발표할 예정이며, 만약 이번 초안이 확정될 경우 현재 초등학교 고학년 학생들이 대입을 치를 때부터 적용될

║   가능성이 큽니다.

(출처: SBS 8뉴스, 2024.9.20.)

보도 후 입시 업계에서는 아직 2028학년도 대입도 아직 치르지 않았는데 왜 또 제도가 바뀌냐며 말이 많았습니다. 국교위에서는 문건 유출자 색출로 난리가 났다고 하더군요. 공개된 보고서가 국교위 산하 전문위원회에서 비공개로 보고된 것이었거든요. 어쨌든 국교위는 해당 보도에 즉시 다음과 같은 해명을 냅니다.

> 향후 10년간 중장기 교육 정책 방향을 설정하고 교육의 질을 높이기 위해 국가 교육 발전 계획을 수립 중에 있다. 최근 중장기 국가교육발전전문위원회 논의와 관련해 충분히 숙고되지 않은 내용이 언론으로 보도됨에 따라, 국교위는 중장기 국가 교육 발전 전문위원회의 논의 상황을 점검하기 위해 9월 6일(금)에 중간 보고를 받은 바 있다. 보도 내용에 포함된 '수능 연 2회, 나흘간 시행' 등은 전문위원회 내에서도 일부 위원이 주장한 내용이다. 자문 기능을 가진 전문위원회의 중간 보고는 국교위에서 검토 및 논의된 바 없으며, 중장기 국가 교육 발전 계획의 초안이 아니라, 다양한 참고 자료 중 하나일 뿐이다.

그러나 보도는 여기서 멈추지 않았습니다. '객관식 위주 수능 개편한다…… 새 학년 3월 → 9월도 검토'(《조선일보》2024. 9. 24.), "수능 이원화, 논·서술형 도입" 대입 개편 추진'(《한국일보》2024. 9. 25.)이라는 제하의 보도가 이어졌지요. 국교위는 이에 대해서도 위와 같은 맥락으로 부인하지만, 글쎄요…… 과연 아니 땐 굴뚝에 연기가 날까요?

보도 내용에 세부 과제라고 명시된 수능 이원화, 고교 내신 외부평가 도입, 사회통합전형 및 지역균형 선발 통합 등의 내용은 전문위원회 차원의 자문 의견으로 국교위 차원에서 검토된 바 없다. 이와 관련해서는 설명 자료를 기 배포(8.20, 8.21, 8.23, 9.1, 9.24)한 바 있다. 아울러 국교위가 심의 중인 '중 장기 국가 교육 발전 계획 교육 비전 및 핵심 과제(안)'에 포함돼 있지 않으며 9월 25일 열리는 국교위 2주년 기념 토론회 발제 자료에도 포함돼 있지 않 다. 수능을 포함한 대입제도 등 구체적인 정책 과제와 개선 방안은 큰 방향성 을 설정한 이후 다양한 의견 수렴을 거쳐 구체화해나갈 예정으로, 이번 9월 25일 토론회에서의 주요 논의 사항이 아니다.

국교위에 보고되는 과정이나 쉬쉬하는 모양새가 심상치 않아서 일까요? 이 안의 채택 가능성에 대한 설왕설래가 끊이지 않습니다.

| 국교위 교육 발전 계획 초안 요약 |

항목	내용
수능 실시	연 2회, 회당 2일씩 나흘간(4일간) 시험 시행 수능1: 기초 수학 능력 수능2: 교과별 학업성취도 평가 (서술형, 논술형 포함)
대입 전형	사회통합과 지역균형 선발 전형 통합. 정원 외 자율 선발로 변경
지방 의대 지역인재 선발	일정 비율 이상 지역인재 의무 선발 폐지 검토
고교 내신 평가	외부기관 평가 도입 검토
추가 사항	AI 디지털 교과서 도입 검토, 에듀테크 산업 육성 논의

1994학년도 이래 구성·형식·성격·절차상으로 여러 번 변화했지만, '대학수학능력시험'이라는 명칭과 목적은 쭉 유지됐습니다. 그런데도 자꾸 수능에 대한 지적이 등장하는 것은 타당성이나 신뢰도 면에서 아쉬운 점이 있기 때문일 것입니다. 변화 속에서도 유지 중인 수능의 체제와 주요 특징은 다음과 같이 요약됩니다.

〈고교 교육의 정상화 조건 충족〉
• 고등학교 거의 모든 교과목을 출제 대상으로 한다.

〈입시 경쟁의 공정성 조건 충족〉
• 문항 개발 및 시행에 막대한 인적 및 물적 자원이 투입된다.
• 수시와 정시 모집에 반영되며 특히 정시 기준 전형 요소 중 반영 비중이 가장 큰 전형 자료이다.
• 연 1회 실시해 표준점수 및 백분위, 등급을 해당 연도에만 사용한다.

(출처: 김성훈, 「대학수학능력시험 체제의 타당성 진단」, 2009.9.)

수능에 결과적인, 또는 상황적인 타당성은 물론 절차의 공정성, 평가의 신뢰성, 내용적인 타당성, 예언적인 타당성 등을 확보하려면 여러 요소가 가미돼야 합니다. 문제은행식 출제, 기출 문항의 재사용 문제, 문항 반응 이론을 이용한 동등화, 복수 시행, 공정한 문항 추출 등등 말이지요.

처음이 아닌 수능 이원화 논의

현실적으로 수능을 2회 이상 본다면 수험생들의 심적 부담이 커질 것입니다. 사교육비 증가에도 영향을 미치겠죠. 학생 간, 학교 간, 지역 간 불평등에 대한 우려도 있고요. 정권이 바뀌거나 제도가 개편될 때마다 늘 수능 이원화 이야기가 나왔으나 번번이 채택되지 못한 까닭입니다.

이번에도 그럴 가능성이 있기는 하지만, 어쨌든 국교위가 역점을 두고 진행하는 국가 중장기 교육 계획안에 들어 있으니 예전과는 상황이 다를 수도 있습니다. 부디 이번에는 좀 더 깊은 논의와 공론화 과정을 거쳐 완결되기를 기대합니다. 특정 개인의 의견이 아니라, 전체적으로 의견을 모아서요. 입시제도는 한번 결정되면 최소한 5년 이상 지속되는 것이 기본이니까요.

그나저나 수능을 연 2회 보겠다는 발상의 진의는 무엇일까요? 건국 이래, 대한민국은 대입에 관한 한 안 해본 일이 거의 없습니다. 적성 검사식의 시험도 보았고, 발전된 학력고사도, 국·영·수 위주 시험도 처음이 아닙니다. 수능 이원화 역시 마찬가지지요. 그런데 왜 또 수능 이원화일까요? 아직 국교위 보고의 세부 내용이 공개되지 않아 한계는 있습니다만, 과거 논의들에서 크게 벗어나지는 않으리라 가정하고 자세히 들여다보겠습니다.

1. 1990년대 수능 이원화 논의

과거에는 수능 이원화 논의가 얼마나 진행됐을까요? 이미 90년대 연구자들에 의해 수능 이원화 관련 논의가 있었습니다. 박경숙의 「대학수학능력시험의 발전 방안(RR95-19)」에는 수능 전반에 대한 좋은 제안들이 실려 있습니다. 문제은행을 이용하는 문항의 출제·관리 방식 이외에도 말이죠.

이 논문의 1안에서는 시험을 기초공통과 심화선택의 두 종류로 나누되 기초공통 시험은 계열별로 제작하고, 심화선택 시험은 교과별로 제작해 1년에 2회 실시하자고 제안합니다. 2안에서는 시험 종류를 기초공통과 심화로 나누되, 모두 계열별로 제작하자고 하지요. 시험은 1년에 1회 시행하되, 상황에 따라 2회 실시 및 심화 시험 응시 제한을 고려하자는 것입니다. 3안은 1안처럼 시험을 기초공통과 심화선택 2종류로 나누되 일반적성을 측정하는 기초공통 시험은 전 계열 공통으로 제작해 1년에 2회 이상, 심화선택 시험은 교과별로 1년에 2회 실시할 것을 제안합니다.

이근 외의 「대학수학능력시험의 장기 발전 방안 연구(RRE98-7)」에서는 발전될 대학수학능력시험의 기본 유형으로 수능 이원화를 언급합니다. 당시 운영되던 제7차 고등학교 교육과정의 특징은 고1까지 국민공통 기본 교과목을 학습하고 2~3학년 동안 학생의 능력·적성·진로·흥미를 고려한 다양한 교과목을 제시함으로써 학생의 교과목 선택권을 확대하는 것이었습니다. 따라서 전 교과목을 모두가 공통으로 배우는 학습 방식을 지양하고, 학생 본인의 진로와 흥미에 따라 교과목을 선택해 집중 이수하는 형태였지요. 이에 따라 학생들이 전 교과목 공통으로 학습한 내용과 선택 후 집중 이수한 내용을 평가하는 시험으로 이원화된 새로운 수능체제를 도입해야 한다고 주장하는 학자들이 있었습니다.

해당 연구에서는 공통 시험을 '대학 교육 적성 시험' 혹은 '기초학력고사'로 나누어 구상했고 선택 시험은 기본적으로 과목별보다 교과별 혹은 교과 내 영역별 시험으로 구안했습니다. 선택 시험은 제한된 주요 선택 교과목을 기초로 하는 '교과별 학력고사'와 보다 확대되고 세분화된 선택 교과목을 기초로 하는 '교과별 선택 시험'으로 분류했지요. 연구진의 잠정적인 결론은 공통 시험과 선택 시험이 서로 역할 분담 내지 상호 보완적인 측면을 지니는 것이 좋다는 것이었습니다. 공통 시험은 최소자격 시험으로, 선택 시험은 대학의 모집 단위별로 요구되는 (대학에서 학업을 지속할 수 있을 정도의) 교과 학력을 충실히 재는 시험이 되길 바란 것이죠. 그렇다면 공통 시험으로는 대학 교육 적성 시험이, 선택 시험으로는 교과별 선택 시험이 가장 나은 대안이될 수 있다고 설명했어요.

다음은 해당 연구 논문에서 제시된 '발전된 수능체계'입니다. 원래 표에서 이원화된 수능 관련 부분을 발췌해 재구성합니다.

| 대학수학능력시험의 단계별 발전 방안 |

시험의 종류		시험 과목	출제 관리	실시 회수 및 비고
2종(계열 구분 없음) ○ 대학수학 능력시험 I	·대학교육 적성 시험 (1안)	○언어, 수리 혹은 언어, 수리, 영어	대학수학능력시험 I 의 1안과 2안: 문제 은행식(한국교육과정 평가원이 출제 및 관리)	○1안 2안 모두 시험 의 난이도는 국민 공통 기본 교육과정 의 수준으로 하고, 측정하는능력은 일반 대학수학능력 여부 로 한다. ○연 2회
	·기초 학력고사 (2안)	○국어, 수학, 과학, 사회, 영어 등 주요 교과		
대학수학 능력시험 II	·교과별 학력고사 (1안)	○국어, 사회, 영 어, 과학, 수학 을 기본으로 하 고 체육, 음악, 미술, 정보는 필 요에 따라 지필 고사 실시	대학수학능력시험 I 의 1안과 2안: 문제 은행식(대학이나 시· 도 교육청의 수험생들 의 요구에 의해 한국교 육과정평가원이 문제를 제공하고 시행 및 관리 는 시험 주체가 담당함)	○시험 범위와 수준은 1안, 2안 모두 교과 별 심화 선택과목으 로 한다. ○연 2회
	·교과별 선택 시험 (2안)	○교과별 학력고 사와 동일하게 시험 과목을 구 성하며 이수 정 도에 따라 온시 험과 반시험으 로 이분화		

고등학교의 모든 교과와 교과 내 영역별 과목들은 학생들의 이수 분량과 수준에 따라 온시험과 반시험이라는 형태로 구현될 수 있습니 다. 교과별로 학생이 전부 이수했거나 단위 수가 크고 비중이 높은 과

목은 온Full시험(영국의 시험 등급 GCE-A 1evel과 유사)으로, 부분 이수했거나 단위 수가 비교적 적은 과목 또는 실기 시험을 감안한 과목은 반Half시험(영국의 시험 등급 GCE- AS level과 유사)으로 이분화해 선택의 폭을 넓혀줍니다.

2. 2000년대 수능 이원화 논의

2000대 들어서는 「대학수학능력시험의 문제점 및 개선 방안」(백순근, 2003), 「대학수학능력시험 개선 방안 연구」(이종승 등), 「미래 교육을 위한 대학수학능력시험의 개선 방안 연구」(김신영, 2008)의 논문에서 수능 개편을 위한 기본 모형을 제시합니다. 이 논문들에 수능 이원화 이야기가 나오지요.

백순근 교수는 논문에서 국민공통 기본 교육과정에 근거한 '기초 공통 시험'과 교과목 선택 교육과정에 근거한 '교과목별 선택 시험'으로의 이원화가 필요하다고 주장합니다. 모든 수험생을 대상으로 '기초 공통 시험'을 실시하되, '교과목별 선택 시험'은 고등학교 내신 성적 상위 몇 퍼센트 이내 혹은 '기초공통 시험' 몇 점 이상 등으로 시험 응시 자격을 제한해 수능의 출제 및 관리의 융통성을 제고할 필요가 있다는 것이지요. 이 논문에서는 시험의 시행 방법 및 절차의 개선 방안도 이야기합니다. 수능을 1년에 여러 번 응시할 수 있도록 하자는 것입니다. 현행 수능과 같이 대입 전형에서 매우 중요한 시험을 1년에

| 현행의 수능과 개선 방안(요약) |

주요 내용	수능(현행)	개선 방안
시험의 명칭 및 성격	- 대학수학능력시험(대학 교육을 위한 시험) - 통합과학 및 과목 소재를 이용한 시험 - 학력고사와 학업적성 시험의 혼합형	- 고등학교 졸업 자격 시험 혹은 학력고사로 변경(고등학교 교육을 위한 시험) - 교과별 학력고사로 하되 '기초공통 시험'과 '교과목별 선택 시험'으로 이원화
시험의 내용	- 단일 유형의 시험(내용 면) - 단일 수준의 시험(난이도 면) - 선다형 문항으로 구성	- 다양한 유형의 시험(내용별) - 다양한 수준의 시험(난이도별) - 서술형이나 논술형 등 수행평가 문항을 포함
시험의 출제 방법	- 감금식 출제 방식 - 출제진이 최종 문항 선정 - 1회용 문제지 제작 방식	- 재택 출제 방식(출제진과 최종 문항 선정 팀 분리) - 문제은행식 운영 방식 도입
시험의 시행 방법 및 절차	- 교육과학기술부(현 교육부)가 수능의 기본 정책을 수립, 평가원에 위탁 시행 - 평가원과 시·도 교육청이 시행 - 지필 식 시험으로 실시 - 1년에 1회 실시	- 평가원이 정책 수립 및 시행 전담 - 평가원과 대학이 시행 - 1년에 여러 번 실시 - 지필식과 컴퓨터식 병행 실시
시험 결과의 활용	- 원점수(raw- score) 활용 - 시험 성적 1년간 유효 - 모든 영역의 점수 활용 - 전국의 거의 모든 대학에서 활용	- 표준점수 혹은 등급 활용 - 시험 성적 2년 이상 유효 - 특정 영역의 점수 활용 - 대학의 성격이나 특성에 따라 선별적으로 활용

(출처: 백순근, 「대학수학능력시험의 문제점 및 개선 방안」, 2003)

1회 시행하는 것은 준비하는 수험생들에게는 너무나 가혹한 일이라는 것이지요. 수능도 미국의 SAT처럼 1년에 6~7회 응시 기회를 주거나, 적어도 1년에 2~3회의 기회를 줄 수 있도록 해야 한다고 역설합니다. 부분적으로라도 서술형이나 논술형 등 수행평가 문항을 포함시키는 방법도 검토할 필요가 있다고 이야기하고요.

　한편, 이종승 교수는 대학수학능력시험의 개선 방안 세 개와 관련해 정책적인 제안을 합니다. 성격에 따라 '기초 수학 능력 시험', '표준화된 기초 학력 시험', 현행 수능의 기본 틀을 유지하는 모형을 제시하죠. 한편, 김신영 교수는 국가 수준의 공신력 있는 검사 도구로써 수능이 지속적으로 발전해야 한다는 전제로, 이종승 교수 등이 논의한 '기초 수학 능력 시험'과 '표준화 기초 학력 시험'을 포함하는 공통·선택 이원화 체제를 제안합니다. 이를 위해 시험체제 재정비로 고등학교 졸업 시 기대되는 '학업 능력 평가 시험'으로서의 성격을 분명히 하고, 학생들 수준을 고려한 변별력을 갖춘 검사체제를 갖추자고 제안하지요. 대학수학능력시험의 변별력을 높이는 것이 대학별 고사보다 경제적이라는 까닭입니다. 더불어 수능에서 제외되는 교과에서는 시험 이외의 다른 평가 방법을 통해 그 학업의 가치를 보여줘야 한다고도 주장합니다.

　이후 '대학수학능력시험의 현안 문제와 미래 전망'(2009. 9.)을 주제로 열린 '제2회 KICE 교육과정·평가 정책 포럼'에서 기조 발제를 맡은 이종승 교수는 다시 한번 수능 이원화를 주장합니다. 보편적인 학업능력 측정이라는 취지가 퇴색한 탓에 수능은 종전의 학력고사

| 수능 이원화 주장의 개요 |

구분	시험명	내용
수능 I	기초 수학 능력 검사	• 대학 수학에 기초가 되고 공통적인 보편적인 능력을 측정하는 시험 • 통합교과적인 소재를 활용하여 국민공통 기본 교육과정과 고등학교 교육과정의 공통 필수교과의 내용과 수준에 알맞게 출제 • 사고 중심의 검사로서 언어능력과 수리능력(고등학교 공통수학의 범위)을 측정
수능 II	교과목별 학업성취도 검사	• 고등학교 교육과정에 있는 주요 교과목의 학업성취도를 측정 • 각 대학에서 필요로 하는 교과목들에 한하여 실시하며, 수험생들은 자신이 지망하는 대학이나 전공 분야에서 요구하는 검사를 선택해서 응시 • 수능의 시험 과목은 국어, 영어, 수학을 비롯하여 과학교과, 사회교과, 제2외국어 등 대학에서 요구하는 교과목

와 별다를 바 없이 변질됐으므로, 미국의 SAT와 같이 Ⅰ·Ⅱ로 구분해서 실시하는 것이 낫지 않느냐고 주장하는 것이지요. 그의 주장은 위의 표와 같습니다. 그러면서 이원화해 '기초 수학 능력검사'(수능Ⅰ)와, '주요 교과목별 학업성취도 검사'(수능Ⅱ)로 나누어 실시할 경우, 수능Ⅰ의 시험 범위와 수준은 모든 학생이 고1에 이수하는 국민공통 기본 교육과정으로 한정할 것을 제안하지요. 시험의 수준과 범위를 고등학교 1학년에서 이수하는 국민공통 기본 교육과정으로 제한하면 고2부터 응시할 수 있고, 시험도 연 2회 실시할 수 있다는 논리입니다. 응시 기회가 확대됨으로써 현행의 연 1회 실시로 발생하는 여러 부작용을 막을 수 있으리라는 것이지요. 더불어 수능 성적의 유효기간을 늘

리는 것도 주장합니다. 이어서 수험생의 응시 기회를 확대하거나, 시험 성적의 유효기간을 확대하기 위해 앞서 시험 점수의 동등화 조치가 필요하다고도 주장하지요. 이 주장을 정리해보겠습니다.

1. **시험 유형 이원화**: 교과목별 '학업성취도 검사'와 '기초 수학 능력 검사'로 시험을 나누면 교과 내용을 심도 있게 평가하고, 예언타당도 및 변별력 문제를 완화할 수 있습니다. '기초 수학 능력 검사'는 학생들의 기초 수학 능력에 대한 전국 단위의 학력 기준을 제공할 수 있습니다.

2. **응시 자격 및 횟수 확대**: '기초 수학 능력 검사'의 응시 자격을 고등학교 2학년부터 부여하고, 시험을 연 2회 실시해 학생들에게 더 많은 응시 기회를 제공합니다. 이를 통해 연 1회 실시로 인한 문제점들을 해소할 수 있습니다.

3. **출제 방식 개선**: 문제은행식 출제 방식을 도입하면 출제 시간과 문항의 질을 높일 수 있으며, 문항의 난이도와 변별도를 적정 수준으로 유지할 수 있습니다. 기존의 비효율적인 폐쇄형 합숙 출제 방식에서 벗어나야 한다는 주장입니다.

4. **수능 성적 유효기간 연장**: 수능 성적의 유효기간을 2년으로 연장하면 재수생의 수를 줄이고, 불필요한 사교육비를 줄이며 학생들의 시험 부담을 경감할 수 있습니다.

3. 2010년대 수능 이원화 논의

2014학년도 수능은 수능 이원화와 비슷한 양상을 띠었습니다.

2009 개정 교육과정의 취지에 따라 수준별 시험을 도입했거든요. A형은 기존 수능보다 쉽게 출제해 수험 부담을 줄이는 데 중점을 두었습니다. B형은 기존 수능과 동일한 난이도 수준을 유지했고요. 국어·수학·영어에서 A형 또는 B형을 선택할 수 있으며, 국어B와 수학B를 동시에 선택할 수 없습니다. 학교 교육과정과 수능의 출제 내용을 일치시켜 사교육비 절감 및 공교육 정상화를 도모한 것입니다. 이 같은 개편으로 수험생의 부담을 줄이고, 진로에 맞춰 선택할 수 있도록 지원하자는 취지였습니다. 몇 년 안 가서 폐지됐지만요.

그 후 뜸하던 수능 이원화 논의는 2018년 1월의 '대입 개편을 위한 제2차 대입 정책 포럼'에서 다시 등장합니다. 발제자인 경희대 김현 교수는 수능 이원화와 논·서술형 수능으로의 개편을 제안했지요. 수능Ⅰ과 수능Ⅱ로 이원화한 다음 수능Ⅰ은 객관식 5지선다형, 수능Ⅱ는 논·서술형으로 하자는 주장이었습니다. 논·서술형에 과목별 논술, 통합 논술 – 인문(국어, 사회 통합) 자연(수학, 과학 통합)로 나누고 채점은 대학 자율에 맡기는 방안도 제시했습니다.

시험은 2회에 나누어서 시행하되 수능Ⅰ은 11월초, 수능Ⅱ는 11월 중순에 실시하고 출제는 한국교육과정평가원이, 채점은 대학(수능Ⅱ, 논·서술형)이 하는 방향을 제시했죠. 이 주장이 지금 우리가 논의하는 국교위에 보고된 수능 이원화 방안에 가장 근접합니다. 김 교수는 이 같은 수능 이원화의 기대효과와 문제점을 다음처럼 정리했습니다.

| 수능 이원화의 기대효과와 문제점 |

기대효과	문제점
• 4차 산업혁명 시대의 창의융합형 인재 양성 부합, 선진국 입시 방향, 국내 시·도교육청의 IB(국제 바칼로레아) 교육과정 도입과 대입 연계 강화. • 논·서술형 수능 도입의 가장 큰 어려움인 채점을 대학에서 시행하여 실현 가능성 제고. • 논·서술형 수능 도입으로 변별력 확보 및 동점자 문제 해결. • 2015 개정 교육과정의 공통/선택과목도입에 맞는 수능 시험 운영	• 대학 간 채점 결과 상이 시, 채점의 객관성 및 공정성 논란 • 통합 사고 능력과 고등 추론 능력을 측정하기 위한 문항이 출제될 경우 새로운 사교육 유발 우려 • 수능 2회 시행으로 수능 관리 비용 상승

  이어서 2018년 6월, 보기 드물게 주석훈(미림여고), 김동진(동산고) 등 현직 교사가 참여한 연구가 등장합니다. 공동 연구자인 김경범(서울대)의 「학생 성장 중심의 중장기 대입제도 개선 방안 연구」(2018)에서도 수능 개편이 논의됐지요. 연구자들은 미래형 수능 개편의 방향을 기존 수능이 학생들의 창의적인 사고력과 표현력 평가보다 대입을 위한 인위적인 석차 시험으로 변질됐다는 문제의식을 피력하지요. 따라서 수능체제도 학교 교육 혁신과 연계해 선다형 평가 방식에서 탈피하고, 학생의 과목별 성취 기준 도달 여부를 확인하는 국가 성취도 평가로 전환해야 한다는 필요성을 제기합니다. 해당 연구에서 새로운 수능체제의 기본 방향은 다음과 같이 제시합니다.

- **대학 입시에서 줄 세우기 시험의 탈피**: 수능 점수를 평가 자료의 하나로 활용하고, 기계적으로 줄 세우기 하지 않는 구조로 전환.

- **수능과 학교 교육의 일체화**: 학교 교육의 혁신과 연계하여 수능체제를 개선하고, 교육과정 내에서 출제된 문항만 사용.

- **수능 유형의 분리**: 객관식 선다형 수능과 주관식 논·서술형 수능으로 나누어 각각의 평가 방식 도입.
- 객관식 선다형 수능: 기존 선다형 평가 방식을 유지하되, 줄 세우기식 평가를 지양하고 난이도에 따라 점수를 책정하여 평가 자료의 하나로 활용.
- 주관식 논·서술형 수능: 학생의 창의적인 사고력과 표현력을 평가하기 위해 서술형 문항을 도입하며, 이는 단순 암기형 문제가 아닌 깊이 있는 사고를 요구하는 문제가 포함된다. 이때 서술형 문항은 국어, 수학 등 핵심 과목에서 도입하며, 응시자의 사고력과 문제 해결 능력을 평가하는 데 중점을 둔다.
- 이러한 수능 유형의 분리로 학생들이 단순히 문제 맞히는 것을 넘어 논리적인 사고를 펼칠 수 있도록 유도하고, 학교 교육의 질적인 향상을 도모한다.

- **상대평가 및 절대평가의 선택**: 수능 점수체계를 상대평가와 절대평가 중 어느 방식으로 운영할 것인지에 대한 논의.
- 상대평가: 수능을 상대평가로 유지할 경우, 각 학생의 점수를 기준으로 석차를 결정하여 대학 입시에 활용할 수 있다. 하지만 이러한 방식은 기계적인 줄 세우기 문제가 발생할 수 있다.
- 절대평가: 절대평가로 전환할 경우, 학생들이 과목별 성취도에 도달했는지를 확인하는 방식으로 운영되며, 학생 개개인의 성취 수준을 평가하여 특정 점수대에 도달하면 등급을 부여하는 형태를 갖게 된다. 예를 들어, A

안에서는 선다형 문항을 5/7등급제로, 논·서술형 문항을 3/5등급제로 평가하여 절대평가를 도입하고자 한다.

- 상대평가와 절대평가의 병행 가능성: 특정 과목은 상대평가, 특정 과목은 절대평가를 적용할 수도 있으며, 각 대학이 자율적으로 평가 방식의 선택권을 가질 수 있도록 하는 것도 하나의 방안이다.

- **문항 유형의 다양화:**
- 응시 영역 및 과목군의 재조정: 기존 수능에서는 언어·수리·외국어·탐구 영역 등의 과목군이 있었으나, 새로운 수능에서는 기초 영역과 심화 영역으로 나누어 응시 영역을 재조정할 수 있다.
- 시험 시기 및 횟수 조정: 현재의 수능은 1년에 한 번만 시행되지만, 개선된 수능체제에서는 1년에 여러 번 시험을 치를 방안을 검토하고 있다. 이렇게 되면 학생들이 여러 차례 수능에 응시하여 자기 실력을 입증할 기회를 가질 수 있다.
- 선다형과 서술형 문항의 혼합: 각 과목의 문항 유형을 선다형과 서술형으로 혼합하여 평가할 수 있다. 예를 들어, 기존 선다형 문항에 서술형 문항을 일부 포함하거나, 특정 과목은 전면적으로 서술형 문항으로 구성하는 방안이 있다. A안에서는 공통과목(국어, 수학, 영어, 한국사)은 선다형 시험으로 평가하고, 선택과목은 논·서술형 시험으로 평가하는 방식을 제안하고 있다.
- 문항의 출제 및 응시 방식: 새로운 수능체제에서 수능의 문항은 고등학교 교육과정 내에서만 출제되며, 대학에 제공된 응시 기록과 결과는 학생의 학업성취도 평가 자료로만 활용된다. 이는 줄 세우기 식 평가를 방지하고, 학생 개개인의 학업성취를 진정성 있게 평가하는 데 목적을 둔다.

모두 기존 수능의 문제점인 기계적인 줄 세우기 평가를 탈피하고, 학생의 창의적인 사고력과 표현력을 평가할 수 있도록 설계된 개선 방안입니다. 궁극적으로는 교육과정과 일체화된 수능체제 구축으로 학교 교육을 내실화하고, 입시 중심의 교육에서 벗어나 학생의 성장과 발전을 촉진하는 방향으로 나아가고자 하는 의도가 있습니다.

한국행동과학연구소(소장 이종승)가 주관해 개최한 2019년 '한국의 교육력 진단과 개발 모색 포럼'에서 연세대 이규민 교수가 '분리형 수능제도 도입'을 제안했습니다. 1년에 수능 I과 II를 함께 시행하자는 제안이었습니다. 국어·영어·수학은 공통 응시과목으로, (사회/과학/직업) 탐구 영역과 제2외국어/한문 등 선택과목들은 학생이 선택적으로 응시하게끔 하는 것이죠. 문항의 유형은 논술이나 서술형 문항을 포함합니다.

분리형 수능은 1년에 수능 I과 수능II를 분리하여 실시하는 유형이다. 분리형 수능은 일부 영역은 학생들이 공통적으로 응시하고 일부 영역은 학생의 진로와 적성에 따라 선택적으로 응시할 수 있게 하는 방안이다. 즉, 국어, 수학, 영어를 수능 I 응시과목으로 지정하여 시행하고, (사회/과학/직업) 탐구 영역, 제2외국어/한문, 그리고 고교학점제 시행에 따른 다양한 선택과목을 수능II(선택 수능)로 분리하고, 수능II에서는 학생들이 원하는 과목을 자율적으로 선택하여 응시할 수 있게 하는 방안이다. 또한 수능II에는 논술이나 서술형 문항 등 다양한 평가 유형을 도입하여 보다 종합적인 능력을 평가하는 방법을 도입할 수 있을 것으로 기대된다. 논술과목은 대학 수시 논술 전형에서 대학별 논술 시험의 문제점을 보완하기 위해 공통 출제 방식으로 운영될 수도 있고, 현행 선택형 문항으로 구성된 수능의 문제점도 보완할 수 있을 것으로 기대된다.

| 수능Ⅰ - 수능Ⅱ 분리형 수능안 |

구분	개요	응시교과 및 특징
수능Ⅰ	3개 핵심 교과 수능	• 국어, 수학, 영어
수능Ⅱ	선택과목 수능	• 탐구 영역, 제2외국어/한문 영역 • 고교학점제의 도입에 따른 다양한 선택과목(2025학년도) • 논술과목 또는 서술형/논술형 문항 도입 가능(4차 산업혁명과 사회변화 요구 수용)

절차는 '수능Ⅰ→수시 전형→수능Ⅱ→정시 전형'으로 진행하자고 했지요. 수시 전형 시작 전 시행한 수능Ⅰ 결과를 수시 전형에 반영하고, 수시Ⅱ 시행 전 결과를 발표하자고요. 수시 전형 발표 이후 수능Ⅱ를 시행해 그 결과를 정시 전형에 반영하는 방식을 제안한 것입니다.

| 분리형 수능 시행 절차 예시 |

현재는 수시 전형 합격 여부가 대부분 수능 시행 이후 발표되기 때문에, 수험생 입장에서는 수시와 정시 전형을 동시에 준비해야 합니다. 반면, 수능Ⅱ 시행 전에 수시 전형 합격 여부가 발표된다면 수시 합격생들은 굳이 수능Ⅱ에 응시할 필요가 없죠. 학생들의 부담이 줄어드는 효과가 있는 셈입니다. 정시 전형의 경우에도 수능Ⅰ과 수능Ⅱ 결과를 모두 활용하겠지만요. 따라서 분리형 수능안이 '수능Ⅰ-수시 전형-수능Ⅱ-정시 전형'의 절차로 시행된다면 수능이 두 번 실시돼도 학생들의 시험 부담이 늘어나지는 않겠죠.

다시, 지금의 교육 정책 논의

2025년 3월 2026~2035년 유치원과 초·중·고등학교, 대학 등에 적용할 교육 정책의 기본 방향이 담긴 '2026~2035 중장기 국가 교육 발전 계획'이 최종 발표될 예정이었으나 연기되었습니다. 국교위는 보다 심층적인 토의와 내실 있는 방안 마련을 위해 시안 마련 목표를 5월로 변경한 거지요. 관련 법령에 따라 중장기 국가교육발전계획의 대상 기간도 당초 2026년~2035년에서 2027년~2036년으로 순연됩니다. 깜깜하게도 중장기 계획 최종 발표를 약 6개월 앞둔, 지난 9월 25일 개최된 토론회에서도 추상적인 방향만 제시됐지만요. 이날

토론회에서는 현 수능 평가체계를 언어와 수리 능력을 평가하는 수능 I 과 선택과목을 평가하는 수능 II 로 쪼개고, 둘 다 9등급 상대평가 대신 절대평가를 적용하는 내용이 논의됐어요. 고등학교 내신은 절대평가를 도입하되, 한국교육과정평가원 등 외부기관이 문제 출제 후 평가하는 방안의 도입 여부가 다뤄졌고요. 고교평준화 폐지도 논의됐지만, 평준화 틀은 유지하고 학교별 특성을 다양화하는 정책 추진 선에서 이견을 좁히기로 했지요. 특성화 사립학교 확대·등록금 자율화 등으로 사학의 자주성을 확대하자는 의견에는 찬반이 엇갈리는 상황입니다.

앞에서도 말했듯이, SBS 손기준 기자는 2024년 8월 19일 단독으로 대통령 소속 행정위원회인 국교위가 수능을 둘로 나누고, 고등학교의 내신 평가를 외부기관에 맡기는 방안을 논의 중이라고 보도했어요. 논의 내용이 최종 확정되면, 오는 2026년부터 적용되는 국가교육 발전 계획에 담긴다고요. 한 달 후인 9월 20일, SBS는 대통령 직속 국가교육위원회에서 현재 논의 중인 교육 발전 계획 초안을 입수했다고 보도했지요. 지난 1차 보도에서 한 걸음 더 나아간 것입니다. 수능을 나흘 동안 치르고, 또한 지방 의대가 일정 비율 이상 지역인재를 뽑는 제도의 폐지 방안이 검토된 것으로 확인됐습니다. 이 '[제34차 제2호 보고 안건] 중장기 국가 교육 발전 전문위원회 중간 보고'의 비공개 보고서에는 매우 획기적인 내용들이 실린 셈이죠.

우선 보고된「장기 국가 교육 발전 계획 교육 비전 및 핵심 과제 (안)」에는 학생 성장·역량 중심으로의 평가 및 대입 패러다임 전환(미래 인재를 육성하는 평가 및 대입 체제를 구축)을 목표로, 세부 과제가 세 개로 나뉩니다. 세부 과제 1은 미래 역량 중심의 총체적인 평가체제로의 전환이고, 2는 미래 인재 육성을 위한 수능 논·서술형 평가 도입, 3은 대학의 학생 선발 자율성 확대와 책무성 확보입니다. 고등 교육 분야 개혁에서 단순하고 공정한 대입제도를 정착시킨다는 추진 방향을 정했으니, 높은 사교육 의존도를 완화하고 중장기적으로 신뢰성 높고 안정적인 대입제도 운영을 위해 전형 자료의 공정성과 투명성을 확보하려는 의도지요.

○ 수능 개혁
- 수능 공통과목 내실화(수능 과목에 미적분II와 기하 포함)
- 고교학점제와 연계하여 수능 선택과목 확대로 진로형 수능
- 학생 부담 완화를 위해 수능 연 2번 시행(1회당 이틀간 시행)

○ 학생부 개혁
- 전 과목 절대평가(일반교과는 5등급, 예체능과 실험 실습은 3등급, 교양은 P/F)
- 지필고사 외부기관 평가(지필고사는 외부평가, 수행평가는 학교 내부평가로 이원화하여 합산)

(출처: 보고서)

이 보고서에는 2028 대입 개편 과정에서 수능 범위에서 빠졌던 미적분Ⅱ와 기하를 다시 포함시키자는 제안이 실려 있습니다. 지난 국교위가 이미 2028학년도 수능에서 미적분Ⅱ, 기하를 출제 범위로 하는 심화수학 영역 신설 여부에 대해서 심도 있는 논의하고, 신설하지 않도록 교육부에 권고한 바 있는데 말입니다. 사교육비 증가에 대한 우려 때문이었지요. 그런데도 다시 집어넣기로 한 것은 아마도 심화수학이 디지털 시대 미래 역량을 함양하기 위해 매우 중요한 과목이라는 점을 염두에 둔 조치일 것입니다.

고교학점제와 연계해서 수능 선택과목을 확대하면서 소위 '진로형 수능'도 등장했습니다. 학생 부담 완화를 위해서 수능을 1년에 두 번 시행하는데, 1회당 이틀 동안 총 4일간 치르는 것이지요. 시험 시행 간격 등은 아직 공개되지 않았습니다. 학생부도 개혁합니다. 전 과목 절대평가로 일반 교과는 5등급, 예체능과 실험 실습은 3등급으로 평가합니다. 최초 보도부터 논란이 일었던 지필고사의 외부기관 평가는 그대로 진행하는 것으로 보고됐습니다. 지필고사는 외부평가, 수행평가는 학교 내부 평가로 이원화해서 합산합니다.

대입 구조도 단순화합니다. 사회통합 전형과 지역균형 선발 전형을 통합해 수시로만 선발하되, 정원 외 자유 선발하고 지방의대 지역 인재 전형의 법정의무 비율을 폐지하되 대학이 자율적으로 결정하게끔요. 대학의 학생 선발 책무성 확보와 자율성 확대를 지향하는 것이죠. 지나친 정성평가를 지양하고, 채점자 실명제 및 수험생이 요청할 경우 개인별 평가결과 제공을 의무화합니다. 면접, 논술 같은 대학별 고사를 실시할 때에는 평가과정의 투명성 제고를 위해 선발 기준의 세부 내역과 선발 진행 과정을 공개하도록 합니다. 그리고 교육부의 재정 지원과 대입 연계를 점진적으로 축소합니다.

○ 교과 선택권: 고교학점제 내실화
- 공동 교육과정 및 온라인 학교를 통한 과목 개설 지원
- 교과 성적은 외부평가를 거쳐 절대평가(성취평가제)로 산출
- 고교학점제에 따라 이수과목이 대입에서 활용될 수 있도록 진로형 수능 도입 (수능 I 은 기초 수학 능력 검사, 수능II는 교과별 학업성취도 평가)

📖 진로형 수능: 수능을 이원화하여 학생들의 진로와 학업수준에 따라 수능 과목을 선택할 수 있는 기회 부여. 학생들이 공통적으로 응시하는 수능과 학생의 진로(대학 전공)에 따라 응시하는 수능II로 분리
- (수능 I) 통합교과적인 소재 활용한 국어·영어·수학 등 언어·수리능력시험
- (수능II) 고교교과목 성취도 검사로 고교과정의 일반·진로·융합 선택과목을 선택형 이외에 논·서술형 문항으로 출제하여 종합사고력 측정
- 수능 성적은 9등급 상대평가에서 벗어나 원점수, 백분위, 평균, 표준편차 등을 산출하여 수험생과 대학에 제공. 전형 요소로 성취도 관련 정보 활용하는 방법은 대학이 자율적으로 결정

○ 학교 선택권: 학생의 학교 선택의 폭을 넓히고 다양화

(출처: 보고서)

이 부분이 수능 이원화의 핵심입니다. 고교학점제를 위해 공동 교육과정 및 온라인 학교로 과목 개설을 지원하고, 교과 성적은 외부 평가를 거쳐 절대평가(성취평가제)로 산출합니다. 고교학점제에 따라 학생이 선택하고 이수한 과목이 대입에서 활용될 수 있도록 진로형 수능을 도입하고요. 진로형 수능이란 진로와 학업 수준에 따라 학생들에게 수능 과목을 선택할 수 있는 기회를 부여하는 것입니다. 기초 수학 능력 검사로 공통 응시하는 수능Ⅰ과 학생의 진로, 즉 대학 전공에 따라서 교과별 학업성취도 평가로 응시하는 수능Ⅱ로 분리합니다.

수능Ⅰ은 통합교과적으로 소재를 활용하는 국어·영어·수학 등 언어·수리 능력 시험입니다. 수능Ⅱ는 고교과정의 일반·진로·융합 선택과목을 선택형 이외의 논·서술형 문항으로 출제해 종합 사고력을 측정하는 고교 교과목 성취도 검사고요. 결국 수능Ⅰ은 영역명을 '언어 영역, 수리·탐구 능력' 등으로 정했던 수능 초기의 적성 검사 또는 발전된 학력고사의 특징을 보입니다. 수능Ⅱ는 영역명이 '국어 영역, 수학 영역' 등으로 정해져 교과별 시험 양상과 유사했던 최근과 비슷하고요. 수능 성적은 9등급 상대평가에서 벗어나 원점수, 백분위, 평균, 표준편차 등을 산출합니다. 수험생과 대학에 이를 제공하면, 대학이 자율적인 결정으로 성취도 관련 정보를 전형 요소로 활용합니다.

대학들은 석차나 등급을 원점수·백분위·평균·표준편차 등을 활용하거나 표준점수·변환 표준점수 등을 산출해 적용할 겁니다. 여기에 가산점, 가중치를 부여해 수험생을 선발할 수도 있죠. 영역별 반영 비율 등도 활용할 수 있습니다. 수능Ⅱ에서 논·서술형 문제가 함께 출제되면 상위권 대학일수록 이 점수에 더 가중치를 둘 수도 있을 듯합니다. 그렇게 되면 수능Ⅱ가 예상보다 더 큰 변수가 될 수도 있겠죠. 수능Ⅱ 준비를 위한 사교육이 성행할 가능성도 크고요.

○ 수능 개혁
- 수능 공통과목 내실화 (수능 과목에 미적분Ⅱ와 기하 포함)
- 고교학점제와 연계하여 수능 선택과목 확대로 진로형 수능 정착
- 학생 부담 완화를 위해 수능 연 2번 시행 (1회당 이틀간 시행)
○ 학생부 개혁
- 전 과목 절대평가 (일반교과는 5등급, 예체능과 실험 실습은 3등급, 교양은 P/F)
- 지필고사 외부기관 평가 (지필고사는 외부평가, 수행평가는 학교 내부평가로 이원화하여 합산)

    📖 지필고사는 전국 고교 대상으로 공통·일반·진로 선택과목에 대해 공신력 있는 외부기관이 출제와 채점을 주관하여 평가
    📖 수행평가는 학교 내부 평가로 실시
    📖 과목별 비중(예: 외부평가 8, 내부평가 2)에 따라 합산하여 최종적으로 절대평가 5등급 산출(석차 미기재)

(출처: 보고서)

내신(지필고사)을 외부기관에서 출제·채점하는 것도 논의 중입니다. 고교학점제 취지에 맞춰 절대평가를 전면 도입하되, 각급 고교의 성적 부풀리기 등을 제도적으로 방지한다는 차원에서 해당 학교가 아닌 한국교육과정평가원 같은 공신력 있는 외부기관이 문제 출제와 평가하자는 것이지요. 확정되면 앞으로는 외부기관에서 평가한 점수와 학교 수행평가 점수가 합산돼 내신이 산출될 것입니다.

외부기관이 중간이나 기말고사 문제를 내고 채점을 하고 이에 학교에서 관리하는 수행평가를 합산·채점하면 학교의 역할은 수행평가 관리·감독 정도로 축소될 수 있습니다. 외부기관이 평가하면 학교 간 점수 비교가 가능해질 테니까요. 명문고에 가더라도 내신의 불리함이 사라지기 때문에 명문고 쏠림이나 고교서열화의 가능성도 배제할 수 없습니다. 이렇게 교과 성적의 외부평가가 이루어지면 일선 학교에서 교육과정의 다양성, 학생 중심 다양한 수업이 저항을 받고, 교원의 평가권이 축소되며 문제풀이식 수업이 성행하고 사교육이 강화될 우려도 있습니다. 혹자는 5지선다형 문항으로 평가하면 진로형 수능에서 제시한 논·서술형 수능(수능Ⅱ)과 모순되고, 미래 교육 방향과 맞지 않는다고도 지적합니다.

국교위의 또 다른 논의 과제 중 하나는 미래 과학 인재 양성입니다. 미래 기술 사회를 선도할 창의 인재 양성의 토대를 만들기 위해 초중등 단계의 수학·과학 교육을 강화하고, 영재교육기관 체제를 개편한 뒤 학교 단위 영재학급을 축소해 영재교육원으로 통합함으로써 사립 자사고·외고의 과학영재고 전환을 유도하는 내용도 담겼습니다. 과학고에 외국인 유학생 반을 설치·운영으로 우수한 유학생 유치하는 내용과 복수교과 지도 역량을 갖춘 STEM 교사 양성도 언급됐습니다.

교과 및 학교 선택에서 학생의 주도성을 보장하는 안도 들어 있습니다. 고교학점제를 내실화해 모든 학생이 진로와 적성에 맞는 교육과정을 선택할 기회 제공하고자 하는 것입니다. 학생의 학교 선택 폭을 넓히고 학생 선발에서 고교 유형에 따라 차이를 없애 평준화 지역 일반고에 대한 차별을 해소하도록 하고요. 학생 선발로 지역 우수 학생의 대도시로 유출을 막아서 지역 소멸을 차단하는 방안도 강구됩니다.

수능을 두 번 보자고 하는 이유

어떤 사람들은 수능 이원화로 다양한 학생의 역량 평가가 가능하다고 주장합니다. 다양한 학습 경험과 진로를 반영해 더욱 공정하게 평가할 수 있다는 것이지요. 학생들이 자기 강점을 살리고 흥미 있는 분야를 깊이 있게 학습할 수 있도록 교육과정을 다양화하려는 노력의 일환이라는 것입니다. 고교학점제와의 연계해 선택과목의 중요성을 높이고, 학생들의 진로 선택을 지원하려는 목적도 있다고 합니다.

교육평가의 관점에서는 수험자의 기초 능력(고1~2 과정) 검사와 선발 기능이 강화된 교과별 심화학습 정도를 측정하는 검사(심화 선택 과정시험; 고2~3 과정)로 이원화하면, 성격이 다른 두 검사(기초 검사와 심화된 교과학력 검사)를 통해 검사의 신뢰도와 타당성을 확보할 수 있다고 합니다. 그래서 국가 수준의 공신력 있는 검사만을 가지고도 대학 입학이 가능(선발 기능 강화로 인한 개별 대학에서의 논술 및 고사 불필요)하며 서열 평가(상내평가)와 준거 참조 평가 방식(절대평가)을 혼합함으로써 평가의 질 개선도 가능하다고 주장하죠. 수험생들이 자신에게 맞는 시험 유형 선택으로 불필요한 과목 학습 부담을 줄일 수 있고, 수능Ⅰ과 수능Ⅱ를 모두 치르는 것이 아니라, 선택적으로 응시할 수 있기 때문에 대입 경쟁이 완화될 수 있다고 주장합니다. 학생들의 선택에 따라 다양한 교육과정을 운영함으로써 학교 교육의 질도 향상될 수 있다고 하고요.

반면, 반대론자들은 단점 및 고려사항을 여럿 지적합니다. 우선 기초 검사의 성격을 명확히 규명할 필요성에 대해서죠. 기초 수학 능력 측정인지, 아니면 기초 학력 측정인지에 관한 논의가 필요하다는 것입니다. 또한 이원화하면 기초 검사를 복수 시행할 확률이 높은데, 이 경우 응시 횟수와 점수체제 및 유효기간에 대해서도 논의가 필요하지요. 교육과정 운영과의 마찰을 최소화하려면 연 2회 이상 실시가 불가하리라 예상되니까요. 복수 시행 시에는 문제은행식 출제체제의 적용과 검사 동등화 설계 및 점수체제에 대한 논의도 필요합니다. 문항 보안도 필수고요. 복수 시행뿐 아니라 문제은행 출제 방식의 경우에도 마찬가지입니다. 기초 검사의 문항을 비공개로 하고 심화교과 학력검사만 공개할 것인지에 대한 논의도 필요합니다. 심화 교과 학력검사에 있어서도 검사 성격(고부담검사 또는 적성 검사 등), 응시 자격, 평가 과목, 점수체제 등에 대한 충분한 논의가 필요하지요. 무엇보다도 학생 간 불평등 심화가 문제입니다. 선택과목에 따라 대입에서서 불리해질 수도 있으니까요. 학교 간 교육 격차가 심화되면 환경 차이로 인해 선택과목 운영에 어려움도 발생할 수 있겠죠. 사교육 시장 확대는 불 보듯 뻔한 일입니다. 선택과목에 대한 정보 부족이나 경쟁심으로 사교육 의존도가 높아진다면, 학습 방향 설정의 어려움 등 새로운 학습 부담이 발생할 수도 있겠지요.

내신을 외부에서 평가할 수 있을까

국가교육위원회가 추진 중인 내신 외부평가제는 학생들의 내신 성적 평가의 공정성을 높이기 위해 제안된 정책입니다. 교사가 평가하는 내신 성적 외에도 외부기관에서 주관하는 시험이나 평가로 학생들의 학업성취도를 추가 측정하는 방식이지요. 학교별 내신 성적의 평가기준과 난이도가 다를 수 있다는 문제점을 보완하고, 공정한 경쟁을 도모하기 위해 추진된 것입니다. 교사마다 평가기준이 다르고, 학교별로 내신 성적 인플레이션(성적 부풀리기) 현상이 나타날 수 있으므로 이를 보완하고자 하는 목적으로요. 학교 시험 외, 외부기관이 출제하고 감독하는 표준화된 시험을 통해 내신 성적의 일부를 결정하자는 것이지요. 각 학년 또는 학기별로 실시될 수 있으며, 학생의 종합적인 학업성취도 평가에 중요한 역할을 할 수 있습니다. 내신이 일반적으로 학교 내에서 이루어지는 학생들의 성적 평가를 의미한다면, 이는 각 학교의 교사나 학교 시스템 내에서 처리되는 것이 일반적이죠. 그러나 일부 교육 시스템에서는 내신 성적의 객관성과 표준화를 높이기 위해 외부기관의 감독이나 평가를 도입할 수도 있다는 것입니다. 외국에서도 사례를 찾아볼 수 있습니다. 중앙집중식 시험(국가 수준의 평가)으로 학교 내 성적을 보완하거나 검증하는 방식을 사용하는 나라들이 있거든요. 영국의 중등 교육과정에서 보는, 전국적으로 표준화된 시험 GCSEGeneral Certificate of Secondary Education가 한 예입니다. 외부기관이 출제·채점하는 이 시험은 학업성취도 평가에 중요한 역할을 하지요. 핀란드에서도 국가 수준에서 일정하게 표준화된 평가가 이루어집니다. 외부기관이 출제·관리하는 '일리옵필라스투킨토Ylioppilastutkinto'의 객관적인 학업성취도 평가는 대입의 중요 참고 자료지요.

내신 외부평가의 가장 큰 장점은 공정성 강화입니다. 전국적으로 동일한 기준에 따라 학생들의 학업 능력을 평가할 수 있으니까요. 내신 성적의 신뢰성과 공정성이 높아질뿐 아니라, 성적의 일관성도 확보됩니다. 학교별 성적 인플레이션을 방지하고, 내신의 신뢰도도 높일 수 있죠. 미세하나마 교사의 평가 부담도 줄어들고요.

물론 단점도 적지 않습니다. 우선 학생의 부담이 증가합니다. 준비해야 할 시험이 늘어나면 학습 부담이 증가할 수밖에 없잖아요? 교육의 획일화도 우려됩니다. 외부 시험 준비 때문에 학교 교육의 중심이 시험 대비로 변질될 수 있습니다. 혹시 모를 평가 신뢰성 문제도 있겠네요. 외부평가에서 발생할 수 있는 실수나 불공정함도 걱정스럽지요. 이 때문에 내신 외부평가제는 학교기관의 공신력을 폄훼하고 평가권을 비롯한 교사의 교육권을 심각하게 침해하는 매우 위험한 발상일 수 있다는 지적도 있습니다. 오히려 고교서열화와 일제고사식 평가의 획일화를 초래할 위험이 크다는 것이지요. 이로 인해 교육의 양극화와 지방 교육의 소멸 현상을 더욱 부추길 수도 있고요.

언젠가는 다가올 수능 이원화

사실 수능 이원화란 언젠가 가야만 하는 길입니다. 논·서술형 평가도 마찬가지고요. 선진형 입시를 위해 반드시 가야 할 방향이죠. 수능 이원화로 현행 수능의 특성과 시행상의 문제점으로 제기됐던 여러 문제를 해결할 수 있으니까요. 낮은 변별력, 전근대적인 감금 출제 관리 방식, 객관식 선택형 문항에 국한된 시험 형식, 1년에 단 1회 시행, 시험 성적의 유효기간이 1년이라는 점 등등. 솔직히 현행 시험은 학생의 대학수학능력 변별뿐 아니라, 선택형 문항에 국한된 시험 형식 때문에 고등 정신 능력 및 사고력을 측정하기가 어렵습니다. 무엇보다 고교학점제와의 동행에는 선택과목의 중요도를 올리는 평가가 수반돼야 합니다.

문제는 수능 이원화가 전공자율선택제(무전공 선발 및 모집 단위 광역화)와 함께하기에는 어색하다는 점입니다. 수능Ⅱ는 학생의 진로(대학 전공)에 따라 선택적으로 응시하는 것이 논의안인데 무전공으로 모집하는 것과 짝을 이루기에는 적절하지 않죠. 하여튼 앞으로의 수능은 '학생의 진로와 적성, 능력에 따라 다양한 학습을 할 수 있도록' 하고자 하는 학교 교육의 개선 방향으로 나아가야 한다고 생각합니다.

수능 이원화가 정말로 실제로 시행될지 어떨지는 아직 알 수 없습니다. 국가 수준 대학 입학시험의 이원화 방안이 지금까지 시행된 선례는 없으니까요. 논의만 무성했죠. 그러므로 만약 정책 시행이 결정된다면, 신중하고 정밀하며 철저한 검토와 연구가 조속히 이루어져야 할 것입니다. 연구 결과를 토대로 수능과 관련된 교수·학습 자료를 개발·보급함으로써 현장 교사와 학생들의 혼란도 최소화해야겠죠. 가장 큰 문제가 되리라 짐작되는 것은 논·서술형 평가입니다. 하루아침에 대비할 수 없는 방식이니까요. 확실한 것은 논·서술형 평가에서 좋은 결과를 얻으려면 어려서부터 이런 유형의 문제를 미리미리 몸으로 체득해야 한다는 점을 잊지 마세요.

늘봄학교

•

"학교가 끝난 뒤에도
아이가 방치되지 않도록"

늘 봄처럼 따뜻한 학교

워킹맘들 사이에는 요즘 아이들은 태권도 관장님이 키운다는 농담이 있습니다. 태권도장에서 퇴근 때까지 아이를 맡아주니까요. 워킹맘의 가장 큰 고민은 아마도 방과 후일 것입니다. 학원 수요의 상당 부분이 돌봄과 연결된 것도 그 탓이겠죠. 이로 인한 경제적 비용 등이 걱정돼 아이를 안 낳기로 결심한 부부도 많아졌고요. 이를 모를 리 없는 정부도 그간 다양한 돌봄 프로그램을 기획하고 실행해왔죠. 최근에 나온 '늘봄학교'는 초등학교 돌봄교실이 발전한 모델입니다.

> 첫 번째, 국가가 책임지는 교육·돌봄으로 출생률 반등의 계기를 만들겠습니다!
> 초등학교 방과 후와 돌봄을 통합하고 개선한 늘봄학교를 전국에 도입하겠습니
> 다. 1학기에는 2,000개교 이상, 2학기에는 전국 모든 초등학교에 도입하겠습
> 니다. 특히 올해는 희망하는 초등학교 1학년 학생들 모두에게 매일 두 시간의
> 수준 높은 맞춤형 프로그램을 무료로 제공하겠습니다. 재미있고 다양한 우수
> 프로그램 제공을 위해 우수 기관과 협력도 대대적으로 확대하겠습니다. 선생
> 님들께서 교육활동에 전념하실 수 있도록, 늘봄학교 업무 전담 조직인 '늘봄지
> 원실'을 도입해 교원과 분리된 운영체제를 구축하겠습니다.
>
> (이주호 교육부총리, 2024년 교육부 주요 정책 추진계획 발표)

늘봄학교란 '늘 봄처럼 따뜻한 학교'의 줄임말로, 학교 안팎의 다양한 교육자원을 활용해 희망 초등학생들에게 정규수업 전후로 제공하는 교육·돌봄Educare 통합 서비스지요. 서비스 제공 의도는 사회에서 아이들의 돌봄환경을 마련해주자는 것입니다. 부모의 부재로 방과 후 돌봄을 받을 수 없는 아이들을 위해 말이에요.

돌봄 서비스는 2000년대 초반에 맞벌이 가정이 증가하고, 저출산 문제 해결 방안으로 정부가 관심을 보이면서 제대로 시작됐다고 할 수 있어요. 1995년 '5.31 교육 개혁'에서 수요자 중심 교육활동의 일환으로 제안한 '방과 후 교육활동'에서 출발했죠. 방과 후 활동 활성화의 비중은 5.31 교육 개혁 보고서에 하나의 과제로 등장한 이후 김대중 정부를 거쳐 노무현 정부에 이르면서 점점 더 커졌어요. 방과 후 교실 등 기존의 모든 방과 후 교육활동이 포괄됐죠. 이 시기 방과

후 학교의 목표는 무엇이었을까요?

| **방과 후 학교의 정책 목표** |

○ 학생과 학부모의 교육적 수요에 부응하는 다양한 프로그램을 개설·운영, 학교 간 연계
  프로그램을 강화해 과외 등 사교육 욕구를 해소
○ 저소득층 자녀에 대한 교육비를 지원해 교육 기회 확대
○ 여성 인력의 사회적 진출에 따른 학교의 보육 기능 확대
○ 학교시설 활용 극대화, 지역 사회 교육 인프라와의 연계로 학교와 지역 사회의 모든 자
  원을 활용

학교가 끝난 뒤, 아이들은 어떻게 돌봄을 받을까?

돌봄교실 운영은 맞벌이 가정 자녀들이 방과 후에 안전하게 지낼 공
간을 제공하기 위해 2004년 일부 학교에서 시범적으로 시작했어요.
2007년에는 교육과학기술부(現 교육부)와 보건복지부가 협력해 전국
초등학교에서 돌봄교실을 운영했죠. 이 과정에서 돌봄교실은 지역 사
회의 돌봄 수요를 충족시키는 핵심 정책으로 자리 잡았고요. 그러다
가 2012년 이후, 좀 더 체계적으로 시스템이 개선됐어요. 돌봄교실의
수요가 급격히 증가함에 따라 저학년을 위한 돌봄교실 운영을 확대
하고, 프로그램의 질을 개선한 거예요. 학습 지원뿐 아니라, 다양한 놀

이와 문화 활동을 통해 학생들이 방과 후 시간을 보다 유익하게 보낼 수 있도록 프로그램을 강화했지요.

이 시기에 교사와 돌봄전담사의 협력으로 돌봄교실의 행적적 부담을 줄이기 위한 여러 가지 제도적 개선도 이뤄집니다. 교과부, 복지부, 여가부에서 각각 추진 중이던 방과 후 돌봄 서비스의 범정부적 협력체계가 구축된 거예요.

① 교육과학기술부는 부처 간 협의체를 주관하고, 보건복지부 및 여성가족부와 협조해 일선 학교를 통해 각 부처가 운영 중인 돌봄 서비스 이용 현황 및 수요조사를 매년 실시한다.
② 행정안전부는 각 부처에서 시행하는 방과 후 돌봄 사업이 지역에서 체계적으로 연계돼 시행될 수 있도록 지방자치단체의 자발적 참여를 유도하고, 활성화하기 위한 지원을 한다.
③ 보건복지부는 취약 계층 아동 보호를 최우선으로 하며, 지역아동센터의 기능 강화와 드림스타트센터의 전국 확대를 통해 아동복지서비스 연계체계를 구축함으로써 지역 사회 돌봄 안전망을 강화한다.
④ 여성가족부는 취약 계층 청소년의 방과 후 돌봄 및 활동의 지원을 확대·강화하며 청소년수련시설 및 프로그램 등과 연계를 위해 노력하고 등하굣길 안전한 이동을 위한 동행서비스 지원을 확대한다.

핵심 국정과제 중 하나가 초등 방과 후 돌봄 기능 강화였던 2014년에는 초1, 초2 학생 중 모든 희망 학생에게 돌봄 서비스를 제공했어요. 방과 후부터 오후 5시까지는 오후돌봄을, 맞벌이·저소득층·한부

| 부처별 방과 후 돌봄 서비스 운영 현황 |

구분	초등돌봄교실	지역아동센터	방과 후 아카데미	아이돌봄서비스
소관 부처	교육부	복지부	여가부	여가부
근거법	초중등 교육과정 고시 2009-41호	아동복지법 제16조, 제31조	청소년기본법 제48조 2	아이돌봄 지원법
지원 대상	희망 학생 중 선정 (저소득층, 맞벌이 가정 자녀,저학년 우선)	저소득층 만 18세 미만	기초생활보장수급자, 파산자,차상위계층 (초등4~중2)	전국 가구 평균소득 100% 이하
운영 주체	학교	지역아동센터	청소년 수련시설	서비스 제공기관 (건강가정지원센터 등)
운영 방식	시·도 교육청의 계획 및 지도 아래 학교에서 운영	시설 등록을 한 개인 · 법인 등 운영	지자체가 운영	지자체 등 운영
지원 내용	돌봄 및 숙제 지도, 특기 지도 등	보호, 학습 지도, 급식, 상담, 지역 사회 연계 등	체험활동, 특기 적성 교육, 보충학습 등	보육, 놀이 간식, 등하교(원) 동행 등
지원 시설수	7,395교실	4,036개소	200개소	215개 기관
수혜 아동	159,000명	108,000명	8,000명	60,000명
지원 예산	2,918억 원(지방비)	1,109억 원(국비) 1,041억 원 (지방비)	154억 원(국비) 154억 원(지방비)	435억 원(국비) 242억 원(지방비)
지원 형태	수익자 부담 저소득층 무료 참여 (학운위 등 지원 대상 결정)	전액 지원	지원형: 전액 지원 일반형: 수익자 부담	소득에 따라 차등 지원 (본인 부담 20~ 100%)

모 가정에는 추가로 저녁돌봄(17 : 00~22 : 00) 서비스를 제공했죠. 앞의 표는 당시까지 부처별 방과 후 돌봄서비스 운영 현황입니다.

그런데 이 시기, 언론에서 돌봄교실 또는 돌봄전담사가 확보되지 않아 교사가 아이들을 돌봐야 하는 상황에 대한 문제가 제기됐어요. 게다가 무상 전환 이후 프로그램이 단순 활동 중심으로 운영되자 돌봄의 질 저하에 대한 우려도 일어났죠. 그러면서 돌봄교실보다 학원이 낫다는 인식이 생겼고요. 이에 2014년 하반기에는 질 높은 프로그램 운영에 꼭 필요한 재료비, 교재비 등의 예산을 추가로 지원했어요. 저녁돌봄 운영학교(1,834개교)의 안전 관리 강화를 위해 퇴직한 교원의 안전 관리 투입 등 필요한 예산이 지원됐죠. 2015년부터는 초3, 초4에게 정규 수업 종료 시간, 방과 후 학교 참여율, 실제 돌봄 이용 시간 등을 감안해 기존 초등 돌봄교실과는 다른 방식으로 운영되는 '방과 후 학교 연계형 돌봄교실'을 제공했고요.

| '방과 후 학교 연계형 돌봄교실' 운영 개요 |

▶ (대상) 방과 후 돌봄이 필요한 3~4학년 맞벌이, 저소득층, 한부모 가정 등의 자녀로 방과 후 학교 프로그램에 참여하면서 오후돌봄을 이용하지 않는 학생
▶ (장소) 추가 돌봄교실 시설 구축 없이 일반교실 또는 특별교실 등
▶ (인력) 교육기부자, 자원봉사자, 퇴직교원, 학부모, 교원 등 학교의 여건별로 다양한 인력 활용
▶ (운영 방식) 방과 후 학교 프로그램과 연계, 숙제 및 독서 등 개인 자율 활동
▶ (비용) 별도의 비용 부담 없음(간식 및 단체 프로그램 미운영)

돌봄교실은 2020년대 현재의 체계로 자리 잡았어요. 2023년부터 기존의 돌봄교실을 확장하고 체계화한 '늘봄학교' 이야기가 나왔

| 늘봄학교가 나오기까지 돌봄교육의 흐름 |

연도	내용
1995	"5·31 교육 개혁"에서 수요자 중심 교육활동의 일환으로 '방과 후 교육활동' 제안
2006	한국교육개발원에 방과 후 학교지원사업팀 설치
2006	전국 초·중·고등학교 방과 후 학교 전면 도입
2007	교육인적자원부에서 방과 후 학교 지원 사업팀을 '방과 후 학교정책연구센터'로 지정
2008	학교자율화 조치에 따라 방과 후 학교업무는 시·도 교육감에게 이양
2009	방과 후 학교 대상 시상 개최 시작
2010	시·도 교육청 공동으로 방과 후 학교 운영 가이드라인과 방과 후 학교 운영 관련 분야별 매뉴얼 제작, 배포
2011	교육부, "방과 후 학교 내실화 방안" 수립 발표
2011	"방과 후 학교 민간참여 활성화" 추진
2012	교육부에서 '방과 후 학교정책연구센터'를 '방과 후 학교중앙지원센터'로 명칭 변경
2012	전국 공통 기준인 초등 돌봄교실 운영 가이드라인·길라잡이 개발 및 배포 시작
2012	방과 후 학교 포털시스템 구축 운영 시작
2014	초등돌봄교실 운영 전면 확대 시작
2018	온종일 돌봄 생태계 구축 선도 사업 시작
2020	코로나19 관련 돌봄 운영
2021	초등돌봄교실 운영 개선 방안 발표
2023	늘봄학교 추진 방안 발표
2023	방과 후·늘봄중앙지원센터로 명칭 변경

(출처: 한국교육개발원 KEDI 주요 사업성과)

고, 2024년에 도입됐죠. 기존 방과 후 프로그램과 늘봄학교의 다른 점은 아침돌봄이 포함된 데다 교육 프로그램을 더해 온종일 시행하는 전일제 돌봄체계를 갖췄다는 거예요. 지금까지 오후돌봄 위주로 운영되던 방과 후 교육활동이 지역별·학교별 여건에 따라 다양한 유형으로 제공되는 것이죠. 방과 후 프로그램 사이의 틈새돌봄도 강화됐어요. 급작스럽게 저녁돌봄이 필요한 학생 대상으로 17시 이후 하루 일정 시간 돌봄을 제공하는 '일시 돌봄' 서비스도 시범 운영될 거고요.

온종일 아이가 방치되지 않도록, 늘봄학교

다시 말하지만, 늘봄학교는 기존의 초등학교 '방과 후 학교'와 '돌봄교실'을 통합하고 개선한 것입니다.

| 늘봄학교의 탄생 |

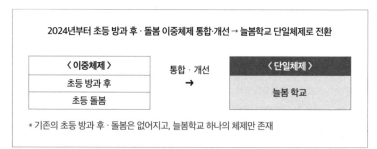

그렇다면 늘봄학교는 어떻게 운영될까요? 아래는 교육부가 이야기하는 늘봄학교의 내용입니다.

| 늘봄학교의 내용 |

---

1 희망하는 초등학생 누구나 이용

○ 원하는 초등학생 모두가 늘봄학교를 이용할 수 있게 지원, '24년 초등 1학년부터 '누구나 이용' 학년 연차별 확대
* '누구나 이용' 대상 : ('24년) 초1 → ('25년) 초1~2 → ('26년) 모든 초등학생
* '24~'25년, 다른 학년에게는 기존의 방과 후·돌봄 제공

---

2 초1~2학년에게는 맞춤형 프로그램 매일 2시간 무료

○ 저학년의 성장·발달에 맞는 재미있고 다양한 프로그램*을 연중 매일 2시간 무료 제공('24년, 초1 → '25년부터, 초1~2)
* 초1 학교 적응 지원 및 놀이 중심의 예체능, 사회·정서 등

---

3 초3~6학년 대상 양질의 프로그램 운영

○ 초등학교 3~6학년에게 사교육과 차별화되고 경쟁력 있는 미래 역량 함양, 진로 탐색 등 프로그램 제공
* 체육, 문화·예술, AI·디지털, 사회·정서, 기초학습, 진로 체험 프로그램 등

---

4 시·도 교육청·학교별 특성에 맞는 다양한 모델 확산

○ 지자체·공공기관·대학·기업 등 연계 프로그램, 수요에 맞춘 아침·저녁 늘봄, 지역 공간 활용 등 모델 다양화

---

5 교사의 늘봄학교 행정부담 해소

○ 학교에 늘봄학교 행정업무를 전담하는 조직·인력 운영

| 2022~2030년 초등학생 수 추계 |

구분	2022년	2023년	2024년	2025년	2026년	2027년	2028년	2029년	2030년
학생 수 (만 명)	270	261	249	234	220	204	187	173	161

(출처: 통계청, 2023.)

정부는 지원을 왜 늘린 것일까요? 보육 문제 해결 없이 출산율 하락을 막을 길이 없다고 판단했기 때문이죠. 저출산은 이미 심각한 사회 문제로 자리 잡았어요. 2022년 우리나라 합계 출산율은 0.78명이에요. 초등학생 수는 2023년 261만 명에서 2030년 161만 명까지 감소할 것으로 전망되지요.

초등학교 저학년 시기 돌봄 공백은 심각한 문제예요. 유치원과 어린이집(3~5세)의 오후 이용률은 90.3%에 달하나, 초등학교 방과 후 돌봄은 각각 전체 학생의 50.3%, 11.5%로 이용률이 현저히 떨어져요. 많은 학부모가 경험하는 초등 하교(초등 1학년, 오후 1시) 이후 '돌봄 공

| 2023년 초등 학년별 전체학생 대비 방과 후·돌봄 이용률(%) |

구분	평균	초1	초2	초3	초4	초5	초6
방과 후	50.3	70.8	66.1	51.9	47.2	37.9	31.7
돌봄	11.5	34.5	25.9	6.1	3.0	1.5	1.2

(출처: 교육부, 2023.)

백'은 경력 단절, 사교육비 증가로 연결되죠. 그러니 출산을 주저하는
거예요. 워킹맘이 회사를 그만두는 시기도 주로 자녀가 초1일 때고요.
3~4시에 끝나는 유치원과 달리, 하교 시간이 빠른 초등학교 방과 후에
계속 학원을 보낼 수는 없기에 직장을 그만두고 직접 돌보는 거예요.

저출산의 가장 큰 이유는 뭐니 뭐니 해도 첫째, 양육비 부담일 거
예요. 2017년 '육아정책연구소'가 조사한 바에 따르면, 아이를 낳으
려 하지 않는 이유 1위가 양육비 부담(53.1%)이었거든요. 2위는 직장
생활과 병행의 어려움(21.1%), 3위는 건강문제(7.8%) 등의 순이었어
요. 하지만 이제는 상황이 달라질 수도 있습니다. 오후 6시 정도에 종
료되던 방과 후 돌봄와 달리 8시에 종료되는 늘봄학교는 비용이 모
두 무료거든요. 운영에 필요한 비용은 정부에서 보조금을 지원하고
요. 프로그램도 예체능, 체험학습, 창의적체험활동 등 다양하지요. 지
역 내의 다양한 기관과 협력한 맞춤형 프로그램도 제공하지요.

| 2024년 초등 1학년 대상 늘봄학교 운영(예시) |

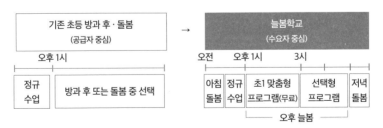

* 아침·저녁늘봄은 교육청·학교별 여건에 맞게 제공하고, 저녁늘봄 참가 학생에게는 석식 제공

기존 돌봄교육, 방과 후 학교와 대비되는 늘봄학교의 특징을 대조표로 알아볼까요?

| 방과 후 학교와 대비되는 늘봄학교의 특징 |

	지금까지 (기존의 초등 방과 후·돌봄)	앞으로 (늘봄학교)
이용 대상	방과 후 참여율 50.3% 돌봄 참여율 11.5% * '23년 기준, (초1) 방과 후 70.8% 돌봄 34.5% (초2) 방과 후 66.1% 돌봄 25.9%	희망하는 초등학생 100% * ('24년) 초1학년 100% ('25년) 초1~2학년 100% ('26년) 초1~6학년 100%
이용 시간	오후 1~5시까지 중심 * 돌봄은 수요에 따라 오후 7시까지	정규수업 전 아침, 정규수업 후 희망 시간까지 (최장 오후 8시)
비용	프로그램 비용 학생·학부모 부담 * 단, 저소득층 등은 무료수강권 제공	프로그램 비용 무료 * 연중 매일 2시간 이내(2개 프로그램) (2024년) 초1 (2025년~) 초1~2
프로 그램	학교 인근의 고착화된 공급처 위주	전문기관, 대학, 기업 등 우수공급처 확대 * 온라인 프로그램 공급플랫폼, 「늘봄허브」 구축·운영('25년~)
운영 공간	학교 내 돌봄교실(돌봄), 일반학급 등(방과 후)	학교 안 다양한 공간 (돌봄교실, 특별실, 일반교실 등) + 학교 밖 지역 교육 공간 (거점형 늘봄센터, 지역 돌봄기관, 도서관, 공공기관, 대학 등)
운영 방식	교사의 행정업무 부담	교사의 늘봄학교 행정 부담 해소 * 학교에 늘봄학교 전담 조직인 「늘봄지원실」 설치·운영 * 교육(지원)청에 「늘봄지원센터」 구축

| 늘봄학교 초1 맞춤형 프로그램 운영(예시) |

	시간	월	화	수	목	금
적응기 (3월)	09:00~12:00	정규수업				
	12:00~13:10	점심시간 및 자유놀이·휴식				
	13:10~13:50	놀이음악	놀이한글	방송댄스	놀이체육	놀이미술
	13:50~14:00	쉼과 휴식				
	14:00~14:40	놀이체육	마음일기	놀이수학	음악줄넘기	놀이과학

	시간	월	화	수	목	금
자람기 (4월~)	09:00~13:10	정규수업 → 점심시간 및 자유놀이·휴식				
	13:10~13:50	놀이음악	정규수업	창의·수학	정규수업	독서토론
	13:50~14:00	쉼과 휴식				
	14:00~14:40	놀이체육	창의과학	인성·독서	마음일기	창의미술
	14:40~14:50	쉼과 휴식				
	14:50~15:30	늘봄과정 (돌봄)	놀이한글	늘봄과정 (프로그램)	놀이체육	늘봄과정 (돌봄)

* 1차시 40분, 10분 휴식

2024년 현재, 늘봄학교는 전국적으로 시행 중이며 초등학교 전체로 확대됐어요. 1학기에 약 2,700여 개의 학교에서 시작됐고, 2학기부터는 전국 6,100개 초등학교에서 전면적으로 운영할 예정이죠.

그렇다고 늘봄학교에 장밋빛 전망만 보이는 것은 아니에요. 2023년 6월 초 교사노조연맹은 교사 7,745명을 대상으로 늘봄학교 관련 설문조사를 했어요. 교사들은 늘봄학교를 어떻게 바라볼까요? '비전문 인력 투입으로 인한 학교 혼란 증가', '학생들의 이른 등교, 늦은 하교로

안전 및 건강 문제', '담당 교사의 업무 부담 증가' 등이 주요 부작용으로 꼽혔죠. '교사가 늘봄 강사 인력으로 투입되는 상황이다'라고 응답한 교사가 70%가 넘었죠. 그다음으로는 공간 부족 문제가 꼽혔고요.

그도 그럴 것이 늘봄학교 프로그램은 얼마 전까지만 해도 계약직 및 비정규직 인력을 중심으로 운영됐거든요. 교사들이 학생과 학부모가 희망하는 양질의 교육과 보육의 통합 서비스가 제공될지 의문이라고 비판한 데에도 이유가 있는 셈이죠. 공간 및 인력 확보 등 시스템이 구축되지 않는 한, 개별 학교에 책임을 떠넘기는 방식으로는 운영이 원활하지 않을 것이란 의견도 나왔고요. 이에 대해 교육부는 '늘봄학교 지원 특별법(가칭)'을 제정해 전담 인력의 선발과 배치 등 늘봄학교 운영을 위한 법적 근거를 마련한다는 방침입니다.

늘봄학교를 둘러싼 갈등

늘봄학기가 전면 시행된 후 학부모의 반응은 어떨까요? 그간 실시된 늘봄학교에 대해 초1 학부모들의 만족도는 높은 것으로 나타났어요. 경기도교육청이 2024년 7월 8~16일 '초1 맞춤형 프로그램' 참여 학생의 학부모 2만 2,336명을 대상으로 온라인 만족도를 조사한 결과, 응답자 6,281명 중 89.5%가 '만족한다'고 응답했죠. 늘봄학교에 대한 교사들의 반응과는 좀 다르죠? 이렇게 다른 이유가 무엇일까요?

1. 교사들의 업무 부담 문제

교사단체들은 방과 후 돌봄 때문에 추가 업무가 부가된다는 점에서 강한 불만을 표합니다. 많은 교사가 정규 수업 외에도 방과 후 프로그램 감독 등의 행정업무를 처리해야 해서, 과로 때문에 교육의 질까지 저하될 수 있다는 우려를 표하는 것이죠. 이로 때문에 전교조(전국교직원노동조합) 등 교사단체들은 늘봄학교의 운영 방식 제고를 요구하고 있어요.

2. 지방 교육청과 정부 간의 갈등

늘봄학교 운영에 필요한 예산과 인력의 분배가 공정하지 않다는 것도 갈등의 원인입니다. 일부 지방 교육청은 중앙정부로부터 충분한 예산 지원을 받지 못하고 있다고 주장하고 있어요. 이로 인해 지역별로 늘봄학교 운영이 질적으로 차이가 발생할 수 있다고 걱정하죠. 일부 교육청은 자체적인 늘봄학교 운영 준비에도 어려움을 겪고 있어 정부와의 협력이 원활하지 않고요.

3. 학부모와 학교 간의 갈등

일부 학부모들은 늘봄학교의 운영 시간과 프로그램의 질에 불만을 제기합니다. 맞벌이 가정을 위한 돌봄 시간이 충분하지 않다고 느끼거나 제공되는 프로그램이 기대에 못 미치는 경우가 있기 때문이죠.

4. 돌봄 인력과 교사 간의 역할 분담 문제

돌봄 인력과 교사 간의 역할 분담이 명확하지 않다는 점도 문제예요. 돌봄 인력이 부족하면 교사들이 그 역할을 대신해야 할 수도 있잖아요? 그럼 교사들이 불만을 느끼게 되겠죠. 게다가 돌봄 인력의 역할이 충분히 명확하게 설정되지 않았다면 돌봄의 질이 낮아질 수도 있다는 우려도 있습니다.

| 늘봄학교의 찬성과 반대 의견 |

찬성 측 의견:	반대 측 의견:
·맞벌이 가정의 부담 경감 ·학생들의 안전과 학습 환경 개선 ·교육의 질 유지 ·저출산 해소를 위한 실질적인 효과	·인력 부족 문제로 인한 기존 교사들의 업무 부담 증가 ·시설 준비 미비로 인한 학생들의 안전과 학습 환경 악화 ·재정적 부담으로 인한 교육의 질 저하 우려 ·충분한 준비 없이 시기를 앞당겨 실행되는 정책의 일관성 부족

늘봄학교를 잘 이용하려면?

늘봄학교는 정책 목표대로 저출산 문제 해결에 기여할 수 있을까요? 늘봄학교의 원활한 운영을 위해 해결해야 할 과제는 무엇이 있을까요? 먼저 교사들에게 학생들의 방과 후 활동을 감독하는 역할에 대한 부담이 덜어져야 할 것입니다. 교사들이 부당하다고 느끼면 운영의 목적을 달성하기란 요원해질 테니까요. 따라서 이에 따른 지원 인력을 어떻게 충분히 제공하느냐가 문제 해결의 관건입니다. 현재 교사들은 늘봄학교 정책이 현장의 목소리(교사 의견)를 충분히 반영하지 않고, 일방적으로 추진되고 있다고 느끼고 있거든요. 원활한 소통이 필요한 이유죠.

솔직히 이 문제가 극복되더라도 늘봄학교가 저출산이나 사교육비 증가 문제를 해결하는 주요 정책이 되리라 기대하는 목소리는 크지 않아요. 지금껏 공교육의 빈틈을 파고든 사교육이 부모의 욕구가 반영된 다양한 프로그램을 개발해내고 있는 현실 때문이겠죠. 늘봄학교가 사교육에 대항해 경쟁력을 갖출 수 있을까요? 그러려면 꽤 시간이 필요하리라 예상됩니다. 그럼에도 불구하고, 저는 늘봄학교처럼 고질적인 교육문제를 해결하려는 다양한 시도가 더 많이 나와야 한다고 생각합니다. 늘봄학교 역시 전면 시행된 만큼 효율적으로 이용하는 가정이 많아지기를 기원합니다. 이에 알아두면 좋은 늘봄학교

| 학부모가 늘봄학교를 효율적으로 이용하는 과정 |

단계	설명
1. 프로그램 및 운영 시간 확인	자녀가 다니는 학교의 늘봄학교 프로그램 내용과 운영 시간을 확인합니다. * 학교 홈페이지나 안내장
2. 필요한 서류 및 신청 절차 파악	신청서 제출을 위해 필요한 서류를 준비하고, 신청 기간과 방법을 확인합니다.
3. 자녀의 관심사에 맞는 프로그램 선택	자녀의 관심사와 적성에 맞는 프로그램을 선택합니다. * 학습 보충, 독서, 미술, 체육, 코딩 등
4. 교사 및 프로그램 담당자와의 소통	프로그램 담당 교사와 정기적으로 소통하여 자녀의 참여도와 활동 결과를 확인합니다.
5. 자녀의 안전과 건강 체크	자녀의 안전과 건강을 지속적으로 확인합니다.
6. 학습 연계 활동 계획	늘봄학교 활동과 가정 학습을 연계하여 학습적 동기를 부여합니다.
7. 지속적인 참여 독려	자녀가 꾸준히 프로그램에 참여할 수 있도록 동기 부여를 합니다.
8. 늘봄학교 커뮤니티 활용	학부모 커뮤니티를 통해 정보를 교류하고, 프로그램 개선점을 제안합니다.

이용법을 덧붙이고자 합니다.

위의 표는 학부모가 늘봄학교를 효율적으로 이용하는 과정에 대한 설명이에요. 단계만 잘 거치면 효율적으로 늘봄학교의 장점을 취할 수 있습니다.

아이가 다니는 학교의 늘봄학교 프로그램과 구체적인 내용, 운영 시간을 꼭 확인해보세요. 학교마다 운영 방식과 시간이 다르니까요. 더불어 늘봄학교를 이용하려면 정해진 절차에 따라 신청서를 제출해야 해요. 자녀가 늘봄학교에 참여할 수 있도록 필요한 서류를 정확히 준비하고, 신청 기간과 방법을 놓치지 마세요. 신청은 주로 학기 초나 방학 전에 가능하며, 학교와 지역 교육청을 통해 신청할 수 있어요. 그후에는 자녀의 관심사에 맞는 프로그램을 선택합니다. 늘봄학교는 다양한 학습 및 놀이 프로그램을 제공하니 자녀의 관심사와 적성에 맞는 프로그램을 선택해야겠죠.

늘봄학교를 이용하는 동안, 프로그램 담당 교사와 정기적으로 소통하는 것도 중요해요. 이를 통해 자녀의 참여도와 활동 결과를 확인하고, 자녀가 프로그램에 잘 적응하고 있는지 파악할 수 있으니까요. 더불어 늘봄학교 활동과 가정에서의 학습 연계도 중요합니다. 예를 들어 자녀가 늘봄학교에서 독서 프로그램에 참여했다면, 가정에서도 독서 습관에 관한 토론을 할 수 있겠지요.

다양한 체험활동에 대해 대화하며 학습 동기를 부여하는 것도 잊으면 안 됩니다. 늘봄학교는 방과 후 자녀가 안전하게 머물며 다양한 활동을 통해 성장을 도모하는 공간이니까요. 자녀가 프로그램에 꾸준히 참여할 수 있도록 동기를 부여해야 하지요. 프로그램에 흥미를 잃지 않도록 적절히 칭찬하고 격려하며, 성과를 함께 나눠주세요. 프로그램 종료 후 자녀가 안전하게 귀가하고 있는지, 학교 내에서 사고

없이 활동하고 있는지도 확인해야죠. 많은 학교에서는 안전 귀가 대책을 마련하고는 있지만, 그래도 학부모가 자녀의 상태를 꾸준히 확인해야 합니다.

일부 학교에서는 늘봄학교와 관련된 학부모 커뮤니티가 형성되기도 합니다. 학부모는 이러한 커뮤니티를 통해 다른 학부모들과 정보를 교류하고, 자녀의 활동과 관련된 유용한 팁을 얻을 수 있습니다. 커뮤니티를 통해 프로그램의 개선 사항을 제안할 수도 있고요. 늘봄학교는 학부모에게 자녀의 방과 후 시간을 안전하고 생산적으로 보낼 수 있는 기회를 제공하는 중요한 제도입니다. 효과적으로 이용하려면 자녀의 특성과 필요에 맞는 프로그램을 선택하고, 교사 및 프로그램 담당자와의 긴밀한 소통을 유지하며, 자녀의 참여를 지속적으로 독려하는 것이 필요하지요. 앞으로 부모가 겪는 돌봄의 어려움을 덜어주는 제도가 더 많이 만들어지고 논의되기를 바랍니다.

교육 불안에서 벗어나 마음의 평화를 얻기를 바라며

새로운 시대의 교육을 올바르게 바라보는 눈

요즘 저는 새로운 취미가 생겼습니다. 바로 생성형 AI 프로그램을 이용한 작곡입니다. 노랫말을 입력하고, 원하는 악기나 곡의 분위기를 프롬프트로 설정하면 순식간에 곡이 만들어지지요. 벌써 30여 곡을 유튜브 채널에 업로드했습니다. 유튜브에서 들어본 사람들은, 제가 만든 노래라고 하면 깜짝 놀랍니다. 사실 저도 놀랍습니다. 제가 노래를 만들다니요. 작곡을 배운 적도 없는데요. 솔직히 조금 무섭기도 합니다. 어느 강의의 강연자가 "AI가 대세인데 걱정이다. 인간이 AI에 자발적으로 복종하고 있다"고 한 말도 떠오르는군요.

현재 우리는 복잡하고 불확실한 시대를 살고 있습니다. 이 시대를 잘 헤쳐 나가려면 무엇보다 교육이 중요합니다. 자녀들을 불안감 없이 제대로 교육하려면 현재와 미래를 올바르게 바라보는 시각이 필요하지요. 이 책의 의미는 바로 여기 있습니다.

공교육과 사교육을 넘나드는 교육 흐름을 돌아보며

사범대 국어교육과를 졸업한 저는 공교육 교사로 16년, 사교육 강사로 22년을 보냈습니다. 그중 9년은 EBS 강사로 활동했지요. 돌이켜보면 학교와 학원에서 현장 강의와 온라인 강의를 병행했고, 공중파와 위성방송을 통해 강의를 송출하기도 했으며, 다양한 교육환경 속에서 경험을 쌓았습니다. 대치동과 온라인 강의에서 비명문대 출신임을 밝힌 거의 유일한 일타강사였던 덕에 공교육과 사교육을 넘나들며 여러 교육적 이슈를 경험했다고 자부합니다. 편견 없이 교육적 이슈를 바라볼 수 있는 안목도 그렇게 갖추게 됐지요.

'교육대기자TV'의 방종임 대표와는 기자와 취재원으로 처음 만났습니다. 그리고 방 대표가 지난해 대한민국 미래 교육의 키워드에 관해 책을 써보자고 제안했지요. '할 거면 제대로 하자'고 다짐하며 함께 작업한 첫 책이 독자들에게 좋은 평가를 받아 감격스러웠지만, 두 번째 책을 쓰기로 한 후 후회도 많이 했습니다. 계약서에 서명한 후, 다시는 책을 쓰지 않겠다고 아내와 약속한 것이 떠올랐기 때문입니다. 아내에게 책상 앞에 오래 앉아 있지 않겠다고 했었지요. 그 약속을 미루고, 원고를 집필한 후 다시 에필로그를 쓰고 있자니 정말 제 버릇 개 못 준다는 말이 생각납니다.

이번 책도 전작처럼 대한민국 교육 트렌드를 정확히 나타낼 키워드를 고르는 데 많은 시간을 쏟았습니다. 키워드 선정이 가장 큰 난제였으니까요. 그 과정에서 사교육비, 지역 인재 육성, 교육 개혁, 에듀테크, AI 디지털교과서, 선행학습, 영재교육, 유보 통합, 돌봄교실, 방과 후 학교, 영어유치원, 학군지, 조기교육, 검정고시, N수생, 학교폭력, 내신, 대치동, 국가교육위원회 등 많은 키워드를 떠올렸습니다. 아쉽게도 일부는 표제어로 삼지 못했지만, 모두 우리 교육을 잘 보여주는 중요한 단어들입니다.

복잡하고 다양한 포노 사피엔스 시대의 교육 키워드

요즘 아이들은 포노 사피엔스Phono sapiens라고 할 수 있습니다. 포노 사피엔스란 휴대전화를 가리키는 '포노'phono와 지성을 뜻하는 '사피엔스'sapiens가 합쳐져 만들어진 신조어지요. 포노 사피엔스 시대, 우리 아이들이 꼭 지녀야 하는 역량은 무엇일까요? 저는 디지털 리터러시 Digital literacy, 즉 '디지털 문해력'이라고 생각합니다. 디지털 문해력 키워드에 'AI 디지털교과서'를 설명한 이유입니다.

현재 교육계에는 AI 디지털교과서를 포함해 다양한 이슈에 찬반이 첨예하게 갈리고 있습니다. 대학 혁신 사업의 일환으로 올해 교육 당국이 각 대학에 부여한 과제가 뭔지 아시나요? 무전공 선발이라고도 불리는 '전공자율선택제'입니다. '수능 이원화'도 국가교육위원회의 발표로 큰 이슈가 됐습니다. 수능은 이틀에 나누어 치르고, 내신은 외부기관이 평가한다는 소식에 교육계는 술렁였습니다. 현 정부가 추구하는 돌봄과 방과 후 학교가 결합한 '늘봄학교'도 초등 학부모들에게는 놓칠 수 없는 정보겠지요. '2028 대입 개편'과 '고교학점제'는 워낙 중요한 이슈라 이번에도 새로운 내용을 담았습니다.

원고를 작성하는 동안 소설가 한강의 노벨문학상 수상 소식이 들려왔습니다. 우리 문학계에 빛나는 축복입니다. 그 영광의 절반은 번역가 데보라 스미스에게 있다는 이야기도 많이들 하지요? 훌륭한 번역이 없었다면, 노벨문학상도 없었으리라는 말이죠. 이 책 역시 책을 만드는 데 참여한 많은 사람들이 없었다면 이토록 좋은 평가를 받지 못했을 것입니다. 21세기북스 출판사의 이지연 책임 편집자를 비롯한 책을 만드는 데 함께한 모든 분들, 그리고 무엇보다 '교육대기자

TV' 방종임 대표에게 깊은 감사를 드립니다.

　제가 좋아하는 말 중에 "평화가 항상 여러분과 함께"라는 말이 있습니다. 원래 가톨릭 미사 중에 사제가 신자들에게 하는 말인데, 저는 이 표현이 참 좋습니다. 그래서 이 말로 에필로그를 마무리하고자 합니다.

　"평화가 항상 이 책의 독자 여러분과 함께."

2024년 11월

이만기

참고 자료

- 서울역사박물관, 『대치동 사교육 1번지』, 서울책방, 2018.
- 서울역사아카이브 서울생활문화자료조사.
- 이해웅, 『의대입시 팩트체크』, 타임북스, 2022.
- 학교알리미 학교별 공시정보.
- 한국교육과정평가원.

- [거버넌스워치] 신흥 '학원 강자' 시대인재, 대치동 다원교육마저 인수했다, 《비즈워치》, 2023. 04. 04.
- [타임교육홀딩스] 통합 골리앗 등장…… 학원가 지도 바뀐다, 《베리타스알파》, 2008. 01. 24.
- '2022 수능 만점자' 딱 한 명 나왔다는 그 사람, '고대생', 《아이뉴스24》, 2021. 12. 10.
- '경쟁 강사 비방 댓글'…… 일타강사 박광일 '집행유예', 《중앙일보》, 2021. 12. 03.
- '대치동 이야기' 시리즈, 《한국경제》, 2024.
- '인도판 대치동' 코타 학원가서 25명 연쇄 극단선택…… "대부분 의대 입시반", 《세계일보》, 2023. 10. 25.
- '인도판 대치동' 코타, 성적 스트레스에 올해만 25명 극단 선택, 《동아일보》, 2023. 10. 24.
- "7살부터 의대 준비해요"…… 대치·목동 휩쓴 초등의대반 열풍, 《르데스크》, 2023. 10. 16.
- "수포자의 희망, 감사했습니다"… 스타강사 '삽자루' 추모행렬, 《세계일

보》, 2024. 05. 14.

- "학점제 부담스럽다……" 고교 떠나는 선생님들, 《중부일보》, 2024. 10. 14.
- "허리 휘네" 사교육비 총액 27조 넘어…… 1인 최대 '74만원', 《이데일리》, 2024. 03. 14.
- 2024 서울대 수시 최초 톱100…… 하나고 '1위' 대원외고 명덕외고/민사고 한영외고 톱5, 《베리타스알파》, 2024. 03. 06.
- 2024 서울대 합격 '교육특구' 강남3구 12.6%(466명)…… '정시/N수 확대 영향', 《베리타스알파》, 2024. 03. 13.
- 2024 수능 만점자 · 표준점수 수석 '시대인재' 출신…… 정시일정 · 등급 컷, 《국제뉴스》, 2023. 12. 08.
- 과한 성적 압박, 외로움·스마트폰 의존 높여, 《내일신문》, 2024. 10. 18.
- 맘카페 난리 난 '시대인재 구석 자리', 《빅터뉴스》, 2024. 09. 02.
- 서울역사박물관, '한티마을 대치동展' 개막….서울반세기종합전 14번째 이야기, 《문화뉴스》, 2022. 11. 29.
- 일차방정식 배우는 '초3'…… 의대 열풍에 학원가엔 '초등의대반' 유행, 《조선비즈》, 2023. 02. 28.
- 초등 때 학원 안 가도 이건 했다…… '최상위 1%'의 비밀, 《중앙일보》, 2024. 09. 14.
- 초등의대반 방치하면 태교의대반도 나온다…… 사교육 시장 규제 이제 불가피, 《베이비뉴스》, 2024. 08. 14
- 코로나19 학습 격차 현실화…… 성적 하락 폭, 하위권 더 커, 《이투데이》, 2022. 12. 04.
- 특목고 덕에 '떵떵', 《시사저널》, 2007. 11. 26.
- 하위권만 수학 성적 '뚝' 떨어져…… 코로나19 학습 격차 현실화, 《중앙일보》, 2022. 12. 04.

KI신서 13154

급변하는 교육 환경에 불안한 부모를 위한
2025 대한민국 교육 키워드

1판 1쇄 인쇄 2024년 11월 29일
1판 3쇄 발행 2025년 2월 24일

지은이 방종임 이만기
펴낸이 김영곤
펴낸곳 (주)북이십일 21세기북스

인문기획팀 팀장 양으녕   **책임편집** 이지연   **마케팅** 김주현
디자인 말리북   **교정교열** 신은정
출판마케팅팀 남정한 나은경 최명열 한경화 권채영
영업팀 변유경 한충희 장철용 강경남 황성진 김도연
제작팀 이영민 권경민

출판등록 2000년 5월 6일 제406-2003-061호
주소 (10881) 경기도 파주시 회동길 201(문발동)
대표전화 031-955-2100 **팩스** 031-955-2151 **이메일** book21@book21.co.kr

ⓒ 방종임 이만기, 2024
ISBN 979-11-7117-932-9 03370

(주)북이십일 경계를 허무는 콘텐츠 리더

21세기북스 채널에서 도서 정보와 다양한 영상자료, 이벤트를 만나세요!

페이스북 facebook.com/jiinpill21   **포스트** post.naver.com/21c_editors
인스타그램 instagram.com/jiinpill21 **홈페이지** www.book21.com
유튜브 youtube.com/book21pub